석모도(席毛島) 가는 길

석모도(席毛島) 가는 길

방송인
황 유 성 에세이

인터북스

책을 내며

절후는 벌써 입동(立冬)이 지난 초겨울.

뜰 안의 잔디는 허옇게 시들고, 단풍졌던 살구 모과 감나무 잎들은 지금 낙엽을 준비 중이다. 앞으로 맵찬 바람은 더욱 호되게 하늘과 땅을 얼게 할 것이다. 살아 있는 생명체에게 겨울은 언제나 공포의 대상이다. 특히 겨우살이 준비가 시답잖은 채 맞는 동천(冬天)은 긴장과 불안감을 증폭시킨다.

사람이 미욱해서일까. 아니, 나이 탓인지도 모르겠구나. 나는 오늘(present)이라는 선물(present)을 만끽하지 못하고 지레 내일을 걱정하는 편이다. 왜, 당당히 내일에 맞서지 못하는가? 그건 아마도 어제를 불만스레 살아온 전력(前歷)이 하도 많아 주눅이 든 탓일 게다. 그럼에도 지금 내가 꿈틀거려 무언가를 이루려 함은 어제의 결핍을 조금이라도 메워볼까 해서가 아니겠는가.

지난해 첫 에세이집 ≪저녁놀 푸른 꿈≫을 내 놓은 지 꼭 1년 만에 제2집 ≪석모도 가는 길≫을 엮어낸다. 얼마간 뜸을 들여도 좋으련만 불에 덴 듯 서두르고 만 것은 두 가지 이유가 있어서다.

첫째, 별것 아닌 잡문에 불과한 졸저인데도 밤새워 읽어주며 과분한 칭찬과 격려를 해 준 독자들에게 사의(謝意)를 표하고 싶어서였다.

둘째, 제1권으로 마치기엔 아직도 하고 싶은 애기가 많았고, 나를 위해 떠 있는 해가 너무 짧다는 조바심 때문이었다. 뭐, 뒤늦게 철이 난 것은 그렇다고 치자. 하지만 눈 밝고 정신이 맑을 때 보고 들은 것, 느끼고 생각한 것을 정리하고 싶은 마음이 들었던 것은 사실이다.

지나 온 내 삶이 무명(無明)하고 무명(無名)이어서 남에게 귀감이 될 정도가 아니라는 건 내가 더 잘 안다. 해서, 에세이집 ≪석모도 가는 길≫을 통해 독자와 교감코자 하는 욕구 또한 필자의 기대만으로 그칠 수도 있을 것이다. 그러나 최소한 타산지석(他山之石)이나 반면교사(反面敎師)의 역할 정도는 하지 않을는지?

이 에세이집을 통해 한 가지 천착하고 싶은 게 있었다. 그것은 사람이 살아감에 있어 무엇이 옳은 것이고, 어떤 가치를 추구함이 바람직한 것인가 하는 점이다.

첫 에세이집 ≪저녁놀 푸른 꿈≫의 콘셉트가 '절망을 거부하는 푸른 꿈'에 둔 것이라면, 이번의 ≪석모도 가는 길≫은 '일일 일신(一日一新)하는 삶의 추구'로 태그라인(tagline)을 삼고 싶다.

삶이란 시행착오의 반복이다. 하지만 날마다 새롭게 변해야 발전을 이룰 수 있고, 뜻 한 바도 성취할 수 있지 않겠는가. 무위(無爲)의 삶에 얻어지는 것은 나태요, 그 결과는 몰락일 것이다. 그러고 보면 이번 에세이집 역시 실의와 절망을 득의와 희망으로, 포기와 실패를 집념과 성공으로 바꾸겠다는 ≪저녁놀 푸른 꿈≫의 흐름과 맥을 같이 한다고 볼 수 있겠다.

왜 독자들은 수필을 읽는가. 작품을 통해 독자 자신의 느낌과 생각, 혹은 이해와 판단을 새롭게 학으로써 또 다른 변화를 추구하기 위해서일 것이다. 작품이 마뜩하지 않다고 판단될 때, 글 쓴 이는 독자보다 더 민감하게 반응한다. 그리고 자책한다. 이번에 펴내는 ≪석모도 가는 길≫도 마찬가지다. 스스로는 최선을 다했다지만 불만족스런 점이 한 두 군데가 아니다. 정말 에세이를 쓰기가 쉽지 않다는 걸 거듭 느낀다.

제6장의 '바람 같이 떠도는 나그네'는 오래 전 해외여행을 하면서 가족들에게 띄운 서신을 중심으로 정리한 것이다. 엄격한 의미에서 에세이로 볼 수는 없지만, 가정의 중요성, 가족 간의 사랑을 애기하고 싶은 필자의 의도에서 포함됐음을 이해해 주었으면 한다.

어려운 여건임에도 출간을 맡아 주신 인터북스의 김미화 사장께 거듭 감사의 말씀을 드린다. 최련희 편집장의 노고에도 격려의 박수를 보낸다.

책이 나오면 가까운 데 여행이라도 떠나 그동안 활자와 씨름하며 더워진 머리를 식힐까 한다. 그 참에 신선한 바람도 불어넣으면서….

올 4월에 새 가정을 이룬 장남 황세헌·김진아 부부. 그들의 행복을 진심으로 기원하면서 먼저 이 책을 전한다.

2009. 11. 10.
저자 황 유 성

차　례

제 1 부

서리꽃 피는
새벽 산책길에서

서리꽃 피는 새벽 산책길에서

오늘 아침에는 걸어서 한강까지 다녀왔습니다. 평상시의 산책길치고는 조금 길었던 것 같습니다. 살고 있는 북가좌동에서 한강까지는 왕복 6~7킬로의 거리가 되지요. 평상시에는 보통 월드컵구장 언저리에서 발걸음을 돌려 귀가할 뿐이었습니다. 그런데 오늘은 달랐습니다. 날씨가 그가지 춥지 않았을 뿐 아니라, 산책길 사방이 온통 서리꽃 천지여서 그걸 즐기노라 노닥거렸기 때문입니다.

나는 처음에 그것이 자국눈인 줄 알았습니다. 발을 디디면 선명하게 발자국을 남겼으니까요. 그러나 알고 보니 아니었습니다. 밤새 내린 안개가 결빙되어 서리꽃을 만들었던 것입니다. 서리꽃은 개천가 어느 곳에서도 볼 수 있었습니다. 큰 길 바로 밑 개나리 꽃나무가지에도, 그 아래 쪽 비탈길 잔디 위에도, 개천 옆의 앙상한 잡풀에도, 그리고 산책로 양 옆에 심어 놓은 꽃나무와 산책길에도 골고루 하얗게 피어 있었습니다. 상큼한 바람, 아름다운 서리꽃, 그리고 고즈넉한 분위기. 오늘 따라 이 길이 별천지인양 느껴집니다. 머리도 더 맑아지고 마음도 풍요로워지는 것 같습니다.

새해를 맞으면서 나는 몇 가지 결심을 했었지요. 그 중의 하나가 하루 한 시간 씩 걷기운동을 하자는 것이었습니다. 우리 집은 응암구 불광동에서 시작하여 서대문구의 북가좌동, 그리고 마포구의 성산동에 이르는 불광하천의 한 지점에 자리 잡고 있는데다 하천 좌우에는 산책로가 있어 산책을 겸해 가벼운 운동을 하기에는 아주 안성맞춤입니다. 최근에는 각종 운동기구도 곳곳에 설치해서 많은 사람들이 이 길을 애용하고 있는 입장이죠. 특히 여름철에는 사람들이 떼 지어 몰려나와 발 디딜 수가 없을 정도로 혼잡을 이루고 있습니다.

물론 이 산책로가 처음부터 동네 사람들의 사랑을 받아온 것은 아닙니다. 내가 처음 이 곳으로 이사 왔던 1978년만 해도 넓고 긴 하천은 불만과 원성의 대상이었습니다. 여기저기 쓰레기를 내다버려 지저분한 것은 말할 나위가 없고, 개천을 흐르는 물은 생활하수와 정화수, 빗물이 뒤범벅되어 악취 또한 대단했지요. 여름철이면 파리와 모기 등 각종 해충들이 극성을 부리기도 했습니다. 상황이 이러한데 운동시설인들 갖춰져 있었겠습니까? 또 있다 해도 냄새가 역하고 쓰레기통 같이 지저분한 개천에서 운동을 하려는 사람은 아무도 없었을 것입니다.

다른 지역의 집값이 하루가 다르게 뛰어오를 때도 이 지역은 '난 모르쇠' 식으로 꿈쩍하지 않았습니다. 가장 큰 원인이 바로 너비 30~40m, 길이 9km에 면적은 21평방미터에 이르는 하천에 있었던 것이지요.

그런데 몇 년 전 불광하천의 하수관을 땅 속에 매설하고 지표면에는 계곡물이나 빗물, 정화수와 한강에서 퍼 올린 물만을 흐르게 하는 작업을 벌인 것입니다. 허물어진 둑은 돌로 쌓아 막으며, 새로 산책로를 만들거나 주변에 여러 가지 꽃을 심는 등의 정비작업도 뒤따랐습니다. 물론 여러 군데 운동시설도 갖추어졌습니다. 그 후 개천은 새로운 모습으로 태어났습니다. 이제는 파리나 모기 대신 나비가 날고, 쓰레기가 떠돌던 시커먼 물에는 고기가 헤엄쳐 다니고 있습니다. 그 뿐이 아닙니다. 물오리도 헤엄치며 자맥질을 하는 등 재롱을 부립니다. 간혹 가다가는 흰색 왜가리도 구경할 수 있습니다. 그야말로 쾌적한 시민의 휴식공간으로 바뀐 것이죠. 정말 놀라운 변화였습니다.

더구나 기쁜 소식은 1997년 10월 마포구 상암지역이 2002년 한일월드컵경기의 주경기장 건설지역으로 확정되었다는 점입니다. 개천은 다시 한 번 변하기 시작했습니다. 개천 옆 도로에는 가로등이 설치되고, 벚꽃나무가 새로운 가로수로 등장했습니다. 개천을 가로지르는 예쁘고 튼튼한 다리도 몇 군데 세워졌습니다. 전에는 철판으로 엉성하게 묶어 연결하거나, 좁다란 콘크리트 다리여서 볼품이 없었는데 말입니다. 환골탈태(換骨奪胎)란 바로 이런 경우를 두고 가리키는 표현이 아닐는지요.

참, 한 가지 사실을 빼먹을 뻔 했습니다. 이 지역 주민들이 갈망하던 지하철이 생긴 것입니다. 2000년 8월에 운행을 시작한 이 도시철도 6호선은 은평구 응암역에서 중랑구 봉화산역을 연결하는 순환선으로 한강을 넘지 않는 유일한 강북노선입니다. 응암, 새절, 증산, 수색, 월드컵경기장의 어느 역에 내려도 불광하천의 산책길과 이어집니다. 산책 중에 한강을 만날 수 있다는 것은 큰 축복일 겁니다. 6호선 지하철로 한강까지 갈 수 없는 아쉬움이 있지만 그건 욕심이 아니겠습니까.

어쨌든 미움과 원성의 대상이던 불광하천이 사랑과 찬탄의 대상으로 바뀐 점은 그저 감격스럽고 경이로울 뿐입니다.

사람의 경우도 마찬가지일 것 같습니다. 우리는 살아가면서 남은 물론이려니와 자기 자신까지도 밉고 싫어질 때가 적지 않습니다. 자신이 건강치 못하고 무능하여 손해를 봤다고 생각될 때는 그 미움과 증오가 더 커지지요. 이러한 자기멸시와 자기비하는 자연 우울증을 낳게 마련이고 때로는 자포자기와 자학하는 행동을 하게 만듭니다. 사람이 사람답게 되기란 힘들고 시간도 오래 걸리지만, 못돼버리기란 아주 수월해서 오래 기다릴 필요도 없지요. 못돼버린 행동의 결과는 묻지 않아도 훤하지 않겠습니까?

노만 클라인(Norman Klein)의 작품 '선샤인(Sunshine)'은 스무 살의 젊고 아름다운 여자가 암의 일종인 골육종(骨肉腫)을 앓다가 세상을 떠나는 슬픈 애기입니다. 죽음을 바로 앞둔 주인공이 말합니다.

죽음이 다가온 것 같았다. 우리가 곧 헤어진다는 것을 생각하
니 가슴이 아팠다. (중략) 이 세상에서는 나의 그림자도 형태도
없어진다고 생각하니 화가 나기도 했다. (중략) 나는 계속해서
기도를 했다. "제발 한 번만이라도 아침을 맞게 해다오."

결국 그녀는 눈을 감은 채 이 세상을 떠나고 말았습니다.
'제발 한 번만이라도 아침을 맞게 해 달라'고 간절히 기도하던
그녀의 눈물겨운 모습이 보이는 듯싶어 가슴을 저미게 합니다.
이번에는 어쩔 수 없이 내 얘기를 해야 될 것 같군요. 나는
5년 전에 건강관리를 부실하게 하다가 덜컥 뇌경색을 맞았습
니다. 고치려고 최선을 다 했지만 증상이 가볍지 않은 탓인지
지금도 후유증에 시달림을 받고 있습니다. 올 새해 아침의 결
심으로 '운동을 열심히 하자'는 것은 알고 보면 후유증을 되도
록 빨리 털어내자는 뜻입니다. 오늘아침 산책을 한 것도 그 까
닭이고요. 꽤 오랜 세월이 흘렀는데도 말이 어눌하고 보행자세
가 바르지 못하니 당연하지 않습니까? 산책을 하면서 운동틀
에 매달려보기도 했습니다. 성한 몸이 아니라 잘 될 턱이 없었
지요. 한심하기도 하고 짜증스럽기도 했습니다.
그러나 계속 반복하다보면 언젠가는 제대로 할 날이 있을
것으로 압니다. 그러니 실망은 안 하렵니다. 좌절은 더욱 해서
는 안 되겠지요. 제발 한 번만이라도 아침을 맞고 싶어 하는
사람도 있을진대, 내 경우는 그나마 다행스럽지 않습니까. 유
안진은 '서리꽃'이라는 시에서 이렇게 읊조리고 있습니다.

손발이 시린 날은
일기를 쓴다
무릎까지 시려오면
편지를 쓴다
부치지 못할 기인 사연을
(중략)
육모 서리꽃
내 이름을 어쩔래

어쩌기는 뭘 어쩌겠습니까만 손발이 시리고 무릎까지 저려 와
도 내 경우에는 일기나 편지를 쓰는 대신 이 산책길에서 운동을
하렵니다. 정상인이라면 몰라도 나 같이 병치레를 하는 입장에
서는 무엇보다 건강이 우선이니까요. 그러기에 '부치지 못할 기
인 사연을'도 다음과 같이 패러디하는 것이 마땅하겠죠.
'건강이 되찾아지리라는 희망을' 이라고 말입니다.

2009년 2월

도라지와 더덕 뿌리를 심는 뜻은

집에서 모래내우체국까지는 걸어서 7~8분이 걸린다. 친구에게 책을 부치러 우체국에 간 참에 시장을 한 번 들러보기로 했다. 모래내시장이 바로 그 언저리에 있기 때문이다.

모처럼 찾아간 재래시장은 전에 없이 활기찬 모습이었다. 평일의 낮 시간인데도 사람들은 북적거렸다. 경기가 나쁘다고 저마다들 아우성인데 재래시장은 오히려 단 판이었다. 하기야 살림하는 주부들로서는 비교적 값 싸고 만만한 시장을 선호할 수도 있겠다는 생각이 들었다.

얼마 전까지만 해도 재래시장은 썰렁했다. 손님들이 별로 없어서이다. 그 손님들은 다 어디로 갔는가. 대부분은 중·대형 마트로 가버렸다. 동네마다 들어선 마트는 우선 다루는 품목이 다종다양하고, 공간도 쾌적하며, 주차 또한 가능하다. 또 할인이나 현금카드 등 각종 편의를 제공해 주고 친절한 미소까지 있으니 재래시장과는 격이 다르다.

말이 났으니 애기지만 재래시장은 좀 어수선한가. 우선 통로만 해도 그렇다. 가게는 길 좌우에만 있는 게 아니다. 길거리 한 복판에도 좌판이 촘촘하게 늘어서 있다. 지나다니기조차 어려울 지경이다. 무슨 물건을 어느 구석에서 파는지도 알 수 없다. 그래서 손님들은 우왕좌왕하고 헤매게 마련이다. 어디 그뿐인가. 사람도 물건도 청결하지 않다. 친절도 기대하기 어렵다. 시비 끝에 욕을 한 바가지 먹기가 일쑤다.

그런데 이상도 하지. 나는 재래시장을 즐겨 찾는 편이다. 불만스러운 점이 많아 사람들이 외면하는데도 굳이 찾아가는 까닭이 무엇인가? 그 이유는 간단하다. 무엇보다도 마음이 편해지기 때문이다. 재래시장을 찾는 사람들은 대부분이 서민이다. 그만그만하거나 그보다도 못한 살림으로 생을 꾸려간다. 누구도 젠 체하거나 으스대지 않는 곳이 재래시장이다.

둘째는 사람들의 역동적인 삶을 피부로 느낄 수 있어서이다. 시장 안을 거닐다보면 저절로 정신이 번쩍 든다. 모두가 바쁘고 열심이기 때문이다. 게으르고 시답잖은 일상을 보내는 나의 경우, 재래시장은 느슨한 영혼을 팽팽히 조이게 한다.

셋째, 재래시장에서는 풋풋한 인정이 넘쳐난다. 무엇보다 흥정에 야박하지 않다. 해서 대부분의 물건에는 덤이 따른다. 재래시장이라고 저울이 없을까. 그러나 그 덤 때문에 바늘은 있어야 할 위치를 훌쩍 벗어난다.

재래시장의 넉넉하고 푸짐한 인심은 언제나 어릴 적 옛 고향을 생각나게 한다. 그리고 이 강팔진 세상에 나 혼자 떨어져 있지 않음을 느끼게 한다. 물론 사람 사는 세상이니 재래시장이라고 티격태격 다툼이 없지 않다. 그러나 그건 그때 뿐, 재래시장 전체를 감싸고 있는 분위기는 분명 넉넉함과 따스함이 아닐까 한다.

이날 내가 찾은 모래내시장에는 벌써 봄나물이 많이 나와 있었다. 쑥과 취를 비롯해서 냉이, 달래, 톳나물, 미나리 등을 파는 곳이 많았다. 물론 비닐하우스에서 길러낸 것들이지만 봄을 느끼기에는 부족함이 없었다. 갑자기 달래장 생각이 나서 한 단을 샀다. 달래는 된장찌개를 만들어 먹는 맛도 좋지만, 송송 썬 것을 간장에 넣고 깨소금을 뿌려 갓 지은 밥에 비벼먹는 게 일미이다. 들에서 캐낸 달래가 아니라서 제 향을 기대하기는 어려울 것이다. 그래도 달래장이 저녁 식탁에 오를 생각을 하니 벌써 군침이 돈다.

도라지와 더덕을 파는 좌판도 많았다. 도라지를 보면 작년 봄에 겪었던 일이 떠오른다. 하마터면 마당에 심은 도라지를 죽일 뻔했기 때문이다. 그나저나 지금 있는 두 뿌리로는 부족하다는 생각이 들었다.

"그래, 도라지를 사서 심어보자."

마침 내가 들른 한 좌판 위의 도라지들은 싱싱하기도 하려니와, 어떤 것은 이미 새 싹을 달고 있어 땅에 심기에는 제격일 것 같았다. 도라지를 사고 나니 더덕까지 욕심이 났다. 서

너 뿌리를 들고 가격을 물어봤더니 '그건 그냥 가져가라'며 선심을 쓴다. 도라지 장수 아줌마는 마치 귀한 산삼이라도 다루듯 종이봉지에 도라지와 더덕을 싸더니 그걸 다시 비닐봉지에 담아주는 것이었다. 재래시장을 찾는 내 마음을 환히 알기라도 하듯이.

집에 돌아와서는 바로 종이 봉지를 풀어 도라지와 더덕을 마당 여기저기에 골고루 심었다. 날씨도 따뜻해서 흙을 다루기는 쉬웠다. 모처럼 흙냄새를 가슴 깊이 들이마시니 마음조차 상큼해지는 느낌이다. 다만 너무 서둘러 심은 것은 아닌지가 걱정일 뿐이다. 입춘과 우수는 지났다지만 아직도 2월의 끝자락이다. 올해는 예년보다 7~10일 가량 봄이 빨리 올 것이라는 기상대의 예보는 있었지만, 도라지나 더덕 뿌리를 심어도 괜찮을지는 모르겠다. 다만 도라지가 지닌 강인한 생명력에 기대를 걸어볼 참이다.

도라지꽃은 5각형의 종이풍선 같이 봉오리가 부풀어 오른 뒤 활짝 피는 바람에 서구에서는 풍선 꽃(balloon flower)이라 부른단다. 군더더기 없는 청초한 아름다움이 매력으로 꼽히고 있다.

더덕은 몇 년 전 두어 뿌리를 구해 심은 적이 있으나, 관리가 부실했던지 꽃까지는 못 봤었다. 여러해살이인데도 우리 집 마당에서는 한 해를 넘기지 못했다. 덩굴식물로 다 자란 더덕은 그 줄기가 2미터에 이른다고 식물도감에서는 밝히고 있다.

10여 년 전의 일이다. 아내와 함께 경기도 축령산에서 열린 철쭉꽃축제에 참석했다가 그 산에서 남이 캔 더덕의 긴긴 줄기를 처음 봤었다. 그때도 더덕 꽃은 못 봤다. 줄기 끝에 달린 종모양의 꽃은 사진으로만 접했을 뿐이다. 뿌리의 진한 향으로 미루어보건대 아마도 더덕은 그 모양새보다 꽃의 향기가 매혹적이 아닐까 싶다.

어쨌든, 도라지와 더덕이 꽃 피울 7~8월에는 마당이 한결 환해지고 향기로워질 것이다. 온갖 세파에 찌들어버린 내 마음도 덩달아 밝아졌으면 좋겠다. 그 참에 내 영혼조차 아름다운 향기로 물든다면 오죽 좋을까 보냐.

2009년 2월

하루에 한 번은 빈 하늘을

스티브 스필버그가 감독한 영화 'E.T(The Extra-Terrestrial)'
와 생텍쥐페리의 소설 ≪어린 왕자≫는 주인공이 모두 외계인
이다.

'E.T'는 미국의 한 작은 마을 숲에 착륙한 우주인이 은밀하
게 식물표본을 채집하는 장면으로 영화가 시작한다. 그러나 갑
자기 사람들이 나타나자 우주선은 황급히 지구를 떠난다. 다급
한 나머지 우주인 하나를 홀로 남겨둔 채…. 방황하던 외계인
은 어느 가정집에 숨어들고, 그 집의 어린 꼬마와 맞닥뜨리면
서 신비롭고 환상적이며 모험적인 얘기가 펼쳐진다.

1982년에 제작한 'E.T'는 이듬해 아카데미상 9개 부문 후보
에 올라 음향, 시각효과 등 4개 부문에서 상을 받았다. 그 밖에
도 골든 글러브 극영화 부문 작품상과 음악상 등을 수상했으

며, 미국영화협회가 선정한 100대 영화 가운데 25위에 랭크되기도 했다.

한 편 ≪어린 왕자≫는 비행기 고장으로 사하라사막에 불시착한 조종사가 '소행성 B612'라는 작은 별에서 혼자 살다 지구에 온 어린 소년과의 대화를 소설로 엮은 것이다. 그 어린 소년이 바로 '어린 왕자'였던 것이다.

'어린 왕자'는 자기가 살던 별의 얘기를 들려준다. 이어서 지구를 포함해 7곱 군데의 행성을 여행하면서 보고, 듣고, 느꼈던 점을 짤막하게 소개하는 것으로 소설은 끝난다. 어찌 보면 평범한 공상과학 동화책을 읽는 느낌이다. 그러나 그렇지 않다. 왜 그럴까? 작가 생텍쥐페리는 이 소설을 통해 사람들에게 정말로 가치 있고 소중한 것이 무엇이며, 무슨 일을 어떻게 해야 올바른지를 절절히 깨닫게 해주기 때문이다.

≪어린 왕자(Le Petit Prince)≫는 생텍쥐페리의 대표작이다. 프랑스의 유력지인 르 피가로는 얼마 전 ≪어린 왕자≫가 전 세계 160개 언어로 번역되었으며, 지금까지 8000만 권이 팔려나갔다고 보도한 바 있다. 우리나라가 이 소설을 한글로 번역한 것은 1970년대 초였다. 판매부수는 100만 권 가량으로 알려져 있다. 이 밖에도 만화나 DVD 등 다른 장르를 포함한다면 그 판매량은 훨씬 불어날 것이다.

'E.T'와 ≪어린 왕자≫가 이렇게 많은 사람들에게 회자되고 있는 이유는 무엇일까? 그것은 무엇보다 무미건조한 우리들 삶 속에서 사그라지거나 이미 잃어버린 동심(童心)을 자극해

주기 때문이다. 티 없이 깨끗한 동심은 왜 귀중한가? 바로 꿈
과 희망으로 연결되어서이다.

영화 'E.T'를 본 사람이면 보름달을 배경으로 자전거가 날아
가는 장면을 뚜렷이 기억하고 있을 것이다. 보름달 속을 달리
는 두 발 자전거. 꿈과 희망이 가슴 속에 잉태되는 순간이다.

≪어린 왕자≫에는 다음과 같은 얘기가 나온다.

어른들은 숫자를 좋아한다. 새로 사귄 친구를 어른들에게 이
야기할 경우, 도대체 어른들은 중요한 것에 대해서는 묻지 않는
다. 어른들은, 그 친구의 목소리가 어떠니? 무슨 놀이를 제일
좋아하니? 나비를 모으고 있니? 하고 묻는 법이 없다. 그 대신
에 나이가 몇 살이니? 형제는 몇이지? 몸무게는 얼마이고, 아버
지의 수입은 얼마 되니? 하는 식이다. 그래야만 그 친구를 잘
알게 되었다고 생각한다. 만약 어른들에게 장밋빛 벽돌로 지은
예쁜 집을 보았는데, 창에는 제라늄이 있고 지붕에는 비둘기가
있더라고 말하면, 어른들은 그 집이 어떻게 생겼는지 생각해 내
지 못한다. 이렇게 말해야 한다. 백만 프랑짜리 집을 보았다고.
그러면 어른들은 "야, 참 훌륭하군!"하고 소리를 지르는 것이다.

그런가 하면 이런 얘기도 있다.

밤에 하늘을 쳐다봐. 내 별은 너무 작아서 아저씨에게 어디
있는지 보여줄 수가 없어. 그게 더 나아. 내 별이 아저씨에게
는 모든 별 중의 하나가 될 거야. 그러면 아저씨는 모든 별을
좋은 마음으로 바라보게 될거야… (중략)

사람마다 별들은 다르지. 여행을 하는 사람들에게 별은 길잡

이가 되지. 어떤 사람들에겐 별이 조그만 빛 이외의 아무 것도 아니고, 학자들에겐 별들이 과제거리지. 하지만 그 별들은 모두 말이 없어. 아저씨는 다른 사람들과는 다르게 웃는 별을 보게 될 거야…. 그 별들 가운데서 내가 웃고 있을 테니까.

《어린 왕자》는 동화체로 엮어지기는 했지만 단순한 공상의 얘기하고는 다르다. 우리에게 가장 가깝고 소중한 말들이 실려 있다. 그러기에 어느 비평가는 《어린 왕자》가 "감성을 잃은 어른들에게 많은 것을 일깨워 주고 반성을 촉구하고 있다"는 말까지 했다. 하찮은 일에 사로잡혀 거짓되고 바쁘게만 살아가는 어른들에게 진실과 아름다움이 어떤 것인가를 짚어 주기 때문이리라.

실상 나는 1987년 미국 LA에 있는 유니버설 스튜디오에서 영화 '죠스'와 '킹콩'을 비롯해 'E.T'를 촬영할 때 사용한 세트를 관람한 적이 있다. 'E.T'에서 보름달을 배경으로 자전거가 날아가게 하는 세트도 거기에서 볼 수 있었다. 그러나 지금 나는 '영화에서 신비롭게 여겼던, 그리하여 감동을 주체 못했던 경험이 세트를 봄으로써 허망하게 무너졌다'는 사실을 말하려는 것이 아니다. 그 영화 그 장면을 볼 때의 내 나이는 이미 어차피 트릭일 뿐이라는 것을 알 만큼 지긋했으므로.

영혼이 순수하다는 것은 무엇을 말하는 것일까? 그것은 바로 아름다움을 볼 줄 아는 마음이 아닐는지.

'어린 왕자'가 다시 말한다.

사막이 아름다운 건, 어딘가에 우물이 숨어 있어서 그래. 내가 지금 보는 것은 껍질뿐이야. 가장 중요한 것은 안 보이는 것이지….

살아간다는 것이 힘들고 어려울 때 우리는 내남없이 짜증스럽고 피곤함을 느낀다. 게다가 병이라도 얻어 몸과 마음이 온전치 못할 때는 더 하다. 가끔은 별로 살고 싶지 않을 때도 있다. 이 극한 상황 속에서 순수함이 이렇고 아름다움이 저렇다는 것을 들먹거리는 것은 차라리 사치일 수도 있겠다.

그러나, 우주는 무변광대(無邊廣大)한 존재이다. 우리가 복닥거리며 사는 지구란 그 광활한 우주의 한 귀퉁이일 뿐, 나라는 존재는 눈에도 잡히지 않는 한낱 먼지에 지나지 않는다. 그 먼지끼리 서로 다투며 우쭐거리고 살아가는 것이 우리 인간이다. 얼마나 가소로운 일인가?

하여, 삶의 무게가 우리를 짓누를 때 한 번 쯤 높은 하늘을 바라보는 것도 좋을 성싶다. 비록 우리에게 'E.T'의 우주선이나 《어린 왕자》의 주인공 같이 비행하는 능력은 없다 해도, 밝은 눈으로 높은 하늘을 바라볼 수는 있잖은가. 그렇게 드넓은 우주에 눈길을 주다보면 우리의 마음도 맑고 깨끗해지지 않을까 싶다.

2009년 2월

전등을 꺼 볼까나?

　한국인으로 처음 전등(電燈)을 접한 사람들이 있었다. 1883년에 미국을 방문한 11명의 보빙((報聘)사절단이 그들이었다. 고종 20년의 일이다. 한미조약 1주년을 기념해 미국을 방문한 이들 보빙사절단 중에는 당대 실력자인 민영익, 홍영식, 서광범, 유길준 등이 포함돼 있었다.

　이들은 워싱턴 DC와 뉴욕을 둘러보면서 전기와 전등의 '위대한 역할'에 경탄하고 감동한다. 귀국해서는 고종에게 이 사실을 보고함에 그치지 않고, 에디슨전등회사에 발전설비를 서둘러 주문하기에 이른다.

　그러나 1884년 갑신정변의 혼란 속에 전등가설은 미룰 수밖에 없었다. 3년 후인 1887년 3월 6일. 어둠을 몰아내는 전등은 마침내 이 나라 '조선'에서도 찬란히 불을 밝히고 만다. 경복궁

안 건청궁(乾淸宮)에서였다.

당시의 발전설비는 16촉광 750개의 전등을 밝힐 만큼 동양 최대의 설비였다 한다. 그러나 고장이 잦고 유지비도 만만치 않자 사람들은 '건달 불'이라면서 비아냥거렸다고 기록은 전하고 있다.

그로부터 120년이 지난 오늘 날, 한국의 전력사정은 상전벽해의 변화를 가져왔다. 송·변전사업, 배전사업, 판매사업, 그리고 해외사업 어느 분야에서도 한국은 글로벌 전력공급 국가로 우뚝 설만큼 눈부신 발전을 이룩한 것이다.

이와는 반대로 지구상에는 전혀 전등의 혜택을 받지 못하는 사람들이 엄청나게 많다. 미하일 고르바초프 전 소련 대통령은 지난 10월 1일 서울에서 열린 '국제환경포럼'에서 "전력을 사용하지 못하는 20억 명의 인구가 중세시대를 살고 있는데도, 다른 한 쪽에선 생산이 넘쳐나 핵잠수함까지 만들고 있다"고 비난했다. 21세기 중반에는 화석에너지의 80%가 고갈될 것이라는 것이 그의 주장이다. 물론 이를 뒷받침할만한 데이터를 제시한 건 아니다. 그러나 귀담아 둘 충고가 아닌가 생각된다.

어제는 모처럼 인사동에 다녀왔다. 뭐, 특별히 골동품에 관심을 가져서가 아니었다. 무료함도 달래고 늦가을 바람이나 쏘이고 싶어서였다. 유유자적 걸음을 옮기다가 한 가게 앞에서 발을 멈추고 말았다. 사고 싶은 물건이 바로 그 가게 안에 있었기 때문이다. 바로 등잔이었다.

등잔. 내가 어린 시절 사용하던 이 녀석은 밝기가 형편없었

다. 하기야 석유를 빨아들인 작은 심지에 불을 붙였으니 오죽
했을까. 그래도 등잔은 남폿불로 개량 발전되거나 촛불이 대중
화되기 전까지만 해도 어둠을 쫓아내는 유일한 수단이었다.

물론 내가 오늘 만난 등잔이 그 옛날에 쓰던 골동품은 아니
다. 밤톨만한 크기에다 사기도 새 것이다. 소형 장식용으로 요
즘에 제작된 것임을 금방 알 수 있었다. 그래도 있을 것은 다
있다. 재질도 그러려니와 앙증맞은 종지 위에는 뚜껑을 얹어
놓았고 손잡이 까지 달려 있었다, 또 뚜껑 가운데의 유두(乳
頭) 같은 돌기에는 구멍을 뚫어 무명심지가 석유를 빨아들이
도록 만들었다. 한 마디로 크기만 다를 뿐 여타의 등잔들과 똑
같은 모습이었다.

대수로울 것도 없는 이 등잔에 왜 갑자기 관심을 가졌을까?
그것은 휘황히 밝은 전기 대신 등잔을 한 번 사용해보고 싶어
서였다. 옛 추억에 젖어보겠다는 감상에선가. 그건 아닌 것 같
다. 그럼 시쳇말로 '고생을 사서 하겠다'는 뜻에서일까?

밝은 대낮이 있으면 칠흑 같은 어둠이 있는 것이 자연의 원
리이다. 어찌 보면 전기란 이런 자연현상에 대한 엄청난 거역
이랄 수도 있다. 다시 말해 전등 대신에 잠시나마 등잔을 써보
겠다는 것은 자연의 원칙에서 아주 조금만 벗어나보겠다는 의
미였는지 모른다.

집에 석유는 없으니 대신 콩기름을 사용하기로 했다. 먼저
전기 스위치를 내렸다. 대낮 같은 방 안이 갑자기 어두워진다.
이제 눈에 보이는 것이라고는 아무것도 없다. 라이터를 켰다.

그리고 등잔 심지에 불을 댕겼다. 연약한 불꽃이 음전하게 타오른다. 주변의 장롱이나 문갑, 책꽂이 같이 덩치 큰 물건만 부조(浮彫) 같이 떠있을 뿐 자잘한 것들은 보이지도 않는다. 눈에 제대로 잡히는 게 없으니 조금은 답답하다. 이 불빛으로는 책 한 줄 읽기조차 어려울 것만 같다. 돋보기를 걸쳐도 제대로 글자가 잡히지 않기 때문이다.

그래도 왠지 마음만은 편해진다. 온갖 것이 다 보여 머리를 혼란시키지 않는 때문일 것이다. 마치나 아득한 전설 속에 자신이 존재하는 듯싶다. 이런 어둠과 고요 속에서 마음의 평정을 얻는다는 건, 그동안 내가 복잡한 세상을 뒤숭숭하게 삶아 왔다는 반증일 것이다.

> 촛불은 금제(禁制)와 유혹의 갈등 속에서 시간을 밝혀주고 거기에서 생활의 시를 낳는다. 그러나 전기불은 그런 상징적 의미를 그 생활 속에서 연소시켜 주지 않는다. 편리한 불이라는 이미지뿐이다.

이어령의 에세이 '촛불과 전깃불의 인간형'에 나오는 말이다. 바람이 불건 시간이 흘러가든 전등불은 그대로 있으므로 '불'의 상징성이 없다는 것이다.

독일 태생의 미국 철학자 마르쿠제(Herbert Marcuse)는 우리가 살고 있는 이 세상을 '풍요의 감옥'이라고 말한 바 있다. TV 수상기나 오디오, 또는 냉장고와 세탁기 같은 문명의 이기가 갖추어진 세상 속에 우리 인간들은 감옥생활을 하고 있다는 것이다. 더욱 안타까운 것은 그런 사실도 모르는 채 우리 인간들은 매일의 생활을 영위하고 있다고 그는 지적한다.

하기야 사람들은 크고 많은 것을 선호한다. 그러나 행복이란 반드시 풍요롭고 거창한 것에 있는 것은 아니지 않는가? 그렇다면 보람된 인생이란 무엇일까?

법정(法頂) 스님은 말한다. "욕구를 채우는 삶이 아니라 의미를 채우는 삶이어야 한다"고.

그러기에 '작고 적은 것이 아름답다'는 말도 생겨난 것일까? 앞으로는 때로 밝은 전등을 꺼 등잔을 밝혀볼까 한다. '생활의 시'가 아닌 '영혼의 시'를 음미하기 위해서라도.

2008년 11월

눈 내린 아침에

　이른 아침에 깨어나다. 유달리 창밖이 밝아 보인다. 눈이라
도 내린 것일까? 커튼과 덧문을 젖히니 과연 흰 눈이 내려 있
었다. 잔디밭은 물론이고 후박나무와 감나무, 모과나무와 대추
나무, 그리고 옥향목과 회양목 등 정원의 나뭇가지들 마다 두
툼한 눈을 하얗게 달고 있었다. 길 건너와 이웃집 지붕 위에도,
저 멀리 언덕 위의 초등학교 비탈길에도 흰 눈은 쌓여 있었다.
온 세상이 온 통 눈으로 덮인 것 같다. 이번 겨울엔 별로 눈다
운 눈을 보지 못했었다. 이렇게 소담히 쌓인 백설을 대하니 마
음조차 푸근해진다. 역시 겨울이 겨울다운 것은 눈이 있기 때
문일 것이다. 눈 덮인 대지를 보노라면 막혔던 가슴이 펑하니
뚫리고 머리도 가뿐해지는 기분이다.
　오늘은 무자(戊子)년의 끝자락. 바로 내일 모레면 '민족의

명절'인 설을 맞게 된다. 명실 공히 기축(己丑)년 소의 해가 시작되는 것이다. 이렇게 한 해를 마무리 하고 새해를 맞는 입장에 희디 흰 눈이 내렸으니, 내년에는 분명 좋은 일이 많아지리라는 느낌이 든다. 옛 말에도 눈 많은 해엔 풍년이 든다고 하지 않던가. 힘들고 어려운 일은 모두 지는 해에 실려 보내고, 즐겁고 보람차며 풍요로운 새해를 맞이했으면 하는 바람이다.

지금 세계 각국은 경기침체로 몸살을 앓고 있다. 글로벌 금융위기가 얼마나 심각한가는 국제통화기금(IMF)이 예측한 경제 성장률 만 봐도 알 수 있다. IMF는 지난해 4분기의 성장률 전망치를 미국 0.4%, 유로지역 0.1%. 일본은 -0.3%로 잡은 바 있다. 물론 이러한 수치는 이전 같은 기간에 비해 그렇다는 것이다. 그러나 최근 경제상황이 악화되자 이를 다시 낮추어 수정 발표할 모양이다.

국제 신용평가회사인 피치(Fitch)도 며칠 전 올해 아시아 국가들이 급격한 경기 하강국면을 맞게 될 것이라는 전망을 내놓았다. 대만(-2.1%), 태국(-1.1%), 홍콩(-1.2%), 싱가포르(-1.0%) 등의 국가는 마이너스 성장을 면할 수 없을 것이란다. 중국과 인도도 각각 6%, 5%의 저조한 성장을 할 것으로 내다보고 있다.

그럼 한국은 어떨까?

2008년 4분기의 성장률이 전 분기에 비해 자그마치 -5.6%나 감소했다고 한국은행은 밝히고 있다. 이 기간의 취업자 수도 11만 6000명이나 줄었다고 한다. 올 한국의 경제성장률도 비관적이다. 한국은행이나 기획재정부는 2% 이상으로 예상하고 있는가 하면, JP모간이나 모건스탠리와 같이 −2.5 이하로 전망하는 기관도 있다. 그러나 올해의 경제가 낙관적이 아니라는 것만은 분명하다. 경제가 추락하는 속도와 강도가 심상치 않기 때문이다.

마이너스 성장이란 우리 경제가 1년 전에 비해 축소됐다는 의미이다. 그 결과 한국의 1인당 국민소득도 1만 8000천 가량으로 후퇴했다. 2만 달러 진입 1년 만에 1만 달러 시대로 되돌아가 버린 것이다.

기상예보를 듣자니 내일도 한반도 남부와 서해안, 그리고 서울과 경기지역에 눈이 내릴 것이란다. 눈을 싫어하는 사람은 별로 없는 것 같다. 나풀나풀 조용히 내리는 함박눈은 고즈넉한 아름다움을 느끼게 하고, 휘몰아치는 바람 속에 거세게 몰아치는 눈보라는 알 수 없는 열정과 환희를, 그리고 나 모르는 사이에 푹신하게 내린 눈은 마음 속 가득히 낭만과 평안을 심어주기도 한다.

그러나 눈에 대한 예찬도 처해 있는 상황이 어떠냐에 따라 얼마든지 달라질 수 있지 않을까 싶다. 개인과 사회, 또는 국가의 현실이 어려운 국면에 있을 경우의 눈이란 기쁨이나 낭만의 대상이 되기는커녕 번거로움과 원성의 대상이 될 수도 있겠다는 생각이다. 지금의 우리 현실이 그렇지 않은가. 경제위기는 여러 모로 정치적 혼란과 사회적 불안을 파급시키고 있는 상황이다. 흰 눈이 내렸다 해서 반드시 즐거운 현상만은 아닐 듯싶다. 굳이 멀리서 예를 찾을 게 뭐 있는가. 당장 설날을 앞두고 귀성길에 오른 사람들은 눈 때문에 더욱 길이 막히고, 자칫 교통사고라는 액운도 맞을 수 있으니 얼마나 곤욕스럽겠는가. 라디오와 TV를 통해 재해방송을 들을 때마다 불안하고 염려스럽다.

이른 새벽에 눈을 내리던 하늘은 지금 청명하다. 그러나 까치설날인 내일 다시 많은 눈이 내릴 것이라고 기상대는 예보한다. 해서 이번 설은 분명 눈 속에 지내질 모양이다.

김진섭(金晋燮)은 그의 글 '백설부(白雪賦)'에서 눈에게 이런 질문을 한다.

> 백설이여! 잠시 묻노니. 너는 지상의 누가 유혹했기에 이곳에 내려오는 것이며, 그리고 또 너는 공중에서 무질서의 쾌락을 배운 뒤에, 이곳에 와서 무엇을 시작하려는 것이냐?

그러나 그는 백설의 대답을 채 듣기도 전에 스스로 결론을 내린다.

> 보라! 우리가 절망 속에서 기다리고 동경하던 계시(啓示)는 참으로 여기 우리 앞에 와서 있지 않는가? 어제까지도 침울한 암흑 속에 잠겨 있던 모든 것이, 이제는 백설의 은총에 의하여 문득 빛나고 반짝이고 약동하고 웃음치기를 시작하고 있기 때문이다. (중략) 이때 우리의 회의는 사라지고, 우리의 두 눈은 빛나며, 우리의 가슴은 말할 수 없는 무엇을 느끼면서, 위에서 온 축복을 향해서 오직 감사의 찬탄을 노래할 뿐이다.

하기야 펄펄 하늘을 날다 떨어지는 흰 눈에 무슨 잘못이 있으랴. 그러니 아무리 각박하고 빡빡한 세상살이라 해도 무심하고 청결한 눈을 바라보는 여유를 가져 볼 일이다. 그리고 번거롭거나 귀찮게만 여기지 말고 감사한 마음을 가져봄은 어떨까. 특히 이번 세모에는 개인이든 국가든 활짝 피어날 경제사정을 기대하며 무지개 같은 희망을 지녀봐야 하지 않겠는가.

> 매양 추위 속에
> 해(歲)는 가고 또 오는 거지만
> 새 해는 그런대로 따스하게 맞을 일이다.
> 얼음장 밑에서도 고기가 숨쉬고
> 따뜻한 미나리 싹이
> 봄날을 꿈꾸듯
> 새 해는 참고
> 꿈도 좀 가지고 맞을 일이다.
> (하략)

김종길(金宗吉의) '설날 아침에'는 그래서 지어진 시가 아닌지?

2009년 1월

봄의 전령 크로커스

지나간 겨울은 답답하고 지루했다. 그리고 허망하고 쓸쓸했다. 먼저 날씨부터 알아보자. 추위가 일찍 온데다 유난히 건조했다. 식수조차 제대로 공급받지 못하는 지역도 적지 않았다. 메마른 날씨로 겨울 산불도 여러 군데서 일어났다.

경제는 어땠는가. 미국에서 일기 시작한 경기침체는 그 영향이 세계 각국에 번져갔고, 그 불똥은 한국이라 해서 비켜가지 않았다. 아시아개발은행(ADB)은 2009년도 한국의 경제성장률이 -3%에 그칠 것이라고 전망했다. 이보다 더 낮춰 잡은 기관도 있다. 예컨대 국제통화기금(IMF)은 -4%까지 전망치를 깎아내린 것이다. 한국관련 외신보도가 상당히 부정적이라는 비판이 있기는 하다. 그러나 2만 달러를 상회하던 1인당 국민총소득(GNI)이 1만 달러대로 주저앉았다는 건 사실이지 않은

가. 한국경제가 글로벌 금융위기에 충격을 받고 있음을 뜻한
다. GNI가 감소세를 보인 것은 외환위기 당시인 1988년 이후
처음이어서 불안스럽다. 아울러 글로벌 금융위기의 충격이 어
느 정도인지를 알 수 있을 것 같다.

금년 2월의 실업률은 3.9%. 작년 같은 기간의 3.5%에 비해
0.4%나 증가했다. 주가는 떨어지고 달러환율은 올라가고…….
이래저래 우울한 겨울이 될 수밖에 없었다.

‘광에서 인심이 난다’는 말이 있다. 지갑이 비고 광에 거미줄
이 끼면 마음도 쪼그라들고 인심도 빡빡해진다. 그러니 누군들
신바람인들 나겠는가.

그래도 눈치 없이 세월은 흐른다. 물색이 없다 할까. 아니면
의연하다고 해야 할까.

3월 14일 오후였다. 책읽기로 무거워진 머리에 바람이라도
쏘일 겸 마당으로 나갔다. 지난주에 경칩이 지나고 한 주일 뒤
면 춘분이 오련만 날씨는 여전히 음산했다. 마당에 심은 감나
무며 모과나무도 아무런 기적 없이 칙칙한 몸뚱이 그대로였다.
어느 꽃나무보다 개화가 빠르다는 매화와 살구도 내가 보기엔
큰 변화가 없었다.

그런데, 놀랄만한 광경을 보게 된 것이다. 대문에서 현관까
지 이르는 길 옆의 옥향나무 아래에서 난데없는 크로커스를
발견한 것이다. 그것도 한 군데가 아니라 두 군데였다. 꽃의
빛깔은 진한 남 보라색. 그 옆 1미터거리에서는 또 다른 네 개
의 크로커스가 꽃봉오리를 맺고 있었다. 꽃은 꽃대로, 꽃봉오

리는 또 그것대로 청초하고 아름다웠다.

아내를 불러 물어 봤다. "언제 이 꽃을 사다 심은 적 있소?" 그러나 아내는 '그런 적 없다'며 역시 이상하다는 것이었다. 꽃이 내 집 마당에서 피게 된 내력이야 아무러면 어떠랴. 지금 강원도 산간지방에는 대설주의보까지 내렸다는데, 이렇게 아담하고 깔끔한 꽃을 대할 수 있다는 게 놀랍고 반가울 뿐이었다.

내가 크로커스를 처음 본 지는 꽤 오래다. 1981년 1월로 기억한다. 그때 나는 KBS에 재직하면서 네덜란드정부가 초청한 방송연수에 참여한 일이 있다. 연수 장소인 RNTC 입구에는 폭 2미터 가량의 화단이 꽤 길게 가꾸어져 있었다. 어느 날 학과출장길에서였다. 동료 연수생이 뭔가를 잔디밭에 떨어뜨려 찾고 있을 때였다. 때마침 이 모습을 본 여강사가 깜짝 놀라며 말하는 것이었다. "지금 막 크로커스 새 싹이 올라오고 있어요. 빨리 내려와요!" 동료 연수생이 잃어버린 물건을 잔디밭에서 찾았는지는 기억에 없다. 다만, 여강사가 말한 '크로커스(crocus)'란 어휘는 지금까지도 기억에 생생하다. 그리고 며칠 후 정말 잔디밭 속에서 애잔하고 고운 꽃이 피어나는 것이었다. 남보라에 하양, 노랑 등 빛깔도 다양했다.

네덜란드 사람들은 너나 할 것 없이 꽃을 무척 사랑한다. 봄이면 크로커스와 수선화에 이어 튤립이 도처에 만개하여 장관을 이룬다. 특히 네덜란드의 국화(國花)인 튤립은 기차를 타고 가면서 봐야 제 격일 정도로 재배면적이 어마어마하다. 가히 화훼로 이름을 떨치는 나라답다. 이렇기 꽃을 사랑하고 아끼는 판에 크로커스의 싹이 솟아나오는 잔디밭을 뭉갰으니 그녀가 깜짝 놀랄 만도 했으리라.

그리고 보니 한 가지 의문이 인다. 왜 내가 본 네덜란드의 크로커스는 잔디밭에서 자랐을까. 그게 일반적인 현상인지, 아니면 그 곳 그 장소만의 예외인지? 혹시 근거도 없이 우리 집 안마당에서 피고 있는 크로커스도 작년에 이식한 서양 잔디에 묻혀 들어온 것은 아닐까? 그러나, 그것은 아무래도 괜찮다. 나는 그저 꽃만의 아름다움을 즐기면 될 테니까.

크로커스는 알뿌리식물이다. 높이는 10센티 정도. 꽃대가 비교적 굵고 6장의 꽃이 살짝 겹쳐서 핀다. 크로커스는 결코 야단스럽게 피는 꽃이 아니다. 물에 젖은 붓털 같이 오므려 있던 꽃봉오리를 반개(半開)하듯 피워낸다. 꽃의 자태에 매혹을 느끼는 것은 바로 이런 수줍음과 겸손일 듯싶다.

잎은 길고 가늘다. 잔디와 그 모양새가 비슷하지만 줄기 복판에 흰 색 줄이 세로로 쳐져 있다.

크로커스는 햇빛을 좋아하는 것 같다. 안마당의 꽃들도 제일 해가 잘 드는 곳에 피어 있기 때문이다. 유난히 햇빛을 좋아하는데도 이 추운 겨울, 다른 어느 꽃보다 더 일찍 꽃을 피우는 부지런함과 용기는 어디에서 오는 것일까? 크로커스를 보고 있노라면 내 자신이 부끄러워진다. 언제나 쉬운 것, 편한 것만을 찾았던 내가 아닌가. 도전보다는 무기력한 수용에 더욱 익숙했던 나였다.

크로커스의 꽃말은 '당신을 기다립니다'라고 한다. 혹시 그

기다림의 대상이 나라면 얼마나 좋을까. 하여 나도 크로커스를 닮아 나태는 근면으로, 실의는 희망으로, 그리고 무기력함은 용기로 바꿀 수 있다면 그 아니 좋으랴?

뭐, 그러나 기다림의 대상이 내가 아니라도 상관없으리. 내 이미 마음의 신발 끈 동여매고 다시 한 번 열심히 해 볼 참이므로.

미더워하지 않는 사람이 혹 내 나이라도 묻거든, 크로커스인 네가 대신 대답해주려무나. "이팔청춘이든 예순일곱의 초로이든 봄은 누구에게나 고루 온다고. 그리고 뜻이 있다면 무언들 못 해내겠느냐"고.

2009년 3월

참새야, 내 새벽잠은 걱정마라

6월에 들어서면서 지금 우리 집 뜰은 녹음이 한창이다. 후박, 두충, 가시오갈피, 매실과 같은 약목(藥木)을 비롯해서 모과, 살구, 자두, 대추, 감 같은 유실수들이 아주 시원한 그늘을 만들어 내고 있기 때문이다. 덩치가 크거나 키가 크지 않은 다른 나무도 있다. 넝쿨장미, 철쭉, 산앵두, 목백일홍, 회양목, 옥향, 사철나무 등이 그들이다.

넓지 않은 정원에 웬 나무는 그렇게 많이 심었는지. 비좁은 자리에 많은 수목이 옹기종기 자라므로 답답하게 느껴지기도 한다. 또 어느 때는 나무의 모습들이 측은해 보일 때도 있다. 올 봄에 땡감나무 등 몇 가지를 정리한 것도 그런 점들을 고려한 때문일 터이다. 물론 해마다 전정은 빠뜨리지 않았다. 그래도 워낙 오래된 나무의 기세 탓인지 여름만 되면 가뜩이나 좁은 마당이 자꾸 줄어드는 느낌이다.

그래도 뜰 안에 우거진 나무가 나는 좋다. 뭇 새들이 날아들어서이다. 까치, 비둘기, 참새는 말할 나위 없고, 드물게는 박새나 동고비까지 찾아온다. 사실 내가 몰라서 그렇지 우리 집 정원을 방문하는 새는 더 있을 것이다.

그 중 제일 많은 것은 참새다. 수 십 마리가 몰려오고 몰려가기를 되풀이 한다. 특히 여름철에는 활짝 열어놓은 창문이나 현관을 통해 한 달에 몇 번 쯤은 참새가 대청이나 안방까지 들어와 소동을 피운다.

참새는 생김새만큼이나 영악하고 눈치 빠르다. 큰 개가 먹다 남겨놓은 밥도 재빨리 빼앗아 먹을 정도다. 혹 개가 앞발을 번쩍 들면서 위협을 가해도 녀석들은 그다지 놀라워하지 않는다. "목줄로 채워진 네가 감히 나를 어쩌겠다는 거냐?"라는 듯 몸놀림이 천연덕스럽다.

배를 채운 참새들이 하는 일은 목욕이다. 정원의 뽀송뽀송한 흙을 찾아 좌우로 몸을 뒤척이고 날개를 털면서 법석을 떤다. 그래서 잔디밭은 여기저기가 오목오독 패어 상처투성이다.

도대체 참새들은 성미가 급한 것 같다. 종종걸음에 핼끔대고 깝신거리는 모습이라니…. 거동을 볼라치면 정신이 다 헷갈릴 정도다.

울음소리는 어떤가. 제 체수를 닮아 가볍고 방정맞다. "쩍쩍, 째잭, 쩍!" 아무리 좋게 들으려 하도 참새가 우는 소리는 청아하지 않다. 멜로디가 없어 시끄럽고 어수선하게만 들린다.

물론 나오는 딴판으로 참새 소리를 즐겁게 듣는 사람도 있는 듯하다.

시 '효조(曉鳥)'에서 김윤성은 참새 소리를 이렇게 그리고 있다. 그러나 그가 들은 참새 소리는 수 십 마리가 떼지어 우는 것이 아니라 그저 한두 마리쯤이 아니었을까?

어쨌든 나는 이른 아침 녀석들이 창문 가까운 나무에서 무리를 지어 울 때마다 단 잠을 깨기 일쑤였다.

그런데 지금은 아니다. 시끄러운 소리에 익숙해져서인가? 그렇지 않다. 단잠을 깨울 만큼 참새들의 수가 많지 않고, 많지 않기에 수면에 아무런 지장을 주지 않기 때문이다.

몇 해 전으로 기억한다. 참새의 개체 수가 매년 10% 가량 감소한다는 뉴스를 접한 적이 있다. 그렇다면 그 10%라는 수치의 내용은 구체적으로 어떤 방법으로 산출된 것일까. 그래서 어제는 직접 환경부에 전화를 걸어봤다. 연도별, 그리고 면적당 몇 마리의 참새가 줄어드는 지가 궁금했기 때문이다.

담당부서인 척추동물연구과의 답변은 놀라웠다. 1989년 100ha 당 425.7마리였던 참새의 서식밀도가 1999년에는 167.2마리로 감소했다고 한다. 쉽게 말해 10년 사이에 참새가 60.73%나 사라진 것이다. 이러한 감소 수치는 매년 계속되어

2007년에는 111.5마리, 작년 2008년에는 108.3마리까지 떨어진 상태라고 환경부는 말한다. 추세가 이럴진대 앞으로 20년쯤 후라면 아예 참새가 멸종해 버리는 것은 아닐까. 혹여 살아남는다 해도 희귀종으로 동물원이나 가야 볼 수 있지 않을까 하는 걱정이 들었다.

이렇게 우리 주변에서 참새가 사라진 것은 무슨 이유일까. 무엇보다 환경이 오염되고, 도시 개발로 서식할 장소를 빼앗겼기 때문이다. 도심의 경우, 강변이나 고궁 같이 나무가 많은 지역이 아니면 사실상 참새를 찾아보기가 어렵게 됐다. 농촌의 사정은 어떤가. 번식장소로 최적인 초가집은 제거된 지가 옛날이고, 농약과 제초제 등으로 먹잇감 조차 드문 상태이다. 그러니 도시든 농촌이든 참새가 살아갈 환경은 날로 악화되고 있는 것이다.

우리 속담에 "참새는 작아도 알만 잘 낳는다"는 것이 있다. 이는 참새가 비록 몸집은 작아도 제 할 일은 다한다는 뜻도 있지만, 말 그대로 번식력이 뛰어나다는 의미이다. 그러나 '참새는 자체 번식력은 강하나 인간의 보호를 필요로 하는 동물'이라는 전문가의 말을 경청할 필요가 있다.

한 때 참새는 추수기의 농가에서 골치 아프고 밉살맞은 존재였다. 다 익은 낟알을 까먹어버리기 때문이다. 늦가을 들판에 허수아비가 서고 깡통 달린 새끼줄이 논가에 늘어섰던 이유도 참새를 쫓기 위해서였다. 참새는 농사에 장해가 될 해충을 부지런히 잡아먹는 익조(益鳥)가 분명한데도 이런 배척을

받고 미움을 타는 것은 참새가 먹는 낟알의 수가 적지 않아서
였을 것이다.

참새가 사라지고 있다. 우리들 인간에 의해 해마다 달마다
그 숫자가 줄어든다. 그 결과 앞으로 우리에게 돌아올 것은 뻔
하다. 한 마리 참새도 기대할 수 없는 삭막하고 을씨년스런 자
연 환경일 뿐이다. 또 그러한 환경이란 이미 자연이라 부를 가
치도 없을 것이다.

그리고 보니 앞마당에서 들려오는 "쩍, 쩍, 째잭" 참새의 울
음소리가 그렇게 고맙고 신통할 수가 없다. 법정 스님의 말씀
이 아니더라도 '새소리는 생동하는 자연의 소리일 뿐 아니라
생명의 흐름이며 조화요 그 화음'이 아니겠는가.

내 앞으로는 참새 너 때문에 아침잠을 설쳤다는 등의 불평
은 하지 않으리. 단잠을 깨워도 괜찮으니 많이많이 찾아와 마
음껏 울어다오.

아니, 그게 아니지. 모이부터 줘야겠구나.

"여보, 어제 사온 좁쌀 어디에 뒀소?"

2009년 6월

어떤 조롱박의 수난

　지하철 6호선 디지털미디어시티 역의 4번 출구를 빠져나오면 오른쪽 가까이에서 넓은 하천을 만나게 된다. 하천의 이름은 불광천. 너비가 30~40m 쯤 된다. 서울 은평구를 기점으로 해서 서대문구, 마포구를 거쳐 흐르다가 홍제천과 합류하여 한강으로 흘러들어가는 9㎞의 긴 하천이다. 위의 지하철 역 4번 출구에서 보면 하천 위쪽이 은평구이고 아래쪽은 서대문구이다. 하여 서대문구에 속해 있는 우리 집을 가려면 반드시 불광천 위에 놓인 다리를 건너게 마련이다.

　이 다리 위에는 작년부터 색다른 구조물이 하나 생겼다. 다리 양쪽 보도에 설치해 놓은 아치형 터널이 그것이다. 보도의 폭은 4미터 가량. 양 쪽에는 1미터 높이에 폭 50센티의 화단이 마련돼 있다. 나머지 공간 3미터에는 타원형 빔을 50여 개 박아 아치를 만들고, 그 위에 나일론 그물망을 설치한 형식이어서 구조는 간단하다. 터널의 높이는 2미터를 좀 넘고 길이는 40미터 정도가 될 듯하다.

처음 이 구조물을 대했을 때는 기분이 별로였다. 우선 보도의 너비가 좁아진데다, 탁 트인 시야를 막는 것이 불만스러웠다. 그러나 모종낸 화단에서 여러 가지 꽃들이 피어나고, 조롱박 같은 넝쿨식물이 그물망을 타고 오르면서부터 차츰 인식이 달라지기 시작했다. '볼품없던 콘크리트 다리가 이렇게 바뀔 수도 있구나' 하는 생각을 갖게 된 것이다.

올 봄엔 이 아치터널 옆의 화단이 지난해보다 더 야단스러운 단장을 했다. 화단의 가장자리에는 서양 잔디가 입혀졌고, 꽃의 종류도 더 다양해졌다. 앵초, 쑥부쟁이를 비롯해서 돌단풍, 개양귀비, 금계국 등이 심어진 것이다, 그 뿐이 아니다. 덩굴식물도 그 품종이 늘어났다. 종전의 조롱박은 물론이려니와 수세미, 포도, 장미가 추가되었다.

햇빛을 유감없이 받아들인 탓일까. 심어진 모종들은 하루가 다르게 무럭무럭 자라더니 마침내 꽃을 피워냈다. 어떤 것은 화려하고 현란한 모습으로, 또 어떤 것은 단아하고 청초한 모습으로…. 부지런히 그물망을 타고 오르던 넝쿨식물들도 이에 질세라 아름다운 꽃들을 피워내기 시작했다. 조롱박은 눈부신 순백의 꽃을, 수세미는 정열의 오렌지 꽃을, 그리고 장미는 꿈과 사랑이 묻어나올 듯싶은 핑크빛 꽃의 자태를 드러낸 것이다. 꽃으로 둘러싸인 녹색의 긴 터널은 아름다웠다. 땡볕이 내려쏘고 차 소리가 요란해도 터널 안은 아늑하고 시원했다.

대서(大暑)와 중복을 맞으면서 아치터널은 또 다른 변화를 보이기 시작했다. 포도넝쿨에서는 앙증맞은 열매가 주저리주저리 열리고, 수세미와 조롱박 넝쿨에선 제 이름대로의 열매가 그물망 안팎에서 모습을 드러낸 것이다. 특히 그물망 안쪽의 조롱박들이 대롱대롱 매달려 있는 모습은 정겹기 그지없었다. 이곳 아치터널의 조롱박은 종류가 두 가지다. 하나는 허리가 잘록하고, 다른 하나는 늘어진 주머니 모양에 얼룩덜룩한 무늬를 띠고 있다. 처음 열매를 맺을 때는 온 몸에 솜털이 붙고 형태조차 미심쩍더니 날이 갈수록 제 모양새를 갖추면서 이제는 어른 주먹 두 개 크기로 자라난 것이다.

"혹시 누가 따 가지나 않을까?"

괜한 걱정까지 일어났다. 호기심에 또는 장난삼아 능히 그럴 수도 있지 않을까 싶었다. 그러나 유감스럽게도 이런 노파심은 곧 현실로 나타났다. 아치터널을 지나갈 때마다 조롱박의 숫자가 하나 둘 줄어드는 것이었다. 터널 안쪽에 매달렸던 것들이 사라질 때만 해도 작은 희망은 붙어 있었다. "그물망 바깥쪽 조롱박까지야 누가 건드릴까" 하는…. 허나 그마저도 감쪽같이 없어질 때는 절망보다 분노가 치밀었다. 아직 여물지 않아 아무 짝에도 소용없는 조롱박을 누가, 무엇 때문에 따갔을까?

어렸을 때 고향에서 어머니가 박을 바가지로 만드시는 걸 본 적이 있다. 늦은 가을철로 기억된다. 어머니는 지붕 위에 올린 뒤웅박이 제대로 여물었는지를 바늘로 찔러 확인한 뒤에

야 박을 내리셨다. 정성스레 반으로 자른 뒤에는 박 속을 걷어
내고 끓는 물에 삶으셨다. 건져낸 바가지의 표면을 다시 숟갈
로 긁어낸 것은 윤택을 내기 위함이 아닌가 싶다. 이를 다시
그늘에 말리면 다용도사용이 가능한 바가지가 되는 것이었다.
　조롱박을 만드는 방법이라고 다를 리가 없을 것이다. 지금은
늦가을도 아니고 땡볕이 쏟아지는 여름이 아닌가. 옷깃만 스쳐
도 상처가 날듯 한 털복숭이 어린 박을 따내서 대체 무엇에 쓰
려 했을까. 옛날 배를 곯던 시절에는 박 속을 긁어먹어 빈 배
를 채우기도 했다는 얘기를 듣기는 했다. 그러나 지금은 아니
지 않은가.
　바로 오늘 아침의 일이다. 지하철을 타려고 아치터널 부근의
횡단보도에서 신호를 기다리고 있을 때였다. 근처 아파트의 빈
터에 낯익은 물건이 떨어져 있었다. 한 눈에 주머니 모양의 얼
룩무늬 조롱박임을 알 수 있었다, 그러나 조롱박은 아무렇게나
잘라진 채 반 토막만의 처참한 몰골이었다. 사람이라는 족속은
왜 그리 성마르고 모질며 비정한 것일까. 조금 있으면 멀쩡하
고 유용하게 쓰일 조롱박을 이렇듯 박살내 버릴 게 뭐 있는가.
참으로 안타까웠다.
　“주관적인 감각이 없다 뿐이지 식물에게도 영혼이 있다”고
말한 사람은 아리스토텔레스였던가.
　《식물의 정신세계(원제 : The Secret Life of Plants)》라
는 책에는 다음 얘기가 실려 있다.

식물도 기억할 수 있는가를 알아보기 위해 '범인 찾기'라는 실험을 실시했다. 두 그루의 식물이 있는 방 안에 어떤 사람이 들어가서 한 그루를 무참히 죽인 후, 남아 있는 한 그루가 그 범인을 찾아낼 수 있는가를 알아보기 위해서였다. 먼저 실험에 참가한 여섯 명의 눈을 가리게 하고 제비뽑기를 하게 했다. 그들이 골라낸 종이들 중 하나에는 '방 안에 있는 두 식물 중 하나를 뿌리째 뽑아서 짓밟아 버리라'는 내용이 적혀 있었다. 비밀 속에 하는 일이므로 그 범인이 누구인지는 아무도 알 수 없었다. 다만 살아남은 식물만이 유일한 목격자가 되는 셈이었다.

탐지기가 식물에게 연결되었다. 그리고 실험에 참가한 여섯 명에게 차례로 탐지기 앞을 지나가게 했다. 결국 누가 범인지를 분명하게 알아낼 수 있었다. 다른 다섯 명이 지나갈 때는 전혀 반응이 없던 그 식물은 범인이 접근하자 탐지기의 바늘을 격렬하게 움직였던 것이다.

그렇다고 박살난 조롱박의 범인을 잡기 위해 탐지기를 설치하고 서울 시민 전부를 조사할 수는 없을 것이다. 조롱박을 아끼고 사랑하거나, 반대로 채 영글지도 않은 것을 멋대로 따내거나 무참히 내동댕이쳐 버리는 짓은 우리들 인간의 상식이나 양심의 문제이다. 말 없는 식물이라 해서 그 존재를 무시해버리는 사람들에게 독일의 물리학자이자 심리학자인 페히너(Gustav Theodor Fechner)의 다음과 같은 말을 꼭 들려주고 싶다.

뛰고, 소리치고, 게걸스럽게 먹어대는 영혼이 있다면, 침묵
속에서 꽃을 피우고, 향기를 뿜으며, 이슬로 갈증을 풀고, 새싹
으로 충동을 분출시키는 영혼도 있을 법하지 않겠는가? 인간이
란 짐승은 왜 저리도 분주하게 돌아다닐까를 궁금해 하면서, 식
물은 자신이 뿌리를 내린 곳에서 조용하게 살아가고 있다.

2009년 8월

"한국 사람이 좋더라"

도리스 캐슬린 스티븐스(Doris Cathleen Stephens). 올해 쉰다섯 살의 미국 여성. 한국 이름은 심은경이다. 그는 미 국 무부 동아시아태평양 담당 선임고문에서 일약 주한 미국대사 라는 막중한 임무를 부여받고 2008년 9월 23일 인천국제공항 에 발을 내렸다. 입국 기자회견장에서 스티븐 대사는 조금은 상기된 표정으로, 그러나 깍듯하고 정중한 인사를 건넸다.

"안녕하세요. 심은경입니다. 33년 만에 미국대사로 한국을 다시 찾으니 정말 가슴이 벅찹니다." 그가 한 말은 영어가 아 니었다. 유창한 한국말이었다.

이튿날 그는 직원들과 함께 서울 종로의 한 음식점에서 순두부찌 개를 먹으면서 '이제야 한국에 온 실감을 느낀다'고 말했다던가?

그가 한국에 온 이래 언론 매체는 그의 일거수일투족에 각별한 관심을 보이며 추적 보도하기에 바빴다.

심은경. 대체 그는 누구인가?

정부수립 이후 한국을 거쳐 간 미국 대사는 21명. 그 가운데 유일한 여성 출신 대사가 스티븐스이다. 희소성으로만 보더라도 뉴스가 될 법한데 그에게는 한국과 몇 가지 인연이 더 있어 세인의 관심을 끌었다.

심 대사는 전에 한국인과 결혼까지 했던 이력을 지닌 분이다. 1975년에는 충남 부여와 예산에서 평화봉사단의 일원으로 파견돼 예산중학교에서 2년 간 영어를 가르쳤다. 심은경이라는 한국 명을 가진 것도 그 때였다. 1978년 외교관이 된 뒤에는 주한 미 대사관과 부산영사관 등에서 근무했다. '한국인보다 한국을 더 잘 아는 사람'으로 평가를 받는 것도 바로 이런 이유 때문이다.

10월 8일. 캐슬린 스티븐스, 아니 심은경 주한 미국 대사는 마침내 33년 전 그가 평화봉사단원으로 영어를 가르쳤던 예산중학교를 공식 방문했다.

"참 오고 싶었는데 이제야 왔습니다."

까마득한 옛날을 회상하는 모습이 그의 어조와 표정에 역력히 묻어 있었다. 당시 자신에게 도움을 줬던 동료교사들의 이름을 열거하다가는 감격에 겨워 울먹였다고 한다.

그러나 다른 무엇보다도 우리를 인상 깊게 한 것은 그가 수업을 참관하던 중 '한국의 어느 것이 좋더냐?'는 학생의 질문에 "사람"이라고 답변했다는 대목이다. 부연 설명이 없었으므로 한국 사람의 어떤 면이 심은경 대사의 마음을 사로잡았는지는 가늠할 수 없다.

정말 그가 좋아한 '한국 사람'이란 어떤 모습이었을까?

옛날의 일터였던 예산중학교 교정 안으로 들어설 때 300여 명의 학생들이 태극기와 성조기를 흔들며 환영했다니, 그런 풋풋한 인정(人情)에서 느낀 인간미를 말함인가?

그날 심은경 대사는 33년 전 그가 머물렀던 예산읍내 하숙집을 방문한 자리에서 당시 밥을 챙겨줬던 아주머니가 지난해 위암으로 돌아가셨다는 말을 듣고 눈시울을 붉혔다고 한다. 그렇다면 주인집 아주머니의 넉넉하고 훈훈함을 통해 읽어낸 한국인의 마음씨를 가리킨 것일까?

역사를 통해 볼 때 한국인은 갖가지 난국에 시달리면서 이를 극복해 낸 오뚝이 같은 민족이다. 그런 한국인의 백절불굴한 정신과 감투(敢鬪) 정신을 애기함일까?

또 한국인은 매사에 부지런한 것으로 온 세계에 알려져 있다. 외세에 부대낀 판에 늑장이라도 피우다간 밥 한 끼조차 챙겨먹기가 어려웠기 때문이다. 바로 이런 면이 심 대사에게는 인상적으로 보였던 것일까?

한국은 유교적 전통이 뿌리 깊은 나라이다. 도의와 효를 생명같이 여긴다. 특히 어버이에 대한 효성이 지극하고 웃어른에게 공손하다. 오랫동안 이 모습을 지켜봤을 심 대사였으므로 '과시 한국은 동방예의지국'이라고 평가한 것은 아닐까?

그러나, 그러나 말이다. 심 대사가 표현한 대로 10년이면 강산도 변하고 만다. 사람은 산천이 변하는 속도보다 몇 배나 더 빠르게 바뀐다. 심 대사가 다시 찾은 33년 동안 정말 우리 사회는 얼마나 변했는가? 사람들의 심성은 더 말할 나위 없이 달라졌다. 훈훈했던 인심은 산업화와 정보화시대를 거치면서 저마다 약삭빠르고 빡빡하며 모난 모습이 돼버렸다.

근면했던 우리들의 성정에도 많은 변화를 가져왔다. 어려웠던 삶의 고비가 풀리면서 힘들고 귀찮은 일은 아예 거들떠보지도 않고, 편하고 쉬운 일만을 선호하며 향락을 추구하는 경향이 사회에 팽배하다.

한국인의 표상이던 도덕심과 의리 또는 효심이라 해서 온전히 남아 있겠는가? 사회구조가 복잡다단해지고 개인주의화되면서 비리와 부도덕은 제멋대로 날뛰고, 부모를 홀대하고 웃어른들을 업신여기는 모습을 어디서나 시도 때도 없이 볼 수 있다.

물론 모두가 다 그렇다는 얘기는 아니다. 그러나 적어도 지난 33년 동안 우리들의 모습이 달라지고 뒤틀려버린 점을 부정할 사람은 흔치 않으리라고 본다. 서글프고 안타까운 일이다.

우리나라 우리 국민을 사랑하고 아꼈던 신임 주한 미국대사 캐슬린 스티븐스. 아니, 심은경 여사. 그의 눈에도 조만간 우리의 그릇된 모습과 꼴불견이 잡힐 터이니 그게 부끄럽고 창피하다. 그리고 안타깝다.

아니, 산전수전 다 겪은 스티븐스가 아니던가. 이미 우리의 추악한 점을 알고 있는지도 모를 일이다.

2008년 9월

이른 아침 시(詩)를 읽으며

늙으면 잠이 없어진다고들 한다. 그래 그럴까. 스스로는 아직 그럴만한 나이가 아니라고 생각되면서도 새벽 다섯 시 언저리면 절로 눈이 떠진다. 늦어봤자 여섯 시다. 하기야 어느새 망칠(望七)이니 새벽잠이 없을 나이가 된 듯싶기도 하다. 다만 일찍 자든 늦게 자든 매한가지인 것은 왜 그런지 모르겠다. 어떤 때는 건강을 위해서 더 자야 되겠다고 마음을 안 먹는 게 아니다. 그런데도 뜻대로 안 되니 어쩌겠나. '오랜 습관 탓이려니' 여기면서 그냥 자리에서 일어난다.

오늘은 5시 30분에 잠이 깼던가. 일어나던 맡에 에어컨을 끄고 창문을 열었다. 맑고 깨끗한 바람이 방 안 가득 들어온다. 동트는 하늘 밑으로 뜰 안의 녹음이 더욱 짙어 보인다. 감, 살구, 모과, 자두, 대추, 산앵두, 체리 등의 유실수와 후박, 두충,

목백일홍, 옥향 같은 정원수들이 싱그럽다. 그리고 그 안 어디 서인가 벌레들의 합창이 들려온다. 야단스럽지 않고 잔잔하 게…. 여치, 베짱이, 귀뚜라미, 풀무치 등이 무리지어 내는 소 리가 분명하다. 나보다 훨씬 앞서 일어나 미리 조율이라도 가 졌을까. 화음이 자연스럽다. 녀석들은 잠도 없는 모양이다. 엊 그제 말복을 지내고부터는 소리가 더 커지고 음색조차 한결 청아해진 느낌이다.

여느 때의 버릇대로 시 한권을 뽑아든다. 참, 그에 앞서 클 래식 음악에서 서곡만 추려 담은 CD를 미니 컴포넌트에 꽂았 던가? 주페의 '경기병 서곡'이 흐르는 가운데 김광균(金光均) 의 시 '추일서정(秋日抒情)'은 이렇게 시작된다.

> 낙엽은 폴란드 망명정부의 지폐
> 포화(砲火)에 이지러진
> 도룬 시의 가을 하늘을 생각케 한다.
> 길은 한 줄기 구겨진 넥타이처럼 풀어져
> 일광(日光)의 폭포 속으로 사라지고
> 조그만 담배연기를 내어 뿜으며
> 새로 두 시의 급행 열차가 들을 달린다.
> (후략)

물론 지금은 '가을'이 아닌 여름이다. 말복은 지났지만 한 낮 엔 땡볕이 뜨겁다. 그러나 설사 공허하고 스산한 가을이 닥쳤 기로서니, 또 망명정부가 마구 찍어냈을 화폐의 가치가 떨어졌

기로서니 지폐를 낙엽으로 형상화한 시인의 생각이 경탄스럽
다. 어디 그 뿐인가. 포화에 뭉그러진 도시 가운데 하필이면
'토룬' 시를 떠올렸을까. 미처 정비되지 않아 구불구불한 길도
시인은 '구겨진 넥타이'에 비유하고 있다. 한 폭의 회화를 감상
하는 느낌이다. 도시에 내리는 가을의 소멸감과 허무감, 그리
고 전화(戰禍)의 한 구석이 잘 나타난 좋은 시가 아닌가 싶다.
　시는 절제된 언어의 상징성을 전제로 한다. 따라서 읽는 이
가 접근할 수 있는 한계는 제한되어 있게 마련이다. 시인이 무
엇을 소재로 왜 그런 표현을 했는지가 가늠되지 않을 때도 많
다. 하여, 때로 읽는 사람을 미망(迷妄)에 빠뜨린다. 그래도 시
를 읽으면 마음이 정화되는 느낌이 든다. 시가 지닌 완성도가
높을수록 일상에 찌든 독자의 머리는 개운해 지고 가슴은 탁
트인다. 다른 시 한 편을 소개한다.

　　　물먹는 소 목덜미에
　　　할머니 손이 얹혀졌다.
　　　이 하루도
　　　함께 지났다고,
　　　서로 발잔등이 부었다고,
　　　서로 적막하다고.

　'묵화(墨畵)'라는 제목으로 김종삼(金宗三)이 쓴 시이다. 그
의 시는 담담하다. 구성은 간결하고, 언어는 절제되어 있다. 말
을 꾸밈에 아무런 치장이 없다. 있는 그대로 진술하다. 그래도

이 시를 읽으면서 삶이 얼마나 고달픈 것이라든가, 가난하지만 정직한 자들의 티 없는 온정이 어떤 것인지를 쉽게 찾아낼 수 있다. 시인 문태준(文泰俊)은 이렇게 말한다. "그의 시를 읽고 있으면 물안개가 막 걷히는 새벽 못을 보고 있는 듯하다. 작은 여울에 누군가가 정성스레 놓아둔 몇 개의 징검돌을 보고 있는 것 같다"고.

1968년 내가 동아방송(DBS) 아나운서로 입사했을 때, 시인 김종삼은 드라마방송의 음악 효과 담당으로 근무하고 있었다. 허름한 입성에 허리는 구부정했고, 등산모에 파이프 담배를 자주 무는 모습이었다. 그의 시에 드뷔시, 모차르트 등의 작곡가라든지 라잔스카, 엘리자베스 슈만과 같은 불후의 가수들이 등장하는 것도 그의 해박한 클래식 실력 때문이 아닌가 한다. 유달리 소주를 즐겨 마시던 그였다. 자잘한 일에 무심하고 털털한 성격 그대로였던 김종삼, 그의 시는 정직하고 순수했다. 그리고 여백의 아름다움이 있었다.

'시를 읽는 시간은 외로운 시간'이라고 말한 시인이 있다. 그래서 외로움을 견디기 위해 시를 읽기도 하고, 쓰기도 한다는 것이지만, 그건 그 시인의 감성 탓이라는 게 내 생각이다. '좋은 시를 읽으면 피가 맑아지고 삶에 율동이 생긴다'는 표현이 내 마음에 닿는다. 어찌 율동뿐이랴. 좋은 시는 영혼을 살찌우게 한다. 또 삶에 대한 가치를 새로이 인식케 하고 보람까지 느끼게 한다고 보는 게 나의 견해이다.

이른 아침 시를 읽기 시작한 지는 실상 얼마 되지 않았다.

그나마 매일 읽은 것도 아니다. 하지만 앞으로는 거르지 않고 매일 읽어나갈 참이다.

이 글을 읽고 있을 독자는 어떤 입장인지? 먼저 묻고 싶은 게 하나 있다. 진실로 마음이 가난해지기를 바랄 때도 있는지. 그렇다면 이른 아침 시 읽기에 동참해 줄 것을 권한다.

2009년 8월

67세를 맞는 해의 새 결심

흔히 '세월은 유수(流水)와 같다'고 한다.

세월이란 도대체 멈추거나 머무적댈 줄 모르며, 흘러가는 물인 양 계속해서 앞으로만 내달리기 때문일 것이다. 하기야 흘러가는 것이 어디 물 뿐이겠는가. 이 세상 삼라만상 치고 흘러가지 않는 것이란 없다. 무릇 생성해서 존재하는 모든 것들은 세월 속에 흐르고 흘러 결국 소멸에 이른다. 불가에서 말하는 제행무상(諸行無常)이 바로 이런 것이리라.

오늘은 2009년 1월 1일.

새해 첫날 아침이다. 구정을 쇠는 입장이라 차례 상을 올리지는 않았다. 그러나 조반 식탁에는 떡국 한 그릇이 올라와 있었다. 해가 바뀐 날 아침에 떡국을 먹는다는 것은 나이도 한 켜가 더 쌓였음을 의미한다. 그러니 나도 어제까지의 예순여섯

이 아닌 예순일곱 살이 된 것이다.

예순일곱. 적지 않은 나이이다. 나도 모르는 사이에 어찌 이 많은 세월이 흘러갔을까? 정말 세월으 빠르기란 유수에 비길 만하다. 아니, 유수는 속도가 느리니 차라리 쏘아버린 화살 같다고나 해야 할는지.

이 나이에 이르도록 내가 추구하고 성취한 것은 무엇일까? 추구한 것이야 많았다. 그러나 가치 있게 이룩한 일은 얼마 없어 보인다. 부끄럽고 안타까운 일이다. 그리고 가슴이 휑해지면서 쓸쓸한 생각이 든다.

마음 같아서는 지난 과거를 모조리 지우고 털어내며 새 인생을 살고 싶다. 그러나 그게 어디 될법한 일인가?

그렇다면 내가 이 상황에서 할 수 있는 일이란 무엇일까? 근력과 기력이 쇠잔해 가는 판에 무얼 어쩌고저쩌고 한다는 것 자체가 무모한 짓거리인지 모를 일이다. 그러나 분명하고 확실한 것은 하나 있다. 비록 늦기는 했어도 앞으로의 삶을 맹목적으로 살아선 안 되겠다는 점이다.

‘어제는 역사(history)이고, 내일은 불가사의(mystery)한 것이지만 오늘(present)은 선물(present)’이라고 말한 사람은 루즈벨트 전 미국 대통령의 부인 엘리아노어 루즈벨트(Eleanor Roosevelt)였던가?

‘우리가 산다는 것은 그 삶이 어제나 내일에 있는 것이 아니라 지금 이 자리에 있음’이라는 법정 스님의 말과도 맥락을 같이 한다고 보겠다. 말하자면 지금 현재를 보람 있고 뜻있게 살라는 얘기들이기 때문이다. 일일신(日日新)이라든가, 날마다 거듭 태어나 다시 시작하라는 얘기도 그래서 생겨났으리라 믿는다.

하지만 오늘이 중요하다 해서 지나간 과거를 무시하거나, 다가올 미래를 경솔히 여겨서는 안 될 것이다. 온고이지신(溫故而知新)이란 말이 왜 많은 사람들에게 회자됐겠는가. 옛 것을 되돌아보며 새로운 것을 익히는 것의 중요성을 말하고자 함이 아니던가.

'내일'은 분명 짚어내기 어려운 미스터리임이 분명하다. 그러나 그 내일을 예견·예측하여 충실히 대비해 나가는 것은 바로 '오늘'의 몫이며 지혜일 것이다.

예순일곱을 맞는 2009년 새해 첫날, 내가 바라는 올 한 해의 소망이자 결심은 이런 것이다.

첫째, 더 건강하고 싶다.

뇌경색이 건강을 덮친 지가 6년차를 맞이하지만 아직도 그 후유증은 가시지 않은 채이다. 더듬적거리는 말씨나 불편한 걸음걸이에도 큰 진전이 없다. 더 악화되지 않은 것만도 다행으로 알라고 위로해 주는 사람들이 많지만 당자인 나는 다르다. 더 더욱 노력하여 눈에 띄는 진전을 보이고 싶은 것이 간절한 소망이다. 우선은 하루 세 차례 한 시간 씩의 걷기운동을 빠뜨리지 않으려 한다. 아울러 맨손체조나 스트레칭, 푸시 업, 아령 같은 데도 신경을 써서 근육운동을 할 생각이다.

둘째, 많은 책을 읽으련다.

　지난해에는 300여권의 책을 구입했음에도 십여 권을 소화시키는 것에 그쳤다. 두 권의 책을 발간하느라 제대로 짬을 낼 수 없기 때문이다. 금년에는 각오를 서로이 하고 책 읽기에 많은 시간을 할애할까 한다. '책 속에 길이 있다'는 말을 곧이곧대로 믿어서가 아니다. 양서를 읽음으로써 무료한 시간을 달랠 뿐더러 찌들고 피폐한 영혼에도 활력을 불어넣고 싶어서이다.

　셋째, 외국어 학습에 정진하겠다.

　지금까지 외국어로는 영어, 중국어, 독어, 그리고 일본어를 익혀 왔으나 영어와 중국어만이 그런대로 구사가 가능할 뿐, 독어와 일본어는 잊은 지 오래다. 특히 일본어는 방송 관련 논문을 번역하여 책자에 실은 예도 있었다. 또 회화도 곧잘 했었는데 어느 결에 사장되어 아깝고 억울하다. 올해는 시간을 좀더 효율적으로 배분하여 기억에서 사라진 이들 외국어를 되찾는 작업에 박차를 가하고자 한다.

　넷째, 덜어내고 버리며 살고 싶다.

　덜어내고 버리는 것은 무얼 포기한다거나 체념해버린다는 의미와는 다르다. 부질없이 채워져 잡동사니 같이 가득 쌓인 것들을 가뿐히 정리하겠다는 것이다. 그렇게 되면 마음의 숨통도 트이고 삶의 여백 또한 생생히 느껴질 듯싶다. 버리고, 비워나가자. 그리하여 영혼의 뜰에 여백을 마련해주고 정서를 풍요롭게 하자.

　다섯째, 친구에게 자주 연락하련다.

　사람은 한 평생을 지내면서 시공(時空)을 가리지 않고 많은

친구와 교유한다. 그러나 이 많은 벗들이 모두 관포지교(管鮑
之交)를 나눌 만큼 돈독한 친구가 되는 것은 아니다. 오죽하면
'일평생에 단 한 사람의 진정한 친구만 있어도 행복하다'는 말
이 나왔겠는가. 그러나 요즘같이 바쁘고 빡빡한 세상에 '내 목
숨 바쳐 너 주겠다'는 친구가 어디 있으랴. 턱없는 기대를 걸
기보단 애경사(哀慶事)를 기억해 주고 때로 전화를 걸어주는
친구가 있다면 그것이 바로 관중(管仲)·포숙(鮑叔)과 같은
사이가 아닐는지.

우리는 살아가면서 걸핏하면 우정을 들먹인다. 그러나 우정
이란 관념적이거나 추상적인 존재가 아니다. 우정은 사려 깊은
관심이며, 따뜻한 손길로 어루만짐이다. 관심이 없는 우정에
어찌 이해와 보살핌이 있을 수 있겠는가. 금년에는 친소(親疎)
에 관련 없이 친구들에게 자주 소식을 전하련다.

여섯째, 노래 몇 곡을 배워 익히겠다.

조용필이 불러 히트한 '킬리만자로의 표범'을 비롯해서 '황
색 리본(원제 : She wore a yellow ribbon)' 등 외국 팝송 두
세곡을 유창하게 부르고 싶다. 뇌경색의 후유증이 남아 있어
잘 될지는 모르겠다. 하지만 연습에 연습을 거듭한다면 뭐, 안
될 것도 없을 것 같다는 생각이다. 노래 부르기가 성공할 무렵
이면 어눌한 말씨를 바르게 구사하는데도 분명 자신감을 가질
것이다.

새해의 소망이자 결심으로 여섯 가지를 늘어놓았지만 이것
이 한 낱 희망사항으로만 끝날지, 아니면 제대로 성사되어 보

람과 긍지를 갖게 될지 여부는 아무도 모른다. 하지만 분명한 사실은 소망하고 결심한 자가 나 자신이라는 점이다. 그러니 그 성패의 책임은 누가 뭐래도 나에게 있을 것이다.

그래, 차근차근 하나하나 이룩해 나가자. 사실 나의 소망과 결심 가운데 불가능하고 무모한 것은 하나도 없지 않은가. 늙었다고 두려워할 필요도 없다. 두려운 것은 67세라는 나이가 아니라, 도전을 꺼려하는 나태와 패배의식이 아닐까 보냐?

이 소망 이 결심, 반드시 이룩하고 말겠거니.

2009년 1월

두 권의 책 발간

나는 요즘 책 발간을 준비하느라 바쁘다. 그것도 한 권이 아니라 두 권이니 분주함과 어려움도 곱빼기로 겪는다. 이 책 저 책 교열 보랴, 출판사 방문하여 책의 표지나 모양새 등 레이아웃 상의하랴, 출판기념회 마련하랴 하루 24시간이 어떻게 지나가는지 모를 지경이다.

느닷없이 책을 만들게 된 내력은 이렇다.

지난 4월 하순이던가. 조선일보사의 '방일영문화재단'이 저술출판 지원대상자를 공모한다는 사실을 알게 됐다.

응모자격은 언론인으로 하되, 전 현직을 따지지 않는다는 것이었다. 동아방송(DBS)에서 방송생활을 시작하여 한국방송공사(KBS)에서 정년퇴직을 한 나였다. 마침 준비해 놓은 방송 관련 논문도 있어 서슴없이 공모에 응했다.

그리고 한 달가량이 지난 5월 20일. 아침 일찍 한 친구로부터 전화를 받았다.

"축하하네. 자네 이름이 신문에 났더군."

퇴직한 이후 얼마 안 있어 줄곧 투병생활을 해왔던 입장이라 행여 다른 일로 내가 신문에 날리는 없고, 얼마 전에 응모했던 저술출판의 심사결과임을 직감할 수 있었다. 친구는 배달된 신문을 살펴보다가 내 이름이 눈에 띄기에 바로 전화를 걸었단다. 당사자는 까맣게 모르는데 이렇게 관심을 보여준 친구가 고맙기 짝이 없었다.

"어, 그래? 알려 줘 고마우이. 언제 단나 소주나 한 잔 하세."

예년에도 이 문화재단이 실시하는 프로젝트에는 응모자가 늘 붐볐었다. 게다가 현직에서 정년을 맞은 지 10년이 가까운 나로서는 솔직히 큰 기대를 걸기가 어려웠던 게 사실이다. 그런데도 지원 대상자로 선정됐다는 건 나로서는 뜻밖의 기쁨이요 영예였다.

이렇게 해서 옛날의 학술 원고를 다시 뜯어 고치는 작업을 그날 바로 시작하게 된 것이다.

또 다른 책 하나는 수필 전문잡지인 《수필춘추》가 촉매 역할을 했다. 나는 얼마 전 아주 늦은 나이에 《수필춘추》의 추천을 받아 문단에 데뷔한 지각생이었다. 비록 늦기는 했으나 이를 계기로 지금까지 신문 잡지 등에 써왔거나, 또 쓰고 싶은 얘기들을 엮어 에세이집을 발간하고 싶었다. 남의 흉내를 내고 싶은 허황됨에서보다도, 이만한 나이에 삶의 역정을 되짚어보면서 스스로를 성찰하는 것도 뜻이 있을 것 같다는 생각이 들었기 때문이다.

그러나 아무리 좋은 취지라 해도 내용이 부실하여 독자에게 공감을 주지 못할 경우, 가뜩이나 어수선한 세상에 공해만 하나 더 추가하지 않을까가 걱정이었다. 해서 작품을 골라 엮는다는 게 여간 어렵지 않았다.

현재 학술서적은 ≪초창기 한국방송의 특성≫이란 이름으로 세 번째 교열을 마친 상태이다. 늦어도 11월 초에는 발간이 확실시 되므로 염려가 되지 않는다.

문제는 위에서 말한 에세이집이다. 우선 괜찮다 싶은 작품 58편의 글을 뽑아 출판사에 넘기기는 했다. 그러나 조용한 시간에 다시 읽어보니 마음에 드는 게 별로 없었다. 안 되겠다 싶어 새로 고친 글을 이메일로 출판사에 재발송했다. 그런데 이건 또 뭔가? 며칠 지나 고친 글을 또 읽어보면 여전히 불만족스러운 것이었다. 다시 수정하여 출판사에 보냈더니 이번엔 담당 편집자가 한 마디 한다.

"수정본을 챙기느라 편집을 못 할 지경이니 한꺼번에 교열을 봐주세요."

이런 낭패가 있나? 내 글솜씨가 고작 이 정도인가? 전신에 힘이 빠지고 탄식이 절로 나왔다.

옛날 당나라의 시인 가도(賈島)의 심정을 이해할 것 같았다. 그는 나귀를 타고 과거 길을 가는 중에 문득 시상이 떠올라 시 한 수를 짓는다. 끝 부분만을 소개하면 이렇다.

　　새들은 못가의 나무에 잠들고(鳥宿池邊樹),

　　스님은 달빛 아래 문을 두드린다(僧敲月下門)

　시를 지어놓고 보니 '두드린다'보다는 '민다'가 더 적절한 표현 같아 바로 고친다. 그러나 정작 고치고 나서 생각해 본 결과 아무래도 '민다'보다는 '두드린다'가 운치 있을 성싶어 또 고친다. 이러기를 되풀이하다가 그만 낙의 마차까지 들이 받는 실수를 저지르고 만다.

　오늘날 '글을 다듬는다'는 뜻의 '퇴고(推敲)'라는 말은 이래서 생겨났다고 ≪고사성어(故事成語)≫는 전하고 있다. 글을 쓰면서 입에 맞는 표현을 찾아낸다는 것은 매우 어렵고 힘들다는 얘기일 게다.

　퇴고란 무엇인가? 자신이 쓴 글에 대한 자신의 평가이다. 다시 말해 글의 완성도를 높이는 노력의 일단인 것이다. 어쩌면 독자에 대한 책임이요, 의무일 수도 있다.

　그나저나 수필 몇 꼭지를 바로잡는데도 이토록 힘에 버거운데 남들은 무슨 재주로 그 많은 글들을 써낼 수 있을까. 그리고 그 많은 작품이 어떻게 세대와 시대, 공간과 지역을 건너뛰어 남녀노소 많은 사람들의 입에 회자될 수 있는 걸까?

　'책 한 권을 발간한다는 건 사람이 새 생명을 출산해 내는 고통과 비슷하다'는 말을 흔히 듣는다. 그렇다면 다작이면서 명작을 내는 사람들은 무슨 신비, 어떤 괴력을 지녔기에 그 많은 아픔과 괴로움을 견뎌냈을까?

언젠가 안병욱은 그의 소망을 말하면서, "살아 생전에 내 키 높이만큼의 책을 쓰고 싶다"고 밝힌 적이 있다. 그의 에세이 '인생론'은 73세에 썼던 서른아홉 번째의 책이었다. 그의 키가 어느 정도인지, 또 그 후의 집필 이력을 모르므로 그가 과연 필생의 소망을 이루어냈는지 여부는 알 수 없다. 어쨌든 목표를 향한 집념과 용기만큼은 충분히 가늠해볼 수 있을 것 같다. 거기에 비해 내가 쓴 두 권의 책은 대체 뭔가? 키는커녕 겨우 발등이나 덮을 수 있을는지?

'사람이 책을 만들고, 책은 사람을 만든다'는 말이 있다. 문학에 관한 한 나는 아직 구상유취(口尙乳臭)의 풋내기이고 범상한 글 솜씨이므로 언감생심 '사람을 만들' 정도의 책으로 평가받기란 어려울 것이다. 그렇지만 곧 세상에 나올 수필집 ≪저녁놀 푸른 꿈≫은 투병 중에 땀과 눈물로 만들어낸 책이다. 그러기에 이 세상 어딘가에는 내 글에 공감을 갖고 박수를 보내줄 독자가 분명 있으리라 믿는다. 그러면 됐지 무얼 더 바랄 것인가?

그리고 보니 출판사에 교정본을 넘기기로 약속한 날짜가 내일이구나. 다시 한 번 꼼꼼히 내용을 살펴봐야겠다.

2008년 10월

뉴타운 건설현장의 포클레인

　내가 사는 서울 서대문구 북가좌동 지역은 요즘 뉴타운 건설공사로 북새통이다. 일부 지역은 벌써 아파트가 들어서서 입주를 시작했는가 하면, 또 다른 지역은 가림막을 휘둘러 친 속에서 철거작업이 한창이다. 주위를 압도하듯 '우웅, 덜커덕!'하며 육중한 포클레인이 바쁘게 돌아가는 소리와 '우르르 쾅!', '빠지직, 퉁!' 하며 집채가 무너지고 부서지는 소리 등이 요란하다. 흠뻑 물을 뿌렸어도 건물더미가 무너질 때마다 풀썩 흙먼지가 일어난다.

　물론 두꺼운 천으로 된 가림막이 없는 것은 아니다. 그러나 뽀얗게 일고 있는 분진을 막아주거나 고막을 멍멍히 하는 소음을 가려주진 못한다. 해서 3~4미터 정도의 높이를 가진 가림막은 그다지 쓸모가 없다. 기껏해야 건물을 때려 부술 때의 볼썽사나운 모습만을 가려주고 있을 뿐이다.

어쨌든 덩치 크고 힘센 포클레인은 우락부락한 생김 그대로 전후좌우를 가리지 않고 마구 헤집으며 집들을 부숴대고 짓뭉갠다. 포클레인은 시멘트집, 벽돌집, 돌집을 가리지 않는다. 단독주택이나 연립주택 또는 다가구주택이나 다세대주택을 구별하는 예도 없다. 포클레인의 코끝이 한 번 스치고 나면 집들은 맥없이 와르르 무너지고 만다. 이른바 뉴타운이라는 재정비촉진지구에서 매일 같이 목격되는 현상이다.

그렇다면 뉴타운은 무엇이기에 이런 조치가 가능해지는 걸까?

먼저 재개발이나 뉴타운 사업에 관한 규정을 살펴보자. 도심이나 그 인근 지역의 기성 시가지가 무질서하게 이루어짐으로써 새로운 도시기능을 복합적으로 개발하거나 유치할 필요가 있을 경우에는 도심형 뉴타운을 만들 수 있다고 규정은 밝히고 있다. 또 노후하고 불량한 주택이 밀집되어 도로나 공원 등 도시로서의 기반시설이 취약하다고 판단될 때도 이를 종합적으로 재개발할 수 있도록 재개발이나 뉴타운이 허용된다.

북가좌동은 전자보다는 후자에 속하는 입장이다. 다시 말해 뉴타운으로 이 지역이 지정된 것은 집들이 너무 낡아버렸기 때문이다. 게다가 최근에는 재개발구역에 대한 지정요건이 완화됨으로써 이 지역의 주택 재개발사업은 더욱 활성화를 보이고 있는 것이다.

하기야 1976년 내가 이사 올 때만 해도 이 곳 북가좌동은 번듯한 건물이 없을 정도로 허술했었다. 겉은 멀쩡해 보여도

실상은 방한재도 쓰지 않은 날림집들이 많았다. 게다가 적지 않은 세월동안 신축·개축에 큰 변화가 없었으므로 행정당국으로서는 뉴타운의 적지로 생각했을 법 하다.

또 주민들의 입장도 그렇다. 아파트가 들어서면 주거환경이 크게 개선되고 집값이 올라갈 테니 뉴타운 지정을 굳이 마다할 이유가 없었을 것이다.

내가 사는 집은 서울시가 추진하고 있는 '가재울 뉴타운 건설계획'에는 빠져 있다. 그러나 조합이 추진하는 재개발계획에는 들어 있는 상태다. 물론 개인들 간의 이해관계가 복잡하게 얽혀 있고, 행정부서가 아닌 조합이 추진하는 입장이므로 어느 세월에 아파트가 들어설지는 모르겠다. 그래도 언젠가는 내 의지와 무관하게 포클레인의 횡포를 맞게 될 것이다. 그런 생각을 할 때마다 나는 문득 이수익의 '폐차장에서'라는 시를 떠올린다.

내가 쓰고 버린 차는
지금
폐차 순서를 기다리면서
대열의 중간쯤에 서 있다.
(중략)
나는 지금 멀리서
죽음의 차례를 기다리며 서 있는
얼핏 눈에 익은
내가 버린 승용차를 바라다본다.
(중략)

이제는 더 이상 기쁨이 없듯
슬픔도 없는 이곳 폐차장엔
하얗게 떨어져 내리는 햇살처럼, 모든 죽음이
고루 평등하다.

　내가 살고 있는 집은 한 해 전 '북가좌1동 재개발 제6구'로 지정되기는 했지만 아직은 멀쩡하다. 기와 한 장, 벽돌 하나 다친 데 없다. 그러나 정확한 시기가 문제일 뿐 포클레인은 곧 우리 집을 덮치고야 말 것이다. 영락없이 '죽음의 차례를 기다리며 서 있는' 꼴이 아닐는지. '하얗게 떨어져 내리는 햇살처럼, 모든 죽음이 고루 평등한' 자리 위에는 여러 모로 편리하고 깨끗한 아파트가 들어설 것이다. 그래도 나는 뉴타운의 건설현장을 볼 때마다 만감이 교차한다. 특히 이웃 간의 풋풋한 정과 사랑은 좀처럼 찾기 어려우리라는 생각이 든다. 밀전병 한 조각을 나눠먹던 인심도 온데간데없이 사라질 테고, 이웃이 애경사를 맞아도 나 몰라라 할 경우가 흔해질 것이다.

　이 지역이 행정상 '북가좌동'이라는 고유 명칭을 얻은 것은 1950년 초로 알고 있다. 동사무소가 설치된 해는 1970년. 북가좌동이 남과 북으로 분할된 것은 1977년이었다. 북가좌동의 '가좌(加佐)'라는 이름은 '가재울'에서 나왔다고 한다. 가재울을 중심으로 북쪽은 북가좌동, 남쪽은 남가좌동이 된 것이다. 옛날의 가좌동은 산으로 둘러싸인 데다 물가에 있어 가재가 흔했던 모양이다. 가재는 맑은 물에만 사는 갑각류(甲殼類). 이름만 들어도 어린 시절을 생각나게 하지만 지금 이 동네에 가재는 없다. 그런데도 이곳 뉴 타운의 공사 이름이 '가재울 뉴타운지역'으로 명명된 것은 아마도 옛날의 향수 때문이 아니었을까 싶다.

1974년의 일이다. 결혼 후 처음으로 북가좌동에 내 집을 마련했다. 45평짜리 단독주택을 마련하기까지 아내와 아이들이 겪은 고생은 이루 말할 수 없었다. 형편이 차차 나아지자 조금 넓은 평수의 집을 골라 이사했다. 그렇지만 같은 북가좌 지역으로 동(洞)만 2동에서 1동으로 바뀌었을 뿐이었다. 하여간 새로 이사했으므로 당연히 옛 집에 대한 미련은 전혀 없을 줄 알았다. 그러나 그게 아니었다. 시인 정지용의 말마따나 '아름답지도 않고, 예쁠 것도 없는' 낡은 옛 집이 잊히지 않는 것이었다. 그것은 아마도 그 집을 사기까지의 간난고초와 그 공간에 쏟았던 애정 때문이었으리라고 생각된다.

예쁘고 아름다운 쌍둥이 딸을 낳은 것도 그 집에서였고, 갓 나은 손녀를 극진히 돌보시다가 돌맞이 한 달을 앞두고 어머니가 돌아가신 집도 역시 그 집이었다. 그래서일까. 많은 세월이 흘렀음에도 여전히 건재한 그 집을 나는 요즘도 가끔 찾아보며 옛 추억에 잠기곤 한다.

현재 내가 살고 있는 집도 마찬가지일 것이다. 어느 날 갑자기 포클레인에 휘둘려 흔적 없이 사라질 때, 나는 이 집에 대한 아쉬움과 그리움을 아주 진하게 느낄 것 같다. 아들과 딸을 결혼시키며 누렸던 행복도 이 집에서였고, 병마에 걸려 고통을 체험한 곳도 바로 이 집에서였다. 뭐 그런 것들이야 어느 곳에

서라도 겪을 일이라 치자. 그러나 봄이면 크로커스, 제비꽃, 철
쭉 등 온갖 꽃이 다투어 피던 집이 아니던가. 서늘한 녹음의
여름, 매실을 비롯해 살구, 단감, 모과가 결실을 맺던 가을, 그
리고 눈꽃이 현란하던 겨울의 안마당을 나는 못 잊을 것 같다.
그 멋스러움과 넉넉함을 이후 어디에서 찾아야 하는지.

　그동안 점심이라도 먹느라 조용했던가? 잠잠하던 뉴타운 건
설현장에서 다시 요란한 소리가 들리기 시작한다. "우웅. 덜커
덕!", "우르르, 쾅쾅!"

2009년 3월

비둘기의 굴욕

≪구약성경≫ '창세기'에는 비둘기 얘기가 나온다. 40일 간 주야로 퍼부은 홍수로 노아는 다른 여러 동물들과 함께 150일 동안 방주에 갇힌다. 물이 차츰 줄어들자 노아는 창을 열고 비둘기를 날려 보낸다. 바깥 상황이 어떤지 알아보기 위해서였다. 그러나 내려가 앉을만한 땅을 찾지 못한 비둘기는 방주로 되돌아온다. 1주일 뒤, 노아는 다시 비둘기를 날린다. 그날 저녁 비둘기는 돌아왔다. 하지만 이번에는 먼저와 다른 모습이었다. 비둘기 입에는 감람수의 잎이 물려 있었던 것이다. 이에 노아는 대지에서 물이 빠졌음을 알게 된다.

감람수(橄欖樹)란 올리브(olive)를 말한다. 이후 올리브 잎을 입에 문 비둘기는 자유와 평화의 상징으로 떠오르게 되었다. 비둘기가 '얽매임을 풀어주고 평온을 안겨주는' 귀물로 인식된 것이다. 인류의 축제로 불리는 올림픽경기나 국가의 큰 행사 때도 비둘기는 푸른 하늘에 무더기로 날려져 왔다. 자유와 평화, 그리고 사랑의 염원까지를 잔뜩 담아서….

이렇듯 비둘기와의 인연이 유별난 때문일까. 사람들은 비둘기를 아주 좋아하고, 그들 역시 사람을 무척 따르고 있다. 남산공원의 안중근 의사 동상 주변, 덕수궁이나 창덕궁 같은 고궁, 또는 올림픽이나 월드컵을 비롯한 공원 등에는 수 십 수백 마리의 비둘기들이 사람들과 어울려 즐기는 모습을 볼 수 있다. 남녀노소를 가리지 않고 한 움큼 씩 모이를 뿌려주는 사람들, 기다렸다는 듯이 떼 지어 날아오는 비둘기 떼, 이를 보며 손뼉치고 좋아하는 어린이들…. 공원이든 고궁이든 비둘기가 있는 곳에서는 마음이 즐겁고 편해지며 느긋해진다.

외국이라고 다르지 않다. 영국 런던의 중심에 있는 트래펄가 광장을 한 번 가보자. 트래펄가(Trafalgar)는 1805년 영국의 이순신이라는 넬슨(Horatio Nelson) 제독이 프랑스와 스페인의 연합함대를 격파한 장소이다. 지브롤터 해협 인근에 있다. 이 승전을 기념하려고 1841년에 만든 것이 바로 트래펄가 광장이다. 중앙에는 높이 56m의 넬슨 기념탑이 우뚝 솟아 있다. 탑 아래 4방 귀퉁이에는 해전의 승리로 노획한 총과 대포를 녹여 만든 사자상이 사방을 경계하듯 웅크린 자세로 앉아 있다.

이 광장에는 숱한 관람객과 미술 애호가들이 붐빈다. 그러나 이에 못지않게 떼 지어 있는 것이 비둘기이다. 후루룩 날아가 조용하다가도 모이만 던져주면 어디선지 순식간에 달려들어

법석인다. 관광객들에게는 또 다른 볼거리가 아닐 수 없다.

이번엔 이탈리아 북쪽 아드리아 해에 위치한 베네치아로 옮겨보자. 비잔틴 건축양식의 산마르코 대성당. '유럽에서 가장 아름다운 응접실'이라는 평가를 나폴레옹으로부터 들었다는 이 성당 주변에도 비둘기는 들끓고 있었다. 관광객이 한 팔을 올려 수평으로 만들면 비둘기는 예외 없이 그 위에 올라앉는다. 어떤 땐 두 마리가 올라앉기도 한다. 그리고는 두리번거리며 먹이를 찾는다. 어린이나 여성 관광객은 내민 팔에 비둘기가 갑자기 달려들 때 비명을 지르다가도 금방 익숙해지면서 비둘기를 쓰다듬는다. 외국의 비둘기가 어찌 런던이나 베네치아에만 있을까. 어쨌든 비둘기는 대부분의 사람들이 좋아하고 사랑하는 대표적 새임에 틀림없다.

그런데 이런 대접을 받던 비둘기의 위상이 요즘은 달라졌다. 좋아하기는커녕 귀찮고 밉살스러운 천덕꾸러기로 전락해버린 것이다. 아니, 전락 정도가 아니다. 자칫하면 목숨을 송두리째 내놓을 만큼 상황이 뒤바뀐 것이다. 그도 그럴 것이 환경부는 지난 5월 31일 집비둘기를 유해동물르 지정하고, 지방자치단체장의 허가를 받으면 포획할 수 있다고 발표했기 때문이다. 물론 동물보호단체측은 '과학적인 근거 없이 비둘기의 유해성을 단정하고 있다'며 반발하고 있다. 그러나 비둘기로 인한 피해는 많은 사람들이 인정하고 있고, 의국도 같은 입장이므로 환경부의 조치는 큰 무리 없이 시행될 것 같다.

하기야 그동안 비둘기들도 너무 심하기는 했다. 쓰레기를 뒤져 마구잡이로 주워 먹는 바람에 제대로 날지 못할 정도로 살이 쪘다 해서 '닭둘기'나 '돼둘기'라는 별명이 붙여졌는가 하면, 여러 가지 세균을 옮긴다고 '쥐둘기' 등으로 폄하해 부르기도 한다.

비둘기의 특징 가운데 하나는 번식력과 성장력이다. 집비둘기는 한 해에 1~2회 매번 두 개의 알을 낳는다. 그러나 주변 환경이 좋으면 네 번에서 여섯 번까지도 알을 낳을 수 있다고 전문가들은 말한다. 한국조류협회는 2006년도 말 서울과 수도권에 서식하고 있는 비둘기 수가 이미 100만 마리가 넘는 것으로 추산했다. 개체수가 이렇게 불어난 것은 도시환경에서 풍부하게 얻을 수 있는 먹이 때문이란다. 비둘기가 하루에 필요로 하는 먹이의 양은 20~50g. 시민들이 던져주는 먹이와 지천으로 널려 있는 쓰레기로 쉽사리 배를 채운다. 풍부한 먹이와 안정된 생활환경, 그러니 번식력은 자연 높아질밖에 없을 것이다. 비둘기의 생존 수명은 10년이다. 하지만 집단으로 서식하는 습성을 지니고 있어 개체수를 늘리는 요인이 되고 있는 것이다.

비둘기 때문에 받는 피해는 한두 가지가 아니다. 우선, 인체에 해롭다. 비둘기 몸에는 이나 벼룩, 빈대, 진드기 등이 기생한다. 또 깃털에는 각종 세균이 붙어 있다. 사람 몸에 접촉할 경우 아토피 등 피부 질환을 일으킬 수 있다. 특히 배설물에는 크립토코커스(cryptococcus)라는 곰팡이 균이 들어 있는데, 호흡을 통해 인체에 들어올 경우 뇌수막염이나 폐질환을 일으킬 수도 있다.

비둘기의 배설물도 큰 문제이다. 비둘기 한 마리가 1년에 배설하는 양은 1kg. 허옇게 싸놓은 것은 보기에도 흉할뿐더러 역사적인 건축물이나 유적지 등의 시설물을 부식시킨다.

비둘기로 인한 피해는 도시에만 있는 게 아니다. 농사에도 적잖은 피해를 준다. 보리 같은 밭작물이 새싹을 틔울 무렵이면 떼거리로 몰려들어 농사를 망치게 하기도 한다.

이와 같이 비둘기가 주는 피해가 만만치 않은 까닭에 선진 각국에서는 여러 가지 관리대책을 세워 시행하고 있다. 미국의 뉴욕과 샌프란시스코는 비둘기에게 먹이를 주지 못하도록 법으로 통제하고 있다. 이를 어길 경우에는 45~1000달러의 벌금을 물어야 한다. 로스앤젤레스는 불임 약을 살포한다. 프랑스의 파리는 시 전역의 공원에 대형 비둘기 둥지를 설치한 뒤, 알을 낳으면 1주일에 한 번씩 알을 흔들어 부화를 못하도록 하고 있다. 영국 런던의 트래펄가 광장과 이탈리아 베네치아 광장은 비둘기에게 모이 주는 것을 금지하고 있다.

비둘기와의 전쟁은 앞으로 더욱 많은 나라, 여러 도시에서 다양한 방법으로 치러질 것이 분명하다. 그럼, 우리나라의 경우는 어떤가. 과학적으로, 그리고 체계 있게 전쟁이 치러지고 있는 것 같지는 않다. 비둘기를 포획하여 몰살을 시키는 것이 승리하는 방법은 아닐 것이다. 비둘기의 생태나 습성 등을 과학적으로 분석하여 개체수를 줄이는 방안이 절실히 요구된다. 그것은 바로 생명을 중시하고 자연과 공생 공존하는 길이 될 것으로 믿어서이다.

　수백 년 수천 년 동안 가까운 친구로 지내온 비둘기를 한꺼번에 잃어서야 되겠는가. 문득 김광섭의 시 '성북동 비둘기'한 대목이 생각난다.

　　　예전에는 사람을 성자처럼 보고/ 사람 가까이서
　　　사람과 같이 사랑하고/ 사람과 같이 평화를 즐기던
　　　사랑과 평화의 새 비둘기는/ 이제 산도 잃고 사람도 잃고
　　　사랑과 평화의 사상까지/ 낳지 못하는 쫓기는 새가 되었다.

2009년 6월

어느새 가을인가

오늘은 8월 31일. 가을을 기다리는 여름의 끝자락에 서 있다. 아니, 기다리기 전에 벌써 가을은 와 있는 것 같다. 처서(處暑)가 지나면서부터 바람이 조석으로 설렁거리더니 오늘은 제법 찬 기운까지 느끼게 한다. 바람만 그런 게 아니다. 아침에 바라본 하늘은 더 없이 높고 파랬다. 넓은 천공 어디에도 구름이라고는 한 점 보이지 않았다. 그야말로 창공(蒼空)이면서 벽공(碧空). 에메랄드 보석 빛깔 그대로였다.

가을임을 알 수 있는 게 어디 하늘뿐이랴. 뜰 안의 풀벌레가 울어대기는 이미 오래 전부터였다. 바로 엊그제였던 것 같다. 어느 신문은 누렇게 익어가는 들녘 벼이삭 위에 고추잠자리 한 마리가 살포시 내려 앉아 있는 모습을 독자에게 소개했다. 비록 한 낮의 땡볕이 아무리 뜨겁다 한들 이제 가을 냄새는 도처에 물씬하다.

'가을 날'이라는 시 속에서 "여름은 참으로 위대했노라"고 표현한 사람은 라이너 마리아 릴케였던가. 그러나 우리에게 올여름은 결코 위대한 계절은 아니었다. 두 분의 전직 대통령을 잃었기 때문이다. 노무현(盧武鉉) 전 대통령이 경남 김해의 사저(私邸) 뒤쪽 봉하산 바위에서 뛰어내려 스스로 목숨을 끊었다는 비보를 접한 것은 지난 5월 23일이었다. 비록 노 전 대통령과 그 가족이 검찰로부터 포괄적 뇌물수수 혐의로 수사를 받고 있었다고는 하나, 1년 전까지 이 나라를 이끌어가던 분이 이렇게 삶을 마감하리라고는 누구도 예상하지 못했다.

노 전 대통령은 빈농 출신으로 상업고등학교를 졸업한 것이 학력의 전부이다. 그럼에도 사법시험에 합격하여 인권변호사가 되었고, 국회의원을 거쳐 대통령에 올랐으니 입지전적 인물이 틀림없다. 재임 초기에는 투명한 정치문화를 만들어가기 위해 노력했다. 수출과 해외건설을 촉진시키고자 이라크 파병을 결정한 것은 그분의 혜안으로 기억될 것이다. 특히 한미 간의 자유무역협정(FTA)을 타결시킨 것 역시 뚜렷한 업적으로 평가된다. 그러나 노 전 대통령은 기존의 헌법질서와 제도, 정통적인 역사관의 차이로 대한민국의 주도세력과 자주 충돌을 빚어왔다. 또 대통령으로서의 권위와 품위에 걸맞지 않는 언행으로 비난을 자초하거나, 탄핵 파동 등을 일으킨 것은 분명 그의 치적에 오점(汚點)으로 기억될 것이다. '삶과 죽음이 모두 자연의 한 조각'이라는 유서를 남겼던 노 전 대통령. 진심으로 그의 명복을 빈다.

김대중(金大中) 전 대통령은 지난 8월 18일 고령에 찾아든 병고를 이기지 못하고 세상을 떠났다. 한국의 현대사를 통해 김 전 대통령만큼 극적인 삶을 살며 큰 족적을 남긴 인물도 드물 것이다. 그도 역시 빈농의 아들로 태어나 상고(商高)의 학력으로 국회의원 6선을 거쳐 대통령이 되었다.

대통령이 되기까지 그의 삶은 형극(荊棘)의 연속이었다. 권위주의 체제 아래에서 그는 무려 55차례나 가택연금을 당했고, 6년간의 감옥생활을 겪기도 했다. 또한 일본 망명 중에는 정보부 요원들에게 납치되어 바다에서 죽을 고비를 넘기기도 했고, 군사재판에서 사형선고를 받기까지 했다. 이러한 고난 속에서도 그는 군사독재를 종식시키고 민주화를 앞당기는데 크게 기여했다. 대통령 재임시절 외환위기를 짧은 기간에 극복시킨 점이라든가, 분단 반세기만에 처음으로 남북정상회담을 성사시킨 점은 빛나는 공적으로 기록될 것이다. 그러나 김 전 대통령이 크게 관심을 보였던 지역주의 타파는 아직도 사라지지 않은 채 그대로 남아있고, 정치 역량을 쏟았던 대북정책도 평가가 엇갈려 있는 상황이다. 아쉬운 점이 또 있다. 그의 두 아들이 부패 문제로 사법처리 되고 국민의 비판이 술렁이는 판에 대통령 임기를 마쳐야 했다는 점이다. 매우 안타까운 노릇이 아닐 수 없다. 85년간 파란만장한 일생을 뒤로한 김 전 대통령에 관해 언젠가 역사는 보다 정확한 평가를 내릴 것이라고 본다. 어쨌든 두 분 대통령의 치적이 이 나라의 발전과 번영에 밑거름이 되었으면 하는 바람이다.

어떤 사람은 가을을 설렁대는 바람에서 느낀다고 했다. 하지만 나는 드높고 파란 하늘에서 가을의 기분을 느낀다. 오늘 어느 TV의 기상캐스터는 "서울 남산에서 개성의 송악산을 볼 수 있을 만큼 날씨가 청명했다"고 전하는 것이었다. 아닌 게 아니라 각종 공해는 시계(視界)를 짧게 만드는 주범이다. 그런 터에 청명한 날씨를 맞고 송악산까지 볼 수 있었으니 신기하게 느낄 만도 했으리라. 정말 이런 날은 들메끈을 조이며 산에라도 오르고 싶다. 짙은 녹음 속에 흙길을 오르다보면 세상잡사에 찌든 마음이 맑아지지 않을까. 시원한 계곡물에 발을 담그는 맛은 더욱 좋을 것이다. 이 풍진 세상에서 느끼던 답답함과 울적함도 덩달아 말끔히 씻겨나갈 테니까.

10여 년 전에는 적어도 한 달에 두 번 이상은 북한산을 올랐었다. 우선 집에서 가까워 버스든 지하철이든 대여섯 정거장이면 너끈히 접근할 수 있었기 때문이었다. 해서 불광동이나 구기동 방면의 북한산 등산로는 대부분 탐방했었다. 뇌경색으로 보행이 불편했을 때에도 아내와 함께 북한산의 한 자락인 '밤골'을 찾아갔었다. 밤 골 등산로는 비교적 완만하여 안전할뿐더러, 수목이 울창하고 계곡을 타고 흐르는 물줄기가 장관이었기 때문이다.

북한산 등반을 다시 시작했을 때의 감동은 지금도 잊을 수 없다. 그러나 그 감동과 감격은 오래가지 않았다. 자만에 따른 부주의로 왼쪽 무릎 뼈에 골절상을 입은 것이다. 수술을 받기는 했지만 예 같지 않은 상태여서 그 뒤부터 등산은 꿈도 꾸지 못하고 있다. 나 혼자 저지른 실수였으니 누구를 원망하겠는가.

요즘엔 복지센터를 찾아다니며 러닝머신과 자전거 타기 등을 하고 있다. 뒤늦게 시작한 운동이 뇌경색으로 인한 후유증과 다리 부상을 얼마나 회복시켜줄 지는 모른다. 하지만 최선을 다해볼 생각이다.

이 청명한 가을, 체력단련을 한답시고 붐비는 지하철에 몸을 맡길 때마다 후회는 더욱 깊어진다. 그리고 나와는 달리 푸른 숲에서 깨끗한 공기를 흠뻑 마시며 맑은 계곡물소리를 들을 사람들이 부럽기만 하다. 자과(自過)가 없으면 자회(自悔) 또한 없을 텐데, 이 무슨 후회막급(後悔莫及)인지 모르겠구나. 나를 약 올리려고 작정이라도 했는가. 오늘따라 하늘은 왜 저리 높고 푸르기만 한지?

2009년 8월

때로 삶은 덧없어라

손위 처남의 장례식에 참석했다가 방금 돌아온 길이다.

처남 유종호(庾宗鎬) 씨는 올해 83세. 어찌 생각하면 호상(好喪)으로 불릴 만큼 장수했다고 볼 수 있다. 그러나 잔병치레 없이 늘 건강했고, 하루에 소주 한 병 쯤은 말끔히 비워냈던 분이었다. 그러니 그의 부음은 너무 뜻밖일 수밖에 없었다.

그는 법 없어도 살아갈 정도로 선량한 성품을 지닌 사람이었다. 정직하고 성실했으며, 과묵하고 온화했다. 잔정도 많아서 아내가 전화라도 할 양이면 빠뜨리지 않고 '황 서방'인 내 안부를 물었던 분이다.

3일장을 치른 7월 2일 아침, 고인의 시신은 화장으로 모셔졌다. 살아생전 그분의 유지에 따라서였다. 그리고 이날 나는 난생 처음으로 수습된 유골의 회백색 뼛가루를 볼 수 있었다. 물론 내 경우 화장터를 방문한 것이 처음은 아니다. 2004년 4월 9일로 기억된다. 선영에 모셨던 어머니와 형수를 부득이 이장하는 과정에서 말로만 듣던 화장하는 곳을 찾아갔다. 하지만 화장 후의 뼛가루를 본 일은 없다. 곧바로 유골을 납골당에 안치했기 때문이다. 그런데 이번에는 그 회백색 뼛가루를 내 눈으로 봤고, 내 손으로 직접 강물에 흩뿌려준 것이다.

한 사람의 온전했던 육체가 단 두 시간 만에 하얀 재로 바뀌는 모습을 어떤 말로 표현할 수 있을까. 그것은 그야말로 참담한 변화였다. 경악스럽다고 해야 할까. 그 때 받은 충격은 앞으로 좀처럼 잊혀질성싶지 않다. 내가 입은 검은 상복 몇 군데에는 아직도 유골을 강물에 뿌릴 때의 고운 뼛가루가 그대로 남아 있을 것이다. 생전의 당당했던 그 모습 다 어디에 버리고 처남은 이제 한 됫박 허연 가루가 되어 출렁이는 강물에, 그리고 내 옷깃에 남아있어야 되는 것일까.

오늘 아침 화장장에 도착한 때는 7시 15분이었다. 화장장은 목포시 옥암동에 있었다. 간단한 수속을 마치고 꽃에 싸인 관이 영구차에서 내려졌다. 바로 이때 부근 부주산에서 한 마리 뻐꾹새가 "뻐꾹! 뻐꾹!"하고 우는 소리가 들렸다. 화장터에서의 뻐꾹새라니 다소 어울리지 않기도 했지만 그 마음만은 이해할 수 있었다. 미물인 저 새도 이승을 떠나는 한 불귀의 나그네를 위로하고자 저렇게 목 풀어 우는 것은 아니었을까 하고.

화장장 안에 간이로 마련된 영결식장 제상에는 영정과 함께 수박 한 덩어리가 제물로 놓여졌다. 촛불을 밝히고 향을 사르

면서 유족들이 차례로 재배하며 오열한다. 그리고 마침내 화장
이 시작됐다. "우웅"하는 불길소리가 낮게 들린다. 서울 벽제
에서는 유리창을 통해 화장실 내부를 볼 수 있었으나, 이곳에
선 아예 창을 내지 않거나 있다 해도 가려 놓은 상태였다. 하
기야 화장실 내부를 본다한들 무엇 하랴. 조용히 앉아 화장이
끝나기를 기다리는 것 외에 다른 방법이 있을 것 같지 않았다.
  작고한 작은 처남 종호 씨는 2남 1녀의 차남이다. 서울 신촌
에서 의사로 활동하다 30년 전에 작고한 큰 처남 정호(定鎬)
씨와는 달리, 오랫동안 목포에서 자영업을 해 왔다. 개인적으
로 흥망과 성쇠를 거듭하면서 동분서주하는 삶을 살아온 것으
로 안다. 일에서 손 뗀지는 오래 되었고, 현재는 장성한 두 아
들의 소생들인 손자손녀들 커가는 모습에 노후를 즐기다가 갑
자기 운명하게 된 것이다. 이제 처남의 3남매 가운데 살아남은
사람이라고는 터울이 한참 아래인 내 아내뿐이다.
  사람은 왜 이렇게 꼭 죽어야 하는가. 보브와르의 문제작≪모
든 인간은 죽는다≫의 주인공 포스카와 같이 적어도 600년은
살 수 없을까. 죽은 사람은 대체 어디로 가는 것일까. '죽음은
모든 것의 끝이 아니라, 다음 세상으로 새 길을 찾아 떠나는
길목'이라고 말하는 이도 있지만, 누구도 그 말의 진위 여부는
모른다. 분명한 사실은 사람이 죽고 나면 피가 통하던 그의 육
체, 목청 떨려 내던 그의 음성을 이 세상 어디에서도 접할 수
없다는 점일 것이다. "죽음은 금방 여기 있었는가 하면 벌써
저 편에 가 있다. 도처를 분주하게 쏘다닌다. 모든 것 중의 위

에, 모든 것의 내부에, 그리고 위 아래로 죽음은 존재한다.”고
말한 사람은 영국의 시인 셸리였던가. 그러기에 법정(法頂) 스
님도 이런 말씀을 했나보다.

> 사람은 홀로 태어났다가 홀로 죽는다. 다른 일이라면 남에
> 게 대행시킬 수도 있지만, 나고 죽는 일만은 그럴 수가 없다.
> 오로지 혼자서 받아들이지 않으면 안 된다. 그러니 우리는 저
> 마다 자기 몫의 삶에 그만큼 책임을 지고 있는 것이다.

화장이 끝난 모양이다. 흰색 보자기로 싼 4각함 하나가 유족
에게 전달되었다. 그 안에는 분명 이 풍진 세상을 80여 년간
살아온 처남의 유해가 곱게 빻아진 채 들어있을 것이다. 이 무
슨 기막힌 일인가. 무슨 매직 쇼라도 보는 느낌이었다.

함은 목포를 휘감고 흐르는 영산강가의 한 아늑한 장소로
옮겨졌다. 낚시를 즐겼던 처남은 훗날 당신이 세상을 떠나면
이곳 영산강에 유골을 뿌려달라고 당부했단다. 가족 사이에 끼
어 나도 한 줌 뼛가루를 손에 쥐었다. 곱게 빻은 뼈는 그저 골
분 자체일 뿐 별다른 감촉은 없었다. 다만, 살아온 무게에 비
해 남겨진 뼛가루가 너무 가볍다는 느낌이 가슴에 퍼져 왔다.
넓게, 그리고 멀리 골분을 뿌려 명복을 빈다는 게 그만 바람에
날려 일부는 내 옷섶이나 얼굴에 떨어지기도 했다. 하지만 나
는 상관하지 않았다.

들고 온 유골함과 보자기도 모두 태워버렸다. 이제 처남의
육신이라고는 이 세상 어느 곳에서도 찾을 수 없게 된 것이다.

손위 처남 유종호, 그 착한 사람은 이렇게 갔다. '이승의 옷 훌훌 벗고, 빈 손 빈 가슴으로' 그렇게 간 것이다. 삶의 덧없음에 내 가슴 시려오는데 7월의 태양은 왜 저리 뜨겁기만 한지.

　다시 한 번 고인의 명복을 기원한다. 그리고 유족 모두에게도 화평과 축복이 함께 하기를….

2009년 7월

어머니가 좋아하신 홍시

어제는 아내와 함께 감을 땄다. 뜰 안에 있는 감나무는 모두 네 구루. 그 중의 하나가 팽이모양의 대봉이 열리는 감나무인데 그 감들을 따낸 것이다. 단감나무 셋 중 둘은 벌써 따낸 지 오래고, 하나는 연시를 만들 양으로 아직 그대로 두고 있다.

대봉은 이름에 걸맞게 씨알이 굵고 탐스러운 것이 특징이다. 잎이 다 떨어진 나무 가지에 불그레한 감이 주렁주렁 열린 모습을 보면 에메랄드빛 하늘과 어울려 아름답기 그지없다. 생각같아서는 그 모습 그대로를 아주 오랫동안 즐기고 싶어진다. 그러나 그 것은 마음뿐이다. 참새와 까치들이 가만 내버려두지 않기 때문이다.

하늘을 나는 새들은 포유류에 비해 훨씬 뛰어난 시력을 갖고 있는 게 특징이다. 종류에 따라 다르지만 사람보다 40배 정도의 시력을 지닌 새도 있다. 시각도 엄청나다. 참새의 경우 앉은 자리에서 320도를 살필 수 있을 정도이니까.

때문에 감이 익었다 싶으면 자연스레 이 녀석들의 눈에 띄게 마련이다. 녀석들은 어디 한 두 개만 쪼아 먹는 게 아니다. 떼 지어 달려들어서 닥치는 대로 쪼아 먹는다. 물론 아주 잘 익은 감만을 귀신 같이 골라서…. 그러니 온전한 감을 수확하려면 설사 조금 덜 익었어도 서두를 밖에 없는 것이다.

오후 늦게 감을 따기 시작해서인지 아내의 도움을 받았는데도 금방 날이 어둑해지는 것이었다. 솜씨가 서투른데다 감나무 곁의 찔레나무 등 거추장스러운 것들이 많아 시간이 더 지체된 것 같다.

이미 새들이 시식했거나, 실수로 콘크리트 바닥에 떨어뜨려 으깨진 것, '맛이나 보라'며 행인들에게 건네준 것, 그리고 이웃집에 선물한 것을 빼고도 족히 반 접 가량을 따냈다. 작년엔 고작 10여개를 땄는데 그에 비해서는 대풍작이었다. 아내는 광주리에 담아 광 속에 넣고 천천히 익힐 요량인 것 같다. 작년에도 그 방법으로 홍시를 만들어 꿀맛같이 먹었었다.

홍시는 옛날 어머님이 즐겨하시던 과일이다. 어머니가 사시던 고향집에 감나무는 없었다. 그러나 어쩌다 홍시를 대하시게 되면 아주 맛있게 잡수셨던 기억이 난다. 그래서 홍시 철이 되면 어머니가 더욱 그립고 보고파진다.

대학과 군대를 마친 1968년 말, 방송국에 취직하여 서울에서 2년 남짓 어머님을 모시고 단 둘이서만 산 적이 있었다. 그

때도 어머니가 제일 좋아 하셨던 과일은 바로 홍시였다. 때로 어머니는 얇은 껍질을 벗겨 말랑말랑한 홍시를 내 입에 넣어 주시기도 했었다. 군소리 없이 받아먹기는 했지만, 내가 좋아한 것은 물컹한 홍시보다 씹을 때 사각거리고 단 맛이 이빨사이에 괴어드는 딱딱한 단감이었다.

그러나 나이 들어 70을 코앞에 두고 나니 알 것 같다. 왜 내가 딱딱한 단감을 좋아했고, 대신 어머니가 좋아하신 것이 홍시였는지를….

어머니는 환갑을 지나시면서 치아가 거의 없으셨다. 그렇다고 의치(義齒)를 사용하신 것도 아니었다. 그러니 어찌 딱딱한 단감을 잡수실 수 있겠는가. 홍시 말고 삶은 달걀을 좋아 하셨던 까닭도 알고 보면 바로 그런 이유 때문이었을 것 같다.

어머니가 생전에 계셨던 1976년도만 해도 의치를 사용하는 어르신네들이 적지 않았다. 해서 의치를 사용하시도록 말씀을 드리면,

"먹을 것 다 먹는데 그건 해 뭘 하니? 번거롭고 귀찮다"며 말리시던 어머니였다. 이런 말씀을 곧이곧대로 받아들인 나는 얼마나 지지리 바보인가? 지금 생각하면 억지로라도 치과에 모셨어야 했는데 그러지 못한 게 못내 아쉽고 안타깝다. 아쉬운 것이 어디 의치뿐이랴? 왜 그 흔한 홍시조차 마음껏 사드리지 못했을까?

생각할수록 못난 불효가 한심하고 원망스럽기만 하다.

그리워진다. 홍시가 열리면
울 엄마가 그리워진다.
생각만 해도 눈물이 핑 도는
울 엄마가 그리워진다.
생각만 해도 가슴이 찡하는
울 엄마가 그리워진다.
울 엄마가 생각이 난다
울 엄마가 보고파진다.

대중가요 '홍시'의 한 대목이다. 홍시가 무더기로 시장에 나올 적마다, 그리고 뜰 안의 감나무가 싯누런 열매를 무더기로 달 때마다 정말로 어머니가 더욱 그립고 보고파진다.

이조 중기의 무인이자 시인이면서 효심이 지극했던 노계(盧溪) 박인로(朴仁老)는 이런 시를 남겨놓고 있다.

반중(盤中) 조홍(早紅)감이 고와도 보이나니
유자(柚子) 아니라도 품엄즉도 하다마는
품어가 반길 이 없으니 글로 설어와 하나이다

내가 중국에서 본 유자는 제주산 귤 모습이었으나 덩치는 그보다 훨씬 컸고 빛깔은 푸르뎅뎅했다. 물이 많아 시원한 맛은 있었으되 당도(糖度)라든가 새콤하고 아기자기한 맛은 별로였던 것으로 기억된다. 물론 박인로 자신도 유자의 맛을 알아서라기보다는 유자에 얽힌 고사를 인용해서 시를 지었는지도 모르겠다. 그러나 중요한 것은 유자든 조홍감이든 간에 지은이의 지극한 효심이 아니겠는가?

　이제 어머니가 돌아가신 지도 어느새 서른 두 해가 물같이 흘렀다. 세월은 왜 그리 빠르기만 한 것인지? 어제 딴 감을 아내는 광주리에 담아 연시를 만든다지만 '만들어 함께 즐길' 어머니가 안 계시니 나 또한 '글로 설어와'할 뿐이다.

　'어버이가 돌아가시어 효도하고 싶어도 할 수 없다'는 뜻의 풍수지탄(風樹之嘆)이란 말도 그래서 나왔을까?

2006년 11월

형수, 또 다른 어머니

형수 허순례(許順禮) 씨는 열여섯 살에 우리 집으로 시집 오셨다. 내가 태어나기 5년 전의 일이다. 그러니 나이만을 따지고 보면 '우리 집…' 어쩌고 하는 내 말은 사리에 맞지 않는 표현인 것 같다. 당시 '나'라는 존재는 이 세상에 없었을 테니까. 어쨌든 맏형 영식(永植)은 고향 파주 용주골에서 시오 리 정도 떨어진 광탄 방축리 허(許)씨 가문의 맏딸을 아내로 맞아들였다. 맏형의 나이 열여덟 살 때인 1937년이었다.

1937년이라면 일제가 중·일 전쟁을 일으킨 해가 아닌가. 식민지 '조선'에 대한 수탈이 극으로 치달을 무렵이었다. 나라 안팎이 어지럽고 물자도 넉넉지 않은 상황이라 형수의 시집살이는 쉽지 않았을 것으로 짐작된다. 나이가 어리니 세상물정엔들 익숙했겠는가. 게다가 시부모와 남편, 그리고 두 사람의 시

누이가 있는 시집에서 시동생인 내가 태어나고, 이듬해엔 아들 규준을 얻었으니 그야말로 눈 코 뜰 새가 없었을 것이다.

형수는 건강하고 부지런한 분이었다. 일만 해도 그렇다. 남이 한 시간에 마칠 일을 형수는 반시간이면 뚝딱 해치웠다. 그것도 아주 훌륭하게. 이런 일솜씨는 타고난 재주도 재주려니와 매사에 적극적인 형수의 성격 때문이 아니었을까 여겨진다.

또 형수는 효심이 높고 품성이 관대했다. 시부인 아버지께서 병을 얻어 몸 져 누우셨을 때 형수는 모든 수발을 다 하며 곁을 지켰다. 시누이들과의 의도 무척 좋아 서로 낯 한 번 붉히는 일이 없었다고 한다. 해서, 고부간의 갈등이라든가 시누이 올케 사이의 반목은 찾아볼 수 없었다.

이렇듯 화평한 가정에 그늘이 찾아든 것은 내가 두 살 무렵이었다. 조카 규준이 폐렴에 걸려 죽은 것이다. 결혼 후 6년 만에 얻은 첫아들을 잃었을 때의 형수 가슴이 얼마나 아팠을까. 맏형인 아버지를 닮아 잘 생기고 영특했다는 애기를 듣던 아이였다. 온 집안이 슬픔에 잠길 수밖에 없었다. 그러나 불행은 그것으로 끝나지 않았다. 병치레를 하시던 아버지마저 돌아가신 것이다. 47세라는 젊은 나이로, 나는 겨우 세 살이었다. 내 위로 세 명의 사내아이들을 줄줄이 잃었던 아버지였다. 그러니 8남매 중의 막내인 내가 얼마나 귀엽고 소중했을까. 병석에서도 아버지는 내가 뒤뚱거려 넘어질라치면 "어, 어이구!"하며 나를 잡으려고 몸을 일으키셨다고 한다. 막내둥이를 늦게까지 못 키우시고, 당신은 왜 그 먼 길을 서둘러 떠나셨을까.

　가장을 잃은 집안이 휘청거림은 당연했다. 농사를 짓는데도 어려움이 따랐지만, 크고 작은 가정사를 처리하는 데도 고충이 많았다. 혼기가 꽉 찬 누이들을 결혼시키는 일도 그 중의 하나였을 것이다. 다행히 큰 누이는 아버지가 작고하신 2년 뒤에, 작은 누이는 그로부터 다시 2년 후에 결혼할 수 있었다. 우환 뒤에 경사를 2년 마다 맞이할 수 있었던 것은 어려움을 이겨내는 어머니의 강인한 의지와 맏형 내외분의 슬기로운 처신 때문으로 판단된다.

　형수는 나를 언제나 '데렌님'으로 불렀다. '데렌님'이 '도련님'의 경기도 사투리라는 것을 안 것은 세월이 훨씬 지나서였다. 어려서 나는 형수를 '아줌'으로 호칭했다. '아주머니'를 줄여서 그렇게 부른 듯하지만, '형수'라는 말투가 어색했고 어리광을 피우고 싶어서 그랬는지 모른다. 어쨌든 형수는 친자식을 대하듯 나를 돌보셨다. 밥을 지을 땐 쌀을 아끼느라 보리 같은 잡곡을 많이 넣게 마련인데, 형수는 내 밥그릇에 흰 쌀밥만을 담아주셨다. 막내 티를 내느라 그랬을까. 어렸을 적엔 밥도 잘 먹지 않고 입도 짧았다. 이런 나를 위해 밥상에는 달걀찜이나 말린 굴비, 쇠고기 장조림 등이 자주 올랐다. 그 어려웠던 시절, 더욱이 농촌에서 그렇게 고급 반찬을 먹는 집은 흔치 않았다. 지금 생각하면 그때 차라리 잡곡 섞인 밥에 흔한 야채를 부식으로 먹게 했더라면 내가 더 건강해졌을 것이라는 엉뚱한 불평도 하게 된다.

　1950년 6·25전쟁이 터져 나라 전체가 혼돈과 무질서에 빠지면서 우리 집은 다시 한 차례 위기를 맞는다. 8월 3일 맏형이 북괴군에게 납치되어 간 것이다. 알만한 곳을 찾아 물었어도 행적을 알 수 없었다. 어머니와 형수는 불안과 절망으로 밤낮을 보내시고, 나와 어린 여 조카들도 덩달아 침울한 나날을 보내야 했다. 이듬해인 1·4후퇴 때 큰 누이를 따라 피난했던 애기는 다른 글에서 이미 했으므로 여기서는 생략할까 한다.

　11살에 다시 돌아온 고향은 전혀 다른 모습이었다. 옛집은 불타 없어지고 그 자리에는 엉성한 하꼬방이 을씨년스럽게 서 있었다. 길거리에 웬 미군은 그리 많던지…. 휴전상황이라는 게 어떤 것임을 알 수 있었다. 다니던 학교도 흔적 없이 불타 버리고 없었다. 집 건너 '가마울'이라는 산모롱이에 임시 가설한 천막교사에서 나는 초등학교 5학년과 6학년 과정을 마쳐야 했다. 이때 형수가 겪었던 고생은 이루 말할 수조차 없었다. 노모를 모셔야 하고, 나이 어린 시동생과 딸 둘(明子, 明淑)을 키우고 가르쳐야 할 할 책무가 자신에게 있다고 판단한 형수는 돈이 되는 것이라면 어떤 일도 서슴지 않았다. 돼지를 키우는 것은 물론이고, 미군부대에 출입하는 군속들을 상대로 하숙을 치기도 했다. 군인들의 군복을 받아 세탁을 하는 일이며, PX를 통해 나온 물건을 제3자에게 되파는 일 등 삶을 부지하기 위해 형수가 했던 일은 너무 많았다. 연약한 여성의 몸으로 얼마나 힘들었을까. 물론 전란 후의 와중이라 입에 풀칠을 하려면 내남없이 바빠야 했던 시대이기는 했다. 그래도 형수가 겪은 여러 가지 고초는 남달랐다는 생각이다.

형수는 대범한 분이었다. 그렇게 일에 시달려 고통을 받으면서도 형수는 별로 짜증을 내는 일이 없었다. 오히려 당연한 일로 여기는 듯 했다. 하기야 불평하고 불만을 터뜨린들 무슨 소용이 있었겠는가. 해서 형수의 묵묵함은 성격 탓일 수도 있지만, 현실을 수용하는 달관적인 자세에도 있다고 여겨지는 것이다.

형수를 생각할 때마다 고맙게 느끼는 것이 하나 있다. 그것은 나에 대한 형수의 뜨거운 교육열이었다. 형수의 뒷바라지가 아니었으면 내 어찌 중·고등학교를 나왔을 것이며, 대학에 진학할 수 있었겠나. 아니, 공부도 공부려니와 그것이 밑거름된 오늘의 나는 없었을 것이다. 형수는 초등학교 5학년부터 대학교 까지 내 학교교육을 돌보셨다. 물론 대학에 다닐 때는 아르바이트를 하여 형수의 부담을 덜어드리기는 했다. 하지만, 고등학교만을 마친 것에 그치지 않고, 대학에 진학하도록 격려하며 자극을 주었던 분은 형수였다. 당시만 해도 고향 인근에서 대학을 다니는 사람은 나 혼자 뿐이었다.

형수의 도움을 받은 것이 어찌 학교 교육뿐인가. 대학을 졸업하고 병역을 마친 뒤 나는 방송국 취업시험에 합격하여 서울에서 근무하게 되었다. 허나, 머물러 있을 곳이 마땅치 않았다. 또 갓 제대한 몸이라 돈도 없었다. 출근 날짜는 닥쳐오는데 방조차 구하지 못하니 난감하지 않을 수 없었다. 이 사정을 안 형수가 급히 전세금 전액을 마련해주어 주거문제를 간단히 풀 수 있었다. 돌이켜보면 나는 줄곧 형수에게 신세만 져온 것 같다. '형수는 반 부모'라는 말도 있지만, '자식'으로서의 도리를 못한 나는 부끄럽기만 할 뿐이다.

형수는 1987년 2월 10일 한 많은 삶을 마감하셨다. 음력으로는 정월 열사흘로 매우 추운 날이었다. 병명은 뇌지주막하출혈. 형수가 누린 나이는 고작 66세에 불과했다. 남편의 생사도 모르는 채 과수 아닌 과수로 지냈던 형수는 그렇게 이승을 떠난 것이다.

음식솜씨가 좋았던 형수였다. 특히 내가 좋아한 녹두빈대떡을 빚어내는 솜씨는 정말 신기(神技)에 견줄 만 했다. 형수가 안 계신 이제, 그 맛있는 녹두빈대떡을 어디서 맛볼 수 있으랴.

형수의 명복을 다시 한 번 엎드려 기원한다.

2009년 7월

두 분의 누이

　나에게는 두 분의 누이가 있다. 큰 누이는 병인(丙寅)생으로 올해 83세이고, 작은 누이는 기사(己巳)생이니 80세이다. 막내인 나와는 열여섯 살과 열세 살의 터울을 두고 있다.

　우리는 본래가 아들이 다섯이고 딸이 셋인 8남매 집안이었다. 그런데 둘째인 누이와 다섯부터 일곱째까지의 형 셋은 아주 어린 나이에 병으로 죽었다. 하기야 옛날에는 '자식농사 반타작만 해도 성공'이라는 말이 있기는 했다. 허나 딸 하나 아들 셋을 가슴에 묻었을 때의 아버지 어머니 심정이 오죽했을까. 그러다가 맏형조차 6·25 전란 중에 행방불명되고 만 것이다. 맏형 영식(永植)은 금년에 90세. 그동안 남북 간의 이산가족 모임에도 감감 무소식이었고, 연세 또한 저리 높으니 살아 있으리라고는 생각되지 않는다.

어려서부터 나는 누이들 신세를 많이 지면서 살아왔다. 형제 자매가 서로를 돕는 것은 당연하리라. 그러나 내가 옛날 일을 회상하며 이 글을 쓰는 것은 누이들이 내게 베풀었던 배려와 애정이 남달랐고 지극한 때문일 것이다.

6·25가 터졌을 때 나는 아홉 살로 초등학교 3학년이었다. 얼떨결에 전쟁을 맞은 탓이었을까. 다음 해인 1·4후퇴 때에야 피난길에 올랐다. 그런데 이상스럽게도 혼자서만 큰 누이를 따라 나서게 된 것이다. 어머니를 떨어져 왜 하필이면 시집간 누님을 따라 피난했을까. 물론 그럴만한 이유가 있었다. 큰 누이는 자동차로 피난을 가기 때문이었다. 남녀노소 없이 먹고 입을 짐 보따리를 잔뜩 챙겨 무작정 남쪽으로 걸어야 하는 피난길은 얼마나 고생스럽고 위험한가. 북새통 속에 미아도 빈번했고 다치거나 병들어서 죽는 이도 허다했다. 해서 어머니는 8남매 중의 아들로 유일하게 남은 나만이라도 편안히 피난을 시켜야 되겠다는 결심을 하신 것 같다.

내가 탄 트럭에는 생판 모르는 남들도 많이 있었다. 어수선한 피난민들의 행렬을 뚫고 도착한 곳이 충남 서산의 태안이었다. 넓은 대밭을 뒤로 안고 있는 그 집에는 우리 일행 말고도 많은 식구들이 와 있어 북새통이었다. 모두 합해 35명이라던가? 그러니 잠자리도 걱정이었지만 먹는 것이 큰 문제였다.

사람은 궁핍한 때일수록 왜 배고픔을 더 느끼는 걸까. 너나

할 것 없이 참 게걸스럽게 먹어댔다. 집 안의 대소사를 비롯해 부엌일에도 참여했던 큰 누이는 바쁜 와중에도 한 숟갈이라도 더 담긴 밥그릇을 골라 동생의 배를 채워주느라 무척 신경을 쓰는 것이었다.

그해 이른 봄철인지 싶다. 밖에서 돌아오니 큰 누이가 사기 탕개를 건네주며 얼른 먹으라는 것이다. 그것도 말로가 아니라 눈짓으로…. 그릇 안에는 잘게 썬 파와 깨소금을 간장에 넣고 버무린 생굴이 들어 있었다. 고향 파주에서도 못 먹어본 해산물이었다. 우선 두어 개를 입에 넣고 우물거려봤다. 맛이 기막혔다. 단 숨에 후루룩 굴 한 탕개를 먹어버렸다. 지금도 나는 가을철마다 굴을 즐겨 먹는다. 조리방법도 큰 누이가 해주던 그대로. 그것은 옛날 큰 누이가 만들어 준 굴 맛을 아직까지 기억하고 있는 때문일 것이다.

큰 누이 내외분은 얼마 후 첫 피난지에서 서산 시내의 어느 작은 집으로 이사했다. 그것도 방 하나만을 얻어서. 아직 아이가 없어 신혼생활이나 마찬가지인 큰 누이였다. 또 살기가 어렵고 힘든 난리 통이 아닌가. 때문에 나는 여러모로 거추장스러운 존재가 틀림없었을 것이다. 그런데도 큰 누이 내외는 전혀 그런 기색을 내비친 적이 없었다.

무엇보다 누이에게 감사할 일이 하나 있다. 그것은 서산초등학교에 전학시켜 학업을 잇도록 해준 점이다. 얼마 후 다시 예산으로 이사할 때도 큰 누이는 즉시 예산초등학교로 전학시키는 등 내 학업에 깊은 관심을 써주었다. 휴전 후 고향에서 다시 학교를 다녔을 때, 같은 학년이면서 나이 차가 꽤 나는 학우들이 좀 많았던가. 이런 친구들과는 달리 나는 제 나이로 제 학년에 적(籍)을 둘 수 있었다. 바로 큰 누이의 슬기로운 조치에 힘입은 덕택일 것이다.

한 번은 이런 일이 있었다. 멀쩡히 집에 있다가 갑자기 배에 통증을 느낀 것이다. 처음엔 간헐적으르 아파오던 것이 나중에는 배가 찢어지고 허리가 끊어지도록 고통이 심해지는 것이었다. 절로 "아이고 배야!" 하는 소리가 터져 나왔다. 문 밖에 있던 큰 누이가 깜짝 놀라 "왜 그러니? 배가 아파?" 하며 걱정스레 묻는다. "배 어디가 아파?" 거듭 묻는 누이에게 나는 대답 대신 손으로 아랫배만 가리켰다. 하도 아파서 말조차 할 수 없었기 때문이다. 안 되겠다 싶었는지 큰 누이는 나를 들쳐 업고 병원으로 뛰기 시작한다. 택시나 119도 없던 시절이었다. 병원이나 가까운 곳에 있었나? 작은 키에 다 큰 동생을 업고 헐떡이며 뛰던 큰 누이의 딱한 모습이 생생하다. 병원에서의 복통 치료가 어떻게 끝났는지는 잘 모르겠다. 기억이 미심쩍은 걸 보면 큰 병은 아니었던 모양이다. 그저 큰 누이의 얼굴이 창백해지도록 깜짝 놀라게 한 일만 또렷이 머릿속에 남아 있다.

큰 누이는 서울이 수복되어 원래 살던 아현동에 돌아와서도 친정 조카인 명자(明子)를 집에 불러들여 중·고등학교를 졸업시킬 정도로 마음이 후덕했다. 그 뿐이 아니다. 내가 대학과 군복무를 마치고 취업하여 전셋집을 얻을 때였다. 큰 누이는 당신이 사는 집 근처에 방을 마련하라고 채근하는 것이었다.

광화문에 있는 직장에서 가까운데다 굳이 반대할 이유도 없어 큰 누이의 제의를 받아들였다. 그리고는 고향 파주에 계신 어머니에게 말씀드려 뒷바라지를 부탁했다, 큰 누이는 내가 거처를 옮긴 이후 하루도 빠짐없이 한두 차례 씩 방문하는 것이었다. 그때마다 큰 누이의 손에는 생선이나 야채 또는 부엌 살림 도구 등이 들려 있었다. 친정 식구가, 그것도 달랑 방만 하나 얻은 채 살림을 하고 있으니 얼마나 신경이 쓰였을 것인가. 그런데도 큰 누이는 이렇게 귀찮고 부담스러운 일을 자청해서 한 것이다.

큰 누이 순애(順愛)는 스무 살에 큰 매형 민경배(閔慶培)와 결혼했으나, 17년 전 병으로 사별했다. 노후가 쓸쓸해 보이고, 건강도 썩 좋지 않다. 외출할 때면 꼭 지팡이를 짚어야 한다.

6·25 피난통 속에 난데없는 복통을 앓아 나를 엎고 내달렸을 당시의 큰 누이의 모습은 다 어디로 갔을까? 허망한 게 세월이라 함을 내 어찌 모르랴. 그래도 나는 큰 누이가 건강한 몸으로 오래오래 사셨으면 좋겠다.

1남 4녀를 둔 큰 누이. 오늘 아침 전화를 드렸더니 대뜸 네 살짜리 쌍둥이 친손자들의 재롱을 자랑삼아 늘어놓으신다.

③

작은 누이와는 꽤 오랫동안 함께 지냈다. 물론 '함께'라는 말은 출가 후를 얘기한다. 중·고등학교 6년에 대학교 1년, 게다가 내가 피난지인 예산을 떠나 고향 파주로 올라왔을 때의 1

년까지를 합하면 8년여를 함께 생활한 셈이다.

6·25전란을 맞아 작은 매형이 참전하면서 작은 누이는 친정 파주에 머물러 있었다. 매형이 군 복무를 마친 것은 휴전이 이루어진 뒤였다. 본래가 서울 종로구 내자동에서 나고 자란 매형은 불타 없어진 집 근처인 내수동에 방을 얻어 살림을 차렸다. 작은 누이도 자연 파주를 떠나 서울로 옮겨야 했다. 바로 그 무렵이 내가 초등학교를 졸업하고 서울 보인(輔仁)중학교로 진학할 1954년이었다. '보인'이라는 학교와 인연을 맺은 것도 작은 누이 내외분의 적극적인 추천 때문이었다. 어쨌든 내가 의탁하고 있을만한 곳은 천생 작은 누이집 밖에 없었다. 지금 같으면 원룸이니 오피스텔이니 하는 곳도 허다하고 자취방도 흔하니 독립해 살았을지도 모른다. 그러나 당시는 전투만 없었을 뿐 휴전 속에 뭐든지 부족할 때였다. 물론 학교에 납부할 돈은 고향의 형수께서 보내주셨다. 하지만, 중학생활에 드는 비용이 어찌 납부금뿐이겠나. 여러모로 작은 누이의 도움을 받았을 게 뻔하다.

작은 누이는 얼마 후 내수동에서 사직동으로 이사했다. 바로 사직공원이 내려다보이는 한옥이었다. 이 집에서 겪었던 일을 생각하면 지금도 등골에서 식은땀이 흐른다. 어느 날 학교에서 돌아와 잠시 방바닥에 누어 휴식을 취하고 있을 때였다. 힐끗 머리 위를 보니 까치발로 괸 선반에서 무언가가 떨어지고 있었다. 순간 나는 고개를 돌렸다. 그러나 육중한 물건은 모서리로 방바닥을 내리치더니 "쿵!" 하고 내 오른쪽 이마를 때리는 것이었다. "아이쿠!" 상처에서는 피가 나왔다. 울음이 절로 터졌다. 난데없이 이런 일이 일어나다니! 눈 깜짝할 사이에 일어난 일이었다. 방밖에 있던 작은 누이가 들어와 이 모습을 보더니 나보다 더 놀란다. 그리고 나를 부축하여 병원으로 데려갔다. 몇 바늘을 꿰맸는지는 모른다. 그러나 제법 큰 상처여서 지금도 그 자국이 이마에 남아 있다. 선반에서 떨어진 물건은 수 십 장의 LP축음기판을 담아둔 나무상자였다. 엉성한 까치발이 그 무게를 감당치 못하고 벽에서 떨어져 나간 것이다.

"그게 떨어지면서 굴렀기 망정이지 그렇지 않으면 큰 일 날 뻔 했어." 작은 누이는 이 애기가 나올 때마다 소름을 치며 말한다. 정말 식구들이 함께 자는 한밤중에 이런 일이 일어나지 않은 것이 천만다행이었다.

작은 누이는 내가 중학 2년을 마칠 무렵 신촌에 집을 마련해 이사했다. 영단주택이란 이름이 달린 3~40호의 그 집들은 같은 면적에다 동일한 구조로 지은 단층 양옥이었다. 연세대 정문에서 아주 가까운 거리에 있었다. 마침 작은 누이가 차지한 집은 삼거리 모퉁이었다. 당시 뚜렷한 일터가 없던 작은 매형은 집 앞 쪽에 널찍한 잡화점을 차렸다. 나도 때로는 가게에 나가 손님을 맞이했다. 집안 살림에 가게까지 돌봐야 하는 작은 누이를 돕는 것이야 당연했다. 그러나 작은 누이는 내가 가게에 나서는 것을 말렸다. 그랬다. 아주 어쩔 수 없을 경우에만 작은 누이는 내 도움을 청했을 뿐이었다. 대신 '공부나 열심히 하라'는 것이었다. 누이가 자주 했던 말이 아직도 기억에 생생하다.

　　　　공부도 다 때가 있다고. 지금 한두 시간 안자고 공부하는
　　　　것이 장래 열 시간 스무 시간 잠잘 수 있어.

　혹 도시락이라도 빠뜨리고 등교할라치면 신촌로터리 부근의
버스정류장까지 허위단심 쫓아오던 작은 누이였다. 이러한 작
은 누이의 배려와 관심 탓이었을까. 중·고를 막론하고 나는
언제나 상위 성적을 유지했다. 주위 사람들에게 누이는 이런
얘기를 자주 했다. "언젠가 화장실에 들고 간 휴지를 보니 동
생이 쓰던 공책 장이지 뭐요. 정갈하게 잘 쓴 글씨를 화장지로
쓴다는 게 죄스러워서 다시 들고 나왔다니까."
　글씨를 잘 쓴다는 칭찬을 자주 듣기는 했다. 하지만 나에 대한
작은 누이의 자긍심과 애정이 얼마나 컸는가를 짐작케 한다.
　1961년 1월이었다. 대학입학시험 합격자를 발표할 때 나는
신촌에서 안암동의 고려대학교까지 작은 누이와 버스로 동행
했다. 전 해에 한 번 떨어진 입장이라 게시판에 붙여놓은 명단
을 보기가 두려웠다. 그래서 나는 본관 앞 벤치에 앉은 채 수
험번호 477만을 작은 누이에게 알려주었다. 떨리기는 작은 누
이도 매한가지였을 것이다. 혼자 게시판에 다가간 누이는 잠시
머뭇거리며 번호를 찾는다. 그 시간이 왜 그리 길게만 느껴지
던지. 잠시 후 작은 누이가 고함을 지르는 것이었다. "붙었다!
여기 있다!"

얼굴에 활짝 웃음을 짓고 기뻐하던 작은 누이의 모습을 나는 영영 잊지 못한다.

대학교 1학년 첫 학기가 끝나면서 나는 중학교 입시생의 학업을 지도하느라 작은 누이 집을 나왔다. 이 아르바이트는 대학교 4학년 전반까지 계속되었다. 그리고 다시 작은 누이 집으로 옮겨 취업을 준비했다. 이렇게 멋대로 들락거려도 전혀 미움을 타지 않았던 것은 작은 누이도 작은 누이지만 나를 보살피는데 아무런 불평과 부담을 느끼지 않았던 작은 매형이 있었기 때문일 것이다.

대학을 졸업한 후 나는 한 국책회사의 임시직원으로 채용되어 6개월 간 근무한 적이 있다. 인천지역의 한 지사가 근무처였다. 빨래 정도는 스스로 처리할 나이도 됐으련만, 나는 주말마다 작은 누이를 찾아 빨래보따리를 풀어놓았다. 조카들도 여럿 생겨 집안 일이 더욱 바빠지고, 가게까지 돌보는 입장인데도 작은 누이는 아무런 내색을 보이지 않았다. 오히려 밤늦게까지 동생의 때 묻은 옷을 빨래하고 수선하며 다림질까지 해주는 것이었다.

열아홉 살에 서울 청년 전주업(田柱業)과 결혼한 작은 누이 영순(永順)은 큰 누이와 마찬가지로 슬하에 역시 1남 4녀를 두고 있다. 2년 전에 금혼식을 치르고, 이태 전에는 증손도 본 다복한 입장이다. 내외분의 건강도 아직까지는 좋은 편이다. 천정배필이란 이를 두고 말하는 것이라 여겨진다.

우리 3남매는 매월 정기적으로 한 달에 한 번 씩 만나 친목을 다지고 있다. 얼마 전부터는 조카들과 그들의 짝까지 함께 어울려 만난다. 그 바람에 친목회가 열리는 날이면 아주 떠들썩하고 요란하다. 하지만 나는 이런 분위기가 언제까지나 지속되기를 바란다. 지금도 내게 가장 많은 전화를 걸어주는 사람은 두 분 누이들이다. 누이들이 오래오래 건강히 사시기를 진심으로 기원한다. 내 나이 어느새 70이 가깝지만 누이들 앞에서는 여전히 세 살배기 막내둥이로 돌아가는 느낌이다. '누이' 대신 '누나'라고 부르는 내 말버릇이나 고쳐졌으면 좋으련만 이 나이가 됐는데도 여전하다.

막내둥이란 으레 그런 것일까? 지금도 누이들을 보면 괜히 어리광을 부리고 싶어진다. 큰 누나·작은 누나, 오래오래 건강하세요!

2009년 7월

외손녀 지윤(知潤)

　요즘 나는 외손녀딸의 재롱을 보는 재미에 흠뻑 빠져 있다. 태어난 지 2년 5개월로 이름은 지윤(知潤)이라 한다. 초롱초롱한 눈빛, 도톰한 뺨, 앵두 같이 작고 예쁜 입술하며…, 도대체 미운 데라고는 하나도 없다. 게다가 녀석의 머리통은 앞뒤가 짱구이다. 영락없이 서양 애들 머리를 닮았다. 신기하기 짝이 없다. 어떤 엄마는 이런 식의 머리통을 만들려고 갓 났을 때부터 모로 뉘어 키운다는 얘기도 들었지만, 외손녀는 그럴 필요 없이 앞뒤 짱구로 태어난 것이다. 짱구머리는 두뇌가 좋다는 얘기가 있다. 그래 그럴까. 그 나이에 말솜씨가 여간 아니다. 혹 전화라도 걸라치면 녀석은 똑똑한 발음으로 대뜸 이렇게 말한다.

　“할아버지, 보고 싶어요. 할아버지 사랑해요”

　귀여운 손녀의 입에서 이런 말이 나올 때 무덤덤할 할아비

가 어디 있을까. 시쳇말로 가슴이 뒤집어지는 느낌이다. 감동
과 감격이 온몸을 꽉 차게 하는 것이다.

딸이 월드컵경기장 부근에 살 때는 걸핏하면 찾아가 외손녀
의 얼굴을 볼 수 있었다. 걸어서 15분이면 닿을 만큼 내 집과
가까웠기 때문이다. 그런데 얼마 전 잠실의 한 아파트로 이사
한 뒤로는 한 달에 두서너 번 만나보기가 어렵게 됐다. 또 딸
네 집을 방문한다는 것도 그렇다. 아직도 신혼인 터에 불쑥불
쑥 찾아간다는 것도 그러려니와, 나 역시 먼 거리를 거동한다
는 게 쉽지만은 않기 때문이다. 아울러 딸은 딸대로 제 생활이
있지 않겠는가. 이래저래 손녀를 보기가 어려워진 소이이다.
해서 어떤 때는 녀석을 보고 싶은 마음에 안달이 난다.

딸이 아직 결혼하기 전의 일이다. 가까운 친구들과 만나 이
런저런 대화를 나누다보면 절로 손자 손녀 애기가 나오게 마
련이었다. 친손이든 외손을 가릴 것 없이 손자 손녀들을 가진
친구들의 얼굴은 표정부터가 달랐다. 희색이 만면해서 한바탕
그들의 자랑을 늘어놓는 것이었다. 귀여워 어쩌지 못해 하는
표정이나 말씨이다. 하도 괴이쩍어 이런 반문을 한 적이 있다.

"아들이나 딸보다 더 귀엽진 않겠지. 아무리 귀여워도 내가
낳은 자식만 할라고?"

이 말에 그들은 그렇지 않다는 대답이다. 구체적인 이유를
밝히지 않은 채 '너도 손자 손녀를 얻게 되면 알 것'이란다.

손자 손녀가 아들딸보다 더 귀엽다는 애기는 도대체 이해가
되지 않았다. 그러지 않고서야 이런 생각을 했을까.

“며느리나 사위에게 잘 보이려고 꽤들 애 쓰는군. ”

어떤 면에선 그들의 과장된 행동이 측은하게 보이고, 솔직하지 않은 태도에 경멸을 느끼기도 했다. 그러나 짜장 겪어보니 그게 아니었다. 내 생각이 틀려버린 것이다. 정말 외손녀가 이 세상 누구보다 귀엽고 사랑스러운 것이다. 쌍둥이 딸을 낳고 키운 내 입장인데도….

지난 4월에는 아들이 장가들어 마음에 맞는 며느리를 새 식구로 맞아들였다. 언젠가는 친손도 갖게 될 것이다. 친손이 생겨도 지금의 외손녀를 대하 듯 한 귀여움과 사랑을 가질 것이 분명하다.

자식보다 손자를 사랑하고 애틋하게 느껴지는 이유는 뭘까? 그 까닭을 나는 이렇게 생각해 봤다.

첫째, 피붙이라는 운명적 만남에서 오는 가없는 사랑이다. 혈연에 의한 가족은 가까이 따져만 봐도 할아버지 할머니로 시작해서 부모, 나와 아내, 아들과 딸, 그리고 손자 손녀로 구성되고 이어진다. 대를 이어갈 손자 손녀에 대한 사랑이 누구보다도 끈끈할 것임은 당연하다.

둘째, 아들딸에게 못해 준 사랑을 대신 손자 손녀들에게 쏟아 붓기 때문이다. 일종의 보상심리라고 여겨진다. 분주하고 치열한 삶의 현장 속에서는 아들딸에게 관심을 둘 겨를이 없었다. 무엇보다 ‘살아남아야 한다’는 점이 급박한 문제였으므로…. 손자 손녀의 갖가지 재롱을 보면서 “우리 자식들도 저런 때가 있었는가?” 하고 의아해하는 것은 지나온 삶이 얼마나 어려웠는지를 입증한다.

셋째, 별다른 책임 없이 손자 손녀와 어울릴 수 있기 때문이다. 이들에 대한 궁극적인 책임은 전적으로 그 부모인 아들딸이 질 것이다. 조부모인 내 입장에서는 그저 어린 손자 손녀와 즐기기만 하면 되지 않겠는가.

넷째, 가족형태의 다양성에 따라 손자 손녀들에 대한 사랑의 두께와 깊이도 달라지고 있다는 점이다.

전통적으로 우리의 가족형태는 대가족중심이었다. 본인 내외를 중심으로 해서 아버지 어머니, 할아버지 할머니, 그리고 아들딸이 함께 살던 가족구조는 시대와 사회상황이 달라지면서 많은 변화를 불러오게 되었다.

1960년대의 산업화는 젊은이들의 이농(離農)현상을 초래했고, 1970년대의 중동건설 붐은 장기적인 분거(分居)현상을 가져오게 했다. 또 1980년대와 1990년대는 어땠는가. 근무지역이 자주 바뀌거나 자녀들의 해외유학이 많아지자 이번에는 주말가족이니 월말가족, 또는 철새가족이란 말이 등장했다. 아무 때나 마음 내키는 대로 손자 손녀를 볼 수 있는 시대가 아닌 것이다.

가족형태의 변화는 이것만이 아니다. 적령기가 훨씬 지났어도 결혼하지 않는 만혼풍조, 이혼율의 증가, 무자녀 가족 등 현대인들의 의식구조도 손자 손녀에 대한 애틋한 그리움을 켜켜이 쌓게 만드는 요인이 되고 있다.

아무튼 손자 손녀에 대한 사랑은 우리만이 아니라 개인주의

적 사고가 팽배한 서양사회에서도 마찬가지인 것 같다. 어느 글에선가는 미국 할머니의 손자 사랑을 이렇게 전하고 있다.

> 내 아이들을 키울 때는 이렇게 예쁜지 몰랐어요. 밖에서는 일하랴, 집안에서는 살림하랴 정신이 없었지요. 그런데 손자는 정말 예쁘군요. '손자 손녀 얘기하려면 먼저 돈부터 내 놓으라'는 친구들의 핀잔을 들으면서도 자제가 안 된답니다.

그래서일까. 미국에서는 "이렇게 손자 손녀가 귀여울 줄 알았으면 아들딸보다 손자 손녀를 먼저 낳을 걸 그랬다"는 우스개 소리도 생겨났다고 한다.

지난주에 나는 병원놀이 장난감 한 세트를 사서 외손녀에게 선물로 주었다. 여간 좋아하는 것이 아니었다. 그래 어제는 퍼즐놀이 세 판을 또 샀다. 오늘이 주말이니 월요일 쯤 갖다 줄 예정이다. 할아비의 선물을 받고 기뻐할 녀석의 얼굴이 머리에 그려진다.

2009년 8월

아들, 장가갑니다

나는 1971년에 결혼했습니다. 그 때 나이가 29세였지요. 결혼 이듬해에 장남이 태어났습니다. 둘째와 셋째 딸은 첫째인 아들과 세 살 터울입니다. 뭔가 계산이 잘못되지 않았느냐고요? 그렇지 않습니다. 둘째와 셋째는 쌍둥이이기 때문입니다.

참 세월은 빠르기도 하지요. 지금 우리 집 애들의 나이도 벌써 서른 후반에 있습니다. 하기야 제 나이가 어느새 만 67세이니 애들의 세월이라고 멈춰만 있겠습니까. 그러니 아이들이 장성하여 나이 서른이 넘고부터는 결혼문제가 가장 큰 걱정거리로 떠오르게 되었습니다.

1

다행히 쌍둥이 중 후둥이는 2004년에 좋은 짝을 만나 결혼을 했습니다. 재작년엔 지윤(知潤)이라는 예쁜 외손녀도 갖는 기쁨을 맞았지요. 외손녀는 이목구비가 예쁘고 똘똘해서 식구 모두로부터 귀여움을 받고 있습니다. 그리고 보니 셋 중에서는 막내가 오히려 결혼문제로 속을 덜 썩인 편입니다. 만혼이긴 했어도 제 몫은 다 했으니까요.

언니인 선둥이는 국내에서 음대를 졸업한 뒤 2000년도에 미국으로 유학을 떠난 채 아직 그 곳에 머물러 있습니다. 전공 분야는 성악입니다. 2004년 LA 소재 캘리포니아 주립대학원에서 음악 석사학위를 받았고, 2006년에는 칼아트(California Institute of the Arts)에서 예술석사(Fine Arts) 학위를 따냈습니다. 물론 결혼은 하지 않았지요. 공부도 할 만큼 했으니 귀국하여 직장도 잡고 결혼을 했으면 좋으련만 본인은 막무가내로 듣지 않습니다. 결혼을 안 하겠다는 건 아닙니다. 하지만 그보다는 본인의 꿈을 먼저 이뤄내겠다며 고집을 피우고 있답니다. 그 꿈이란 것이 아주 거창합니다. 일테면 조수미(曹秀美)나 몽세라 카바예(Montserrat Caballe) 같은 세계적 성악가가 되겠다는 것입니다. 꿈이 현실로 이루어진다면야 오죽 좋겠습니까. 그러나 아직은 그 꿈이 손에 잡히지 않고, 뭉게구름인 양 둥실 떠있는 듯 보여 딱하기만 합니다. 무엇보다 결혼이 너무 늦어지지나 않을까 조바심이 나는군요. 물론 결혼이라는 게 사람 살아가는 일에 절대적인 것은 아닐지 모르죠. 허나 머리 큰 자식들을 가진 부모의 심정은 걱정스럽고 안타깝기만 합니다. 게다가 여성의 경우는 다르지 않습니까. 제2세를 위해서도 혼기를 놓쳐서는 안 된다는 것이 내 생각입니다.

결혼하지 않고도 행복을 누리고 인류사회에 크게 공헌한 사람들의 예가 많다는 것을 모르지 않습니다. 그러나 지금 나는 인륜지대사(人倫之大事)인 결혼 얘기를 하려는 참이므로 이쪽에만 관심을 두고 들어주셨으면 합니다. 큰 딸은 아비·어미의 근심 걱정을 이해했는지 요즘엔 다소 고집이 수그러들었습니다. 마땅한 상대를 찾아보겠다는 겁니다. 다행한 일이죠.

②

문제는 장남입니다. 나이가 서른여섯이 됐는데도 아무런 기척이 없습니다. 신체 건강하고 배울 만큼 배운데다 남들 부러워하는 좋은 직장에도 다니고 있지요. 그러나 짝이 없으니 답답합니다. 때로는 울화통이 터지는군요.

꽤 오래 전의 애깁니다만, 옛날 내가 다니던 직장의 선배가 전화를 걸어 주소를 확인한 적이 있습니다. '아들이 장가가므로 청첩을 내겠다'는 것입니다. "아, 글쎄 서른여섯 살 노총각이에요. 그동안 도대체 뭘 했는지 모르겠다니까."

묻지도 않았는데 선배는 전화 끝에 이런 투정을 하는 것이었습니다. 하지만, 그 말 속에는 아들을 탓하기보다 기특하게 여기는 마음을 읽을 수 있었습니다. 선배의 행복한 너털웃음이 이를 말해줍니다. 사실 처음 그 애기를 들었을 때 나조차도 속으로는 '어지간히 부모 속을 썩였겠군' 하며 혀를 찼으니까요.

한데, 이제 생각하니 그게 아닙니다. 우리 아들은 그보다 한

술 더 뜨고 있지 않습니까?

돌이켜보면 장가를 들이느라 무던히도 애를 써왔습니다. 아내는 주변의 친구나 친척들에게 신부 감을 소개해 달라고 사정하는 것도 모자라, 내로라하는 결혼상담소에도 여러 차례 의뢰하는 등 극성을 부렸습니다. 그러나 그때마다 아들은 퇴짜를 놓는 것이었습니다. 퇴짜를 놓는 이유가 희한합니다. 필링(feeling)이 오지 않는다던가요? 얼굴이 밉다든가, 성격이 안 맞을 것 같다는 식으로 거절한다면 이해가 될 법 하련만, 필링을 들먹거리니 이게 무슨 봉창 뜯는 소린지 나로서는 통 감이 잡히지 않습니다.

그래도 아내는 백방으로 뛰어다니면서 며느리 감 찾기에 열심이었습니다. 나라고 가만히만 있을 수 없지 않습니까? '저 녀석이 알아서 하게 놔버려 두라'고 말했다간 분명 그 불똥이 나에게 떨어질 테니까요. 그래서 두어 번 이 일에 끼어든 적이 있습니다.

2002년으로 기억됩니다. 나는 KBS 88체육관에서 수영을 배운 적이 있습니다. 집에서 좀 떨어져 있기는 했지만, 시설이 좋은데다 동료들과 어울릴 수 있고, 수강료까지 할인 받아 즐거이 참여하게 됐던 겁니다. 그러던 어느 날 우연히 한 여성을 만났습니다. 얼굴과 몸매가 아름다운 젊은 여성이었습니다. 특히 내 눈길을 끈 것은 같이 온 여동생에게 친절하고 자상하게 수영을 가르쳐 주는 모습이었습니다. '한 가지를 보면 열 가지를 안다'는 말이 있잖습니까? 미모 못지않게 마음씨도 좋으리

라는 생각을 가졌지요. 문득 아들에게 소개해 주고 싶은 마음
이 들었습니다. 며느리 감으로는 손색이 없어 보였으니까요.

"이것도 인연이라면 인연이다. 한 번 시도해 보자."

단단히 마음을 먹고 그 여성에게 헤엄쳐 다가갔습니다. 혹시
라도 못돼먹은 건달로 알까봐 내 신분부터 밝혔지요. 그리고는
'괜찮다면 수영이 끝난 뒤 음료수라도 마시지 않겠느냐'고 제
의했습니다. 자매는 번갈아 저희들 얼글을 쳐다보더니 '괜찮다'
고 쾌히 응낙하는 것이었습니다. 이렇게 해서 수영 후 자리가
마련되었습니다. 무엇보다 '점찍어 둔 여성'의 결혼 여부가 궁
금했지요. 그런데 미혼이라는 겁니다. 고향은 경상도 어디이고
무슨 대학을 나왔으며, 현재 어느 항공사의 스튜어디스로 국제
선을 타고 있다는 점까지 알게 되었습니다. 아주 합당한 며느
리 감으로 생각되었죠. 그제서야 나도 '장래가 촉망되는 한 청
년을 소개하고 싶다'는 말을 했습니다. 물론 그 청년이 내 아
들이라는 얘기는 안 했지요. 대답이 어찌 나올까 걱정이었는데
'좋다'는 것이었습니다. '쇠뿔은 단김에 빼렸다'고 그 다음 날
신촌의 어느 커피숍에서 만남을 주선한 뒤 나는 슬그머니 자
리를 떠났습니다. 그날 저녁 아들은 늦게 귀가했습니다. 일이
잘 되어 가는가보다고 아내와 나는 흡족하게 여겼을 밖에요.
밤 11시에 들어온 아들에게 아내가 물었습니다.

"어떻더냐? 마음에 들었니?"

잔뜩 기대에 차서 묻는 말에 아들은 "그저 그렇던데요." 하고
마치 남의 말 하듯 대꾸하는 것이었습니다. "그런데 왜 이렇게

늦었냐?"는 말에 친구와 만나 술을 한 잔 했다는 겁니다. 맥이 빠졌습니다. 귀퉁배기라도 쥐어박고 싶은 심정이었습니다.

3

언젠가는 절친한 대학동기의 딸을 소개하려고 한 일도 있습니다. 그랬더니 아들은 일언지하에 거절하는 것이었습니다. 거절한 이유요? 만약에 일이 잘 안 될 경우, 아빠와 친구 분 간의 우정에 손상이 갈 수 있다는 겁니다.

"아비의 우정을 염려한다고? 난 괜찮으니 네 놈 걱정이나 해라."

이런 말이 목젖까지 올라왔으나 꿀꺽 참아냈습니다.

아들의 결혼과 관련해서 제일 울화가 치미는 것은 중·고등학교나 대학 동기로부터 청첩장을 받을 때였습니다. 괜히 심술이 나고 짜증도 났습니다. 결혼식에 참석 후 집에 와서도 이런 심사는 좀처럼 가라앉지 않았습니다. 아들의 혼사에 대범하지 못한 것은 아마도 교양이나 인격이 제대로 갖추어지지 않은 탓이겠지요. 또 결혼이란 것이 그야 말마따나 평생을 좌우하는 일이므로 조급히 서두르기만 한다는 것만이 능사가 아니라는 점도 잘 압니다. 그러나 부모 된 입장은 조금 다른 것 같군요. 다 큰 자식을 결혼시키지 못하고 있는 것이 마치나 크고 무거운 짐을 가슴에 끌어안은 느낌이 드는 것입니다. 아마 그동안 내로라하는 결혼소개소에 갖다 바친 돈도 엄청나리라 생각됩니다. 최근에는 아들조차 이런 방법으로는 결혼하지 않겠다고 고집을 피워 애를 먹이고 있는 상황이었습니다. 아들만이 아닙니다. 나도 아내도 지치기는 매한가지였습니다. 그러나 뭐, 상대가 있어야 말이죠. 왜, 아들은 그 흔한 연애조차 못하는 숙맥일까요? 해서 요즘엔 고작 이렇게 위로하고 마는 입장입니다.

"헌 짚신도 짝이 있다는데 멀쩡한 네가 아무렴 짝이 없겠냐?"고.

4

이러구러 2008년도 어느새 9월을 맞았습니다. 금년에도 아들의 결혼은 아무런 진전 없이 지나가는가? 허탈한 심정으로 추석 채비를 하는 어느 날이었습니다. 그날따라 일찍 퇴근해 저녁식사를 하던 아들의 입에서 경천동지(驚天動地)할 얘기가 튀어나온 것입니다. '추석 연휴에 여자친구를 데려와도 괜찮겠느냐'는 것이었죠. 가슴이 쿵쿵 뛰다 돗해 방망이 치듯 했습니다. 그러나 짐짓 대수롭지 않은 척 느긋한 목소리로 대답했습니다.

"좋아하는 사이냐? 아무렴 괜찮고말고."

속으로는 이게 무슨 경사냐 싶어 덩실 춤이라도 추고 싶었습니다.

아들이 여자친구의 프로파일을 간략히 소개합니다. 입사 동기로 이름은 무엇이며 어느 부서에서 어떤 일을 하는지, 또 나이는 몇이며 고향과 학벌, 부모님의 근황과 형제 관계 그리고 성품까지를 아는 대로 주워 밝히는 것이었습니다. 모두 마음에 들었습니다.

그런데 한 가지 더 인상 깊은 사실이 있었습니다. 내가 5년 전 뇌경색으로 입원해 있을 때 병문안을 했던 사람이 바로 아들의 여자친구라는 점입니다. 그 땐 직장의 동료와 동행을 했었지요. 짧은 시간의 병문안이었지만 그녀를 생생히 기억할 수 있음은 말씨나 행동거지에서 뭔지 모르게 호감을 가진 때문이었을 겁니다. 어쨌든 인연치고는 근사하다고 느꼈습니다.

"아, 그랬구나. 그런데 왜 여태까지 아무 말 안했냐?"

아들이 입사한 해는 1999년입니다. 입사 동기라면 직장에서 10년 동안 어울렸을 텐데 이제야 소개시킨다는 것이 얼핏 이해가 안 됐기에 그런 물음이 나온 것 같습니다. 아들의 여자친구는 몇 년 후 같은 계열의 다른 직장으로 옮긴데다 2년간은 미국에서 유학생활을 했다는 것입니다. 더욱이 귀국 후에는 다시 원래의 회사로 롤백을 하는 등 정신없이 분주했고, 결혼을 염두에 두어 사귄 지는 최근이라는 설명이었습니다. 아들이 다니는 회사는 국내 굴지의 광고대행업체로 숨 쉴 틈 없이 바쁘게 돌아가는 것을 잘 아는지라 이해가 됐습니다. 아들은 그 여자친구를 무척 마음에 들어 하는 눈치였고, 나 역시 일이 잘 될 것 같다는 예감이 들었습니다.

5

마침내 아들의 여자친구가 방문한다는 9월 15일이 돌아왔습니다. 방문 예정시간은 오후 2시였던가요? 이른 아침부터 아내와 나는 여간 바쁘지 않았습니다. 집안 구석구석 눈에 거슬리는 물건은 왜 그리 많던지? 30년 묵은 살림살이니 오죽하겠습니까? 쓸고 닦고 치워도 그게 그 턱이었습니다. 그나마 근 10년 간 땟국에 절은 담장을 엊그저께 칠한 것이 다행이다 싶었습니다. 우중충한 집안 분위기도 조금은 밝게 했고요.

1시 30분, 아들에게서 전화가 왔습니다. 여자친구를 잠실에서 픽업하여 집으로 오고 있다는 겁니다. 갑자기 마음이 달떠 올랐습니다. 아내도 같은 기분인가 봅니다. 집 안팎을 연신 들락거리며 빠진 것, 미흡한 건 없는지를 살피는 것이었습니다.

"딩동!" 마침내 벨이 울렸습니다. 아들에 이어 여자친구가 정원에 들어섰습니다. 멀리서 얼핏 봐도 키가 늘씬하고 얼굴 표정이 밝아 첫 인상을 좋게 했습니다. 가까이 앉아서 보니 상당한 미인이었습니다. 5년 전 병원에서 봤던 모습보다 더욱 세련돼 있었습니다. 물론 '여성은 치장하기에 따라 열두 번도 달라진다'는 애기들을 하지요. 그러나 그런 점을 충분히 감안해도 아들의 여자친구 김진아(金珍我)는 곱고 아름다운 여성이었습니다. 마음씨도 이름만큼 곱게 느껴진 것은 첫 인상이 좋았던 때문일까요?

진아가 우리 집에 머문 시간은 한 시간 여에 불과합니다. 그러나 그녀가 있음으로 하여 집안이 홀연 활기를 띠고 풍족해지는 듯 느꼈습니다. 당연히 며느리 감으로는 손색이 있을 수 없었습니다. 아들과도 잘 어울릴 것이 분명했습니다.

배웅을 해 주려고 같이 나갔던 아들에게서 전화가 왔습니다.

'어떻더냐?'는 것이었죠. 제 대답은 아주 간결했습니다. "만점이다."

그 다음 주에는 아들이 용인에 있는 진아네 집을 방문하여 그쪽 부모님을 뵙고 왔습니다. 그 분들도 아들을 아주 반갑게 대해 주시더라는 겁니다. 바로 이웃해 사시는 친척 분은 아들의 등을 두드려 주시면서 "황 서방! 황 서방!" 하고 부르셨답니다. 이러니 뭐 거칠 게 있어야죠. 바로 그 다음 주에 양가의 상견례를 가진 뒤부터는 일사천리로 혼례식 준비에 들어갔습니다. 정말 뜻밖에 이런 훌륭한 며느리를 맞게 되어 감사합니다. 그리고 행복합니다.

결혼 날짜는 2008년 4월 3일 오후 6시 30분으로 정했습니다. 요즘은 청첩장 준비에 눈 코 뜰 새가 없지요. 주로 남의 결혼식에만 참석했던 입장이어서 청첩장을 만드는 일이 가슴 뿌듯하게 느껴집니다. 사랑과 신뢰로 결혼하는 아들과 며느리는 이날 여러 하객들로부터 많은 덕담을 받게 될 것입니다.

6

아비라고 어찌 건네주고 싶은 덕담이 없겠습니까. 그것은 하늘 아래 땅 위에서 가장 행복한 부부가 되어달라는 것입니다. 너무 막연하게 들려집니까?

그렇다면 《사랑의 기술》이란 저서로 널리 알려진 에리히 프롬의 얘기를 몇 마디 덧붙여볼까 합니다.

그는 사랑의 요소로 다음 다섯 가지를 들고 있습니다.

첫째, 관심(care)입니다.

사랑하는 사람은 상대에 대해 관심을 가져야 합니다. 물론 배려할 줄도 알아야겠죠. 관심이란 사랑이 크면 클수록 더욱 커지게 마련입니다.

둘째, 책임(responsibility)입니다.

사랑한다는 것은 사랑하는 상대의 운명·행복·성공에 대해 끝없이 책임을 지는 일입니다. 얼마만큼 상대를 사랑하느냐와 책임을 지느냐는 정비례로 나타나게 마련이죠.

셋째, 존중(respect)입니다.

상대방의 의사와 권리를 존중한다는 것은 무얼 의미합니까? 자기중심에서 벗어나 상대를 소중히 안다는 것일 겁니다. 존중은 결국 불만을 원만으로, 불화를 화합으로 이끌게 하지요.

넷째, 이해(knowledge)입니다.

사랑하는 마음이 있을 때 우리는 사물의 본질을 제대로 파악합니다. 이해하면 오해가 생길 리가 없습니다. 상대방을 이해하기 위해서는 바로 상대방의 입장과 처지에 빠져보는 역지사지(易地思之)의 마음가짐이 필요합니다.

다섯째, 주는 것(giving)입니다.

사랑하는 사람은 상대에게 아무 걸 주어도 아까울 게 없습니다. 사랑하는 사람은 상대방에게 모두를 다 주어도 부족하게 느낍니다. 주는 것에 오히려 보람과 긍지를 갖는 것이 진지한 사랑의 신비로움이니까요.

이제 결혼행진곡이 울릴 날도 보름 정도 남았습니다. 마지막 점검에 세심한 신경을 써서 한 치의 차질이 없도록 해야 되겠지요. 엊그제는 묵은 살림을 들어내고 도배를 했습니다. 결혼할 아들 내외가 살 집은 아니지만, 무언가 변화를 주어 정신을 말끔히 하고 싶어서였습니다. 짐을 나르고 정리하느라 무척 고단했을 텐데도 어느 한 구석 몸의 불편함을 느끼지 못했답니다. 오히려 가뿐하고 홀가분한 마음이 들어 둥실 하늘 위를 비상(飛翔)하는 기분이었습니다. 아들이 장가들어 예쁜 새 며느리를 맞아들이는 때문이 아니겠습니까? 많이 축하해 주시기 바랍니다.

2009년 3월

며늘아기 진아(珍我)에게

오랜만에 네 전화를 받은 것 같구나. 2주일이 나로서는 왜 그리 길게 느껴지던지. 그래서일까. 별것 아닌 안부를 나눴을 뿐인데도 이렇게 기분이 들뜨는구나. 반가움과 고마움이 그만큼 컸던 때문일 것이다. 어쨌든 밝고 맑은 네 음성 들으니 무엇보다 감사하구나. 방금 전 통화를 마친 터에 내가 전하는 편지가 조금은 새삼스럽게 느껴질지 모르겠구나. 두 가지 이유가 있어서란다.

첫째는 얼떨결에 받은 전화라 수인사만 나눈 것이 너무 아쉬워서이고,

둘째는 진작부터 해주고 싶은 얘기를 이참에 전하기 위해서이다. 굳이 다른 이유를 덧붙인다면, 내가 아직 투병 중이어서 옛날같이 말을 매끈히 못하는 까닭일 것이다. 어쨌든 편지란 정제(精製)된 말을 상대에게 더욱 정직하고 진실한 마음으로

전할 수 있으므로, 말 대신 글을 택한 것 같다.

허두가 길어졌구나. 편지를 쓴다 해서 긴박하고 중요한 얘기는 아니므로 편안히 읽어주기 바란다.

아가 진아야,

우선 지난 4월 3일에 있었던 너희들 결혼식을 잠시 짚어볼까 한다. 결론부터 얘기하자면 그날 너희들의 결혼식은 대 성공이었단다. 그날 저녁 나는 몇 십 명의 하객들께 전화를 드려 감사의 말씀을 드렸었지. 그런데 전화를 받는 분마다 '좋은 결혼식을 봤다', '분위기가 참 좋았다' 등의 칭찬을 해 주시더구나. 그 분들의 어조나 어감으로 볼 때 겉치레 말씀만은 아니라는 것을 알 수 있었다.

그 다음 날도 마찬가지였지. '그런 장소를 어떻게 알았느냐'에서부터 '결혼식을 기획하고 진행한 회사가 따로 있었느냐'고 묻는 분까지 있어 내 기분을 우쭐하게 만들었단다.

사실 다 지난 얘기다만 너희들 결혼식을 코앞에 두고 얼마나 근심 걱정이 많았냐. 봄이라고는 하나 넓은 한강 가엔 아직 바람이 찼고, 외진 장소여서 하객들이 제대로 찾기나 할지를 무던히 염려했었지. 오죽했으면 추가로 신청한 100인 분의 식사를 취소하려고 까지 했겠니?

그러나 고맙게도 하객들께서 메인 홀인 2층은 물론 3층 별실까지 자리를 가득 메워 주셨으니 감사하고 또 감사할 뿐이구나. 이토록 대성황을 이루게 된 것은 양가의 가족과 친지, 그리고 많은 벗들의 적극적인 성원과 협조가 있었기 때문일 것이다. 당자인 너희들의 노고는 말할 나위도 없겠지.

의식진행도 특이했단다. 신랑 신부의 어머니가 함께 입장하여 화촉에 불을 밝히는 모습이나, 혼례 주인공들이 손잡고 식장에 들어서는 광경은 전에 이미 본 것이라 새로울 게 없다고 치자. 하지만, 남녀 둘이서 사회를 담당한다든가, 혼인서약을 신랑 신부 스스로가 낭독하는 일은 처음 목격한 바여서 매우 신선했단다. 어디 그 뿐이겠니. 회사어서 너희들이 모시고 있는 정성이(鄭聖伊) 고문님의 주례사, 네 친정 아버님의 시 낭송도 이채로웠지. 과문한 탓일까. 여성께서 결혼식의 주례를 담당하시는 것을 나는 처음 목격했단다.

특색이 또 하나 있었지. 축가는 네 동갑내기인 쌍둥이 큰 시누이가 불렀고, 반주는 쌍둥이 작은 시누이가 해주지 않았느냐. 세상에 이런 축복과 감동은 흔하지 않을 듯싶구나.

소정의 세리모니가 끝나고 식당을 가리던 블라인드가 걷혀졌을 때의 장관이라니…. 이 모습을 바라본 하객 모두가 "와아!" 하는 탄성을 터뜨렸지. 한강의 잔물결, 멀리 아파트에서 점점이 토해내는 불빛, 그리고 가로변의 네온사인 등이 환상적인 분위기를 자아냈단다.

너희들이 옷을 갈아입고 다시 중앙 통로를 통해 들어섰을 때, 하객들은 다시 한 번 놀랐단다. 그리고 숨을 죽이며 너희 두 사람을 지켜보았지.

"잘 어울리는 한 쌍이네."

"신부가 미인이구먼. 아주 활달해."

라는 하객들의 칭찬이 들려올 때마다 나는 덩달아 기쁘고 신바람이 날밖에. 정말 그날 우리 며느리 진아는 아름답고 우아했단다.

사랑하는 며늘아기 진아야,

너희들로부터 폐백을 받은 뒤 절값으로 봉투를 전하면서 내가 썼던 몇 자 당부의 말을 아직도 기억하는지 모르겠구나. 맞아. 나는 흰 봉투 위에 이렇게 적었지.

> 사랑이란
> 끊임없는 관심이고
> 끝없는 책임이며
> 줄기찬 노력이다.

사실 나로서는 이 몇 마디로 내가 하고 싶은 얘기는 다 했다고 여겨진다. 사랑이란 눈으로 볼 수 있는 것도 아니며 손으로 쥘 수도 없는 것이어서 사람마다 내리는 정의는 천양만태이지. 그러나 관심 책임 노력이니 하는 말은 너무 포괄적이고 개연성이 높아, 내가 생각해도 마치나 뜬구름을 잡는 것 같은 느낌이구나. 그렇다고 그 실례를 들어가며 시시콜콜히 설명할 필요는 없을 것 같다. 이미 너는 내 말 뜻을 제대로 간파했을 터이므로…. 그러므로 이 편지에서는 관념적이고 개념적인 언어의 나열은 피할까 한다.

먼저 가족 간의 우애를 강조하고 싶다. 결혼하면 어쩔 수 없이 새로운 가족 구성원들과 만나게 마련이지. 너만 하더라도 시부모 시누이를 비롯해서 시고모 등 많은 친척들과 연(緣)을 맺지 않느냐. 이들을 넓게는 동기간이라 부르지. 이 사람들과의 유대나 관계를 잘 맺어주기를 당부한다. 시집살이의 성패

여부는 친척 동기들과 얼마나 원만히 잘 지내느냐에 따라 좌우된다는 걸 행여 잊지 말기 바란다. 결코 반목하거나 미워해선 안 된다. 언제나 이해하고 협조해야 할 것이다. 동기간에 우애가 깊은 가정은 축복이 넘치고 번성하게 마련이란다.

둘째, 예모에 신경을 써 주었으면 한다. 그렇다고 고리타분한 옛날의 행동양식을 따라 달라는 말은 아니다. 좀 애매한 주문이 될지 모르나, 모든 행동거지에서 상식을 벗어나지 않으면 될 것이다. '내가 이런 행동을 할 때 상대방은 어떻게 생각할까' 하는 역지사지(易地思之)의 자세를 갖는다면 별 실수가 없을 줄 안다.

셋째, 부부간의 이해와 배려이다. 이해란 무엇이냐. 사리를 분별하여 행동하는 것이다. 이해하기 위해서는 상대방의 입장과 경우를 파악하는 분별력과 노력이 필요하다. 그럼 배려란 무엇이냐. 상대방에게 여러모로 마음을 써주는 것이다. 상대가 불편치 않도록 관심을 갖고 보살펴주는 게 배려이다.

너희는 소위 컴퍼니 커플로 광고대행사라는 직장에서 근무하고 있잖으냐. 그것도 같은 회사에서. 나는 광고대행업무가 오늘날의 정보사회에서 얼마나 중요한지를 잘 안다. 중요한 만큼 눈 코 뜰 새 없이 분주하다는 것도 알고 있다. 네 신랑 세헌만 보더라도 한 주일에 반 정도는 철야근무를 하더라. 국내외 출장도 잦은 편이었지. 열심히 일하는 것도 좋지만 저러다가 건강이나 해치지 않을까 걱정이 많았단다. 결혼한 지금의 상황도 비슷할 것이다. 또 회사가 바삐 돌아가는 판에 여성인 너라 해서 다르겠느냐. 오히려 집안 살림까지 해야 하니 고됨

이 더할 테지. 그러니 어쩌랴. 서로를 이해하고 상부상조하는 도리 밖에 더 있겠니. 너희들 결혼식 때 정성이 고문님께서도 주례사에서 말씀하시더라. "같은 직장의 부부는 각자가 맡고 있는 업무의 내용과 성격을 잘 알기 때문에 서로 돕기에 편하고, 회사의 능률도 덩달아 올라가는 장점이 있다"고. 어느 시인도 말했었지. '이해는 아름다운 정신의 땅을 넓히는 일이요, 오해는 메마른 정신의 땅을 거칠게 좁히는 것'이라고.

상부상조도 마찬가지이다. 우리 속담에 "백짓장도 맞들면 낫다"는 말이 있지 않더냐. 우리 며늘아기 진아는 유머 감각이 풍부하고 슬기가 뛰어나서 이런 일이라면 아주 잘 대처해 나가리라 믿는다. '유머' 얘기가 나왔으니 말이지만 대화 중 반짝이는 몇 마디는 듣는 이에게 얼마나 풋풋하고 신선한 웃음을 주더냐. 나는 네가 이러한 감성을 앞으로도 계속 지녀주었으면 한다.

넷째, 한자 공부에 힘을 쏟아주기 바란다. 우리 며늘아기의 영어 실력이 탁월하다는 사실은 벌써 알고 있다. 그러나 한자 세대가 아니어서 한자 해득에는 어려움이 있지 않을까 생각한다. 멀리서 예를 찾을 필요도 없다. 너와 동갑내기인 쌍둥이 시누이도 같은 입장이니까.

그러나 한자 습득은 대단히 중요하단다. 우리말의 70% 가량이 뜻글자인 한자로 이루어져 있다는 점에 주목해 보렴. 한자를 외국어로 치부할 수 없는 이유가 이것이다. 또 한자를 알게 되면 우리말을 더 정확히, 더 구체적으로 이해할 수 있고, 중국어나 일본어를 배우는데도 크게 도움을 받는다는 점을 잊지 말거라. 한자는 복잡한 자획(字劃)의 구성으로 지레 겁부터 먹는 경우가 많지만 한두 자 익히다 보면 금방 흥미와 재미에 빠지게 된단다. 오늘부터라도 시작해주기를 당부한다.

아, 참, 벌써부터 묻는다는 걸 잊고 있었구나. 신문은 정기적으로 구독하고 있는지. 정보화시대라 그런지 요즘 젊은이들은 인터넷 같은 첨단 기기에만 의존하는 경향이 있더라. 시대적 발전상에도 민감해야 되겠지만, 나는 그에 덧붙여 신문을 구독해주기 바란다. 신문의 최대 장점은 기록성이요, 보존성이다. 또 세상 돌아가는 얘기를 일별하는데도 신문은 효과적이라고 본다. 비교적 많은 독자를 확보하고 있는 신문 하나 쯤은 읽어주기를 강력히 바라는 이유가 여기에 있단다.

오늘 모처럼만에 여러 얘기를 한 것 같구나. 그러나 생각해 보면 네가 우리 집을 지탱해 나가는 중심적 존재가 되었으니 당연하지 않겠니.

그래, 사려 깊고 알뜰한 마음으로 새 가정을 가꾸어 나가거라. 이와 함께 너희 둘을 비롯한 가족 모두의 사랑, 그리고 노력이 진지하다면 분명 행운의 신은 우리에게 축복을 내려주실 것이다. 그러자면 모두가 건강에도 더욱 힘을 써야 되겠지.

또 연락하자. 사랑한다. 내 며늘아기 진아야.

※ 진짜 '아기 소식'은 없는지를 물으려다 억지로 참았다. 부담이 될까봐.

2009년 6월 14일 아비가

해수욕장 왕산(旺山)에서

 '…답다'란 표현이 있다. 흔히 어떤 것의 존재에 그만한 가치를 부여할 때 이 말이 쓰인다. '체언(體言)에 붙어서, 그 체언이 지니는 성질이나 특성을 나타내는 형용사'라고 국어사전은 풀이한다. 초겨울답다, 사나이답다, 명승지답다 라는 것들이 좋은 본보기가 될 것이다.

 '해수욕장'의 경우도 예외는 아니다. 모름지기 숨이 턱턱 막히는 가마솥 날씨에 백사장의 하얀 모래가 열을 뿜어낼 때, 그리고 푸른 바다는 높게 출렁이며 그 바닷물 속에서 남녀노소가 뒤얽혀 더위를 식힐 때 해수욕장은 '그 만의 가치와 특성'을 인정받는다. 그야말로 '해수욕장답다'라는 표현을 쓰기에 안성맞춤일 것이다.

 그러나 오늘은 폭염이나 혹서와는 동떨어진 5월 2일, 입하(立夏)는 사흘 뒤라지만 여름은 아직 저만치에 있을 뿐이다. 이런 날 나는 아내와 함께 불쑥 해수욕장을 찾았다. 장소는 왕산(旺山). 서해안 영종도 귀퉁이에 있는 아주 작은 해수욕장이었다. 뭐, 특별한 이유가 있던 것은 아니다. 인천지역에 살고 있는 조카사위가 오래 전부터 '바닷바람이나 쐬러가자'고 제의를 해 왔던 터여서 두 분 누님들과 함께 모처럼의 나들이를 하게 된 것이다.

5월 둘째 날의 해수욕장이란 가보지 않아도 분위기가 짐작되었다. 뜨거운 모래도, 해수욕을 즐기는 피서인파도 없이 썰렁할 게 분명했기 때문이다. 이렇게 저 철도 아닌 해수욕장을 굳이 가고자 했던 것은, 무엇보다 근거리에 있는데다 한적할 만큼 조용하고, 공기가 맑고 깨끗하리라는 기대가 있었기 때문이었다. 스산한 날씨여서 해수욕장답지 않으면 또 어떠랴. 늦봄의 호젓한 바다는 그것대로 낭만이 있지 않겠는가?

가는 길에 처음 방문한 곳은 영종대교기념관이었다. 올림픽대로를 벗어나 잠시 인천국제공항로를 가다보면 오른 쪽 길가에 산뜻한 모습의 3층짜리 건물이 나타난다. 이것이 영종대교기념관이다. 1층에는 교량건설의 역사를 담은 영상물 코너가 있고, 2층엔 현수교나 사장교 등 교량 건축의 기법이 사진과 함께 소개되어 있다. 영종대교, 광안대교, 남해대교는 현수교이고 인천대교, 올림픽대교, 서해대교는 모두 사장교라는 사실을 오늘에야 알았다. 다만 너무 어렵게 설명해 놓은 점이 흠이었다. 일테면 "현수교란 주 탑 및 앵커리지로 주 케이블을 지지하고, 이 케이블이 현수재를 매달아 보강형을 지지하는 교량형식"이라는 투였다. 전문가가 아니고서는 무슨 소린지 이해

하기 어렵다는 생각이 들었다. 초등학교 학생들도 얼른 알아차
릴 수 있도록 내용을 쉽게 고칠 수는 없을까? 아울러 '현수교
(懸垂橋), 사장교(斜張橋)와 같이 중요 낱말은 한자를 병기했
으면 좋겠다는 생각이었다.

3층 전망대에 오르니 영종대교의 우람한 모습과 주변의 풍
광이 모두 한 눈에 들어온다. 갑자기 가슴이 뻥 뚫리는 기분이
다. 전망대에 설치된 20배율 망원경을 통해서 영종대교가 복
층구조라는 것도 처음 알았다. 훤한 벌판에 혼자 우뚝 서 있는
건물이라 그럴까. 조망대에서는 쓰고 있는 모자가 훌러덩 벗겨
질 만큼 바람이 꽤 불었다. 그러나 차게 느껴지지는 않았다.
숨을 크게 쉬어 맑은 공기를 마음껏 들이마셨다. 초여름의 싱
그러움이 가슴에 배어드는 느낌이었다.

인천공항 못 미쳐서 길을 바꿔 영종도로 접어드니 산뜻하게
축조된 북쪽 방조제가 모습을 드러낸다. 길이가 17.6km라고 하던
가. 방조제가 끝난 곳에서 차를 왼쪽 방향으로 돌렸다. 그리고
3km 쯤 갔을까. 바다가 나타나면서 너더댓 개의 음식점이 보이기
시작한다. 목적지에 다다른 모양이다. 시계를 보니 어느 새 두
시. 우선 점심부터 들기로 했다. 금강산도 식후경이라고 하지 않던
가. 모두의 의견을 모아서 우럭매운탕을 주문했다.

그러나 가격만 비쌀 뿐, 탕 맛은 신통치 않았다. 바닷가 현
지의 음식점이라 해서 더 맛이 있는 건 아니었다. 떨떠름한 기
분이 들었지만, '관광지는 으레 그러려니' 하고 말았다.

찾아가려는 왕산해수욕장은 바로 음식점 옆쪽에 있었다. 백

사장의 길이는 2km 가량. 폭은 70~80m쯤 될까. 해수욕장 좌우에는 야트막한 산이 있어 운치를 더 해 주었다. 오른 쪽 뫼 정상의 흰색 커대한 구형물(球形物)은 레이더기지라 한다.

예상한대로 백사장에 사람은 거의 없었다. 부부인지 애인인지 젊은 남녀가 저쪽에서 바닷물 끝자락을 따라 걷고 있을 뿐이었다.

물도 그리 맑지는 않았다. 모래는 거칠고, 썰물이 몰고 온 조개껍질은 트랙의 횟가루인 양 줄지어 있었다. 그래도 눈에 띄는 것이 있다면 눈앞에 툭 터진 바다가 아니었는지? 갈매기가 몇 마리 떠 있고, 그 아래 바다를 가로질러 가는 고깃배. 왕산해수욕장은 호젓하다 못해 쓸쓸했다. 허허로운 백사장에 뚜렷한 것은 바닷새들의 어지러운 발자국 뿐.

> 내 생의 고독한 정오에
> 세 번째의 절망을 만났을 때
> 나는 남몰래 바닷가에 갔다.
> 아무도 없는 겨울의 빈 바닷가
> 머리 풀고 흐느껴 우는
> 안타까운 바다의 울음소리
> 인간은 왜 비루하고 외로운 것인가.
> (중략)
> 바다는 모로 누워
> 잠들지 못하는 가슴을 안고
> 한밤 내 운다.

'바다가 내게'라는 문병란의 시다. 몇 년 투병 중에 이곳 서해안 앞 바다를 찾은 내 심정을 시인은 벌써 알고 있었을까?

왕산해수욕장은 낙조가 유명하다는 얘기를 들었다. 오성산의 화려한 단풍, 비포 포구에 우뚝 솟아 있는 장군석 등과 함께 용유도(龍遊島)의 팔경이라던가? 하지만, 해넘이를 구경하기에는 너무 이른 시각이고, 8순이 넘으신 누이들의 건강도 염려되어 다음 기회로 미루어야 했다.

바다는 여전히 파문을 지으며 철썩 백사장을 두드렸다가는 다시 물러나기를 되풀이 한다. 조용하고 유순한 품이 말 잘 듣는 착한 어린애 같다. 반반한 조약돌을 집어 손에 넣어본다. 어릴 적 냇가에서 하던 대로 수제비를 떠 보기 위해서다. 오른쪽으로 몸을 기울여 힘껏 던져봤다. 그러나 조약돌은 멀리 나가지 못했다. 게다가 물방울 하나 제대로 튀기지 못하고 소리 없이 바다 속에 잠긴다. 아직도 성한 몸이 아니니 수제비 하나 제대로 뜰 수 있겠는가. 다시 시도해도 결과는 비슷했다.

나를 괴롭히는 뇌경색은 언제 말끔히 날 수 있을까. 5년 이상 고생했고, 건강관리를 잘못한데 대한 뉘우침도 깊이 했으니 이젠 완쾌시켜 주어도 좋지 않겠는가?

바다는 희망과 도전의 상징이다. 바다같이 넓고 푸른 마음으로 제2의 삶을 살고 싶다. 아주 당당한 모습으로….

싱그러운 바닷바람 속에 몇 마리 바닷새가 하늘을 비상하며 끼룩댄다. "끼룩! 끼룩!" 그것은 내 간절한 희망에 대한 긍정의 표현이었을까?

2009년 5월

일흔 살의 '톰 소여' 소년

오늘 담장에 페인트칠을 했다. 우리 집 담은 본래부터 시멘트 벽돌로 쌓아 그 표면을 다시 시멘트로 바른 뒤 수성페인트를 칠한 형태이다. 최근 들어 페인트를 입힌 지가 여러 해 되어서인지 여기 저기 칠이 벗겨지고 더러움이 타서 꼴이 볼썽사나웠다. 특히 집의 위치가 남의 눈에 잘 띄는 4방 소방도로 모퉁이어서 보기가 더욱 나빴다. 어디 그 뿐인가. 한 달 뒤엔 혼사도 있잖은가. 새로 맞아들일 며느리에 대한 에티켓으로라도 집 단장을 깨끗이 할 필요가 있었던 것이다.

처음에는 남에게 맡겨볼 심산이었다. 그러나 하루 품삯이 만만치 않았다. 20만원이나 달란다. 하기야 모든 물가가 오른 판에 인건비라고 그냥 제자리걸음일까. 그래도 선뜻 응하기가 쉽지 않았다. 그렇다면 차라리 내가 칠해볼까? 전에 대문도 칠해

봤으니 마음만 먹으면 못할 것도 없으라는 생각이었다. 그래, 해보자. 오늘은 날씨도 따뜻하고 미풍도 불고 있으니 페인트 작업을 하기에는 안성맞춤일 듯싶었다.

아침 일찍 가게에 연락하여 흰색 수성페인트 한 초롱과 배합용으로 쓰일 검정색 페인트를 배달해달라고 부탁했다. 붓은 큰 것, 작은 것, 롤러까지 집에 있으므로 그걸 사용하면 될 일이었다.

칠 작업을 하기 전에 먼저 마쳐야 될 일이 있었다. 시도 때도 없이 붙여놓은 각종 스티커 자국을 없애는 일과 담장 밑 부분의 곰팡이나 이끼를 제거하는 것이었다. 이 작업이 끝나자 칠이 바닥에 묻지 않도록 신문지를 깔고 벽돌로 괴어주었다. 혹시라도 바람에 날리지 않도록 하기 위해서였다. 사실은 이런 일들이 페인트칠보다 번거롭고 귀찮게 마련이다. 다행히 담에 균열이 갔다거나 훼손된 부분은 없어 일감을 덜어주었다.

자, 이제는 배달돼 온 페인트를 적당히 섞어 배합할 차례. 검정색은 몇 방울만 잘못 떨어뜨려도 색깔이 달라지므로 무척 신경을 써야 했다. 오랜만에 새로 칠하는데다 계절도 봄이니 밝은 색으로 하는 것이 좋을 것 같았다. 아내도 동의한다.

마침내 롤러 붓에 페인트를 찍어 벽에 칠했다. 색깔이 만족스럽다. 비싼 돈 들이지 않고 내 스스로 담장을 칠한다는 기쁨이 가슴 속에 피어오른다. 그리고 무엇보다 뇌경색의 후유증에 시달리면서도 무언가를 해내고 있다는 자부심이 나를 우쭐하게 만들었다.

사실 지난 5년 간 투병생활을 하느라 얼마나 고생이 많았던
가. 아니, 정확하게는 5년 2개월이 지났나보다. 멀쩡하고 생때
같던 몸이 언어장애를 시작으로 뭉그러졌을 때만 해도 그럭저
럭 몇 달이 지나면 원상으로 돌아올 줄 알았다. 그러나 양방과
한방을 겸해 최선을 다했어도 완전 회복을 못한 상태이다. 말
하기가 힘들고 더듬적거리며 보행자세도 온전치 않다. 허구 많
은 사람들 중에 왜 하필 나였을까. 언젠가는 분노가 치밀어 막
걸리와 맥주를 마구 마셔댔다. 자학하고 싶었는지도 모른다.
아니, 스스로를 포기하고 싶어서였을 것이다. 오랜만에 대취한
결과는 뻔했다. 밤길에 뒤뚱거리며 걷다가 시멘트 전주에 머리
를 부딪치고 왼쪽 무릎에 골절상을 입었다. 119 구급차에 실려
가 입원 후 다시 보름 간 그야말로 '뼈아픈' 고생을 겪었다. 뇌
경색이 나를 옭아맨 지 3년 후인 2006년 가을의 일이었다. 내
자신과 싸우는 것이 남보다 더 어렵다는 것을 거듭 실감했다.

그 후에는 대오각성(大悟覺醒)하여 삶의 참다운 의미를 천
착하려 애쓰지만 아직도 내 자신을 딛지 못하고 있음을 고백
한다. 단지, 오늘같이 나 홀로 담장에 페인트칠을 하려는 것은
깨닫고 뉘우치며, 희망과 용기를 갖고자하는 마음의 다짐일지
도 모르겠다.

칠에 열중인데 지나가던 동네사람들이 한 마디씩 한다.

"손수 칠하세요? 건강이 더 좋아지신 것 같네요"

"재주도 많으십니다. 일하시는 모습도 보기 좋고요"

뭐, 이 정도를 재주라 할 건 없지만 싫지 않은 칭찬으로 들

렸다. 그러나 실상 작업은 그리 쉽지 않았다. 우선 담장이 평평하지 않아 롤러를 제대로 다룰 수가 없었다. 담을 견고하게 쌓느라 군데군데 기둥을 세웠기 때문이다. 게다가 모양새를 좋게 한답시고 기둥과 기둥 사이에는 대형 원이 그려져 있었다. 또 원 안에도 시멘트로 주물러 만든 요철(凹凸) 형의 장식이 있어 다루기가 쉽지 않았다. 할 수 없이 롤러 대신 붓을 쓰기로 했다. 그러니 작업속도가 자연 늦어질밖에 없었다. 1.5미터짜리 담장 한 칸을 칠하는데 거의 30분이 걸렸다. 이러다간 오늘 해 떨어질 때까지 일을 마칠 수 있을지가 걱정이었다. 처음엔 재미가 나더니 시간이 갈수록 흥미도 떨어지고 짜증까지 나는 것이었다. 마크퇴인이 쓴 《톰 소여의 모험》을 읽으면 첫 머리에 페인트칠을 하는 장면이 나온다.

장난꾸러기이고 모험심이 많은 톰 소년은 어느 날 부모님으로부터 담장 벽을 페인트칠하라는 지시를 받는다. 그러나 하기 싫은 일을 억지로 하자니 금방 싫증이 날밖에. 동네 친구가 톰 소년에 다가온 것이 바로 그때였다. 톰은 갑자기 태도를 바꾸어 손놀림을 빨리한다. 휘파람까지 불면서…. 아주 신바람이 난 표정이다. 친구가 묻는다.

"페인트칠하니?"

톰은 못 들은 척 부지런히 페인트만 칠한다.

"어이, 톰! 페인트칠 하냐고?"

그때서야 톰은 사다리 위에서 고개를 돌려 아는 척을 한다. 친구가 다시 묻는다.

"힘들지 않니?"

"아니, 재미있어. 페인트칠이 이렇게 재미있는지는 몰랐어."

톰은 더욱 신나게 휘파람을 불며 페인트칠에 열중한다.

"그거 내가 칠해 봐도 되겠니?"

"무슨 소리야! 너 같으면 이렇게 재미있는 걸 나에게 양보하 겠니?"

"우린 친구 아니니? 양보 좀 해라. 대신 내가 가진 사과를 줄게."

"그래? 할 수 없구나. 대신 열심히 잘 칠해야 한다."

이렇게 해서 톰은 마지못한 척 사다리를 내려와 페인트 붓 을 친구에게 넘긴다. 그리고는 대신 사과를 받아들고 줄행랑을 치고 만다.

그러나 지금의 나는 어떤가. 집 앞을 지나가는 친구도 없으 려니와, 설령 있다 해도 페인트칠이 즐겁고 재미있다는 말에 속아주지는 않을 것이다. 내 또래의 친구들은 이미 귀신도 알 아볼 만큼 세상살이에 때가 잔뜩 끼었을 것이므로.

사실 아프기 전까지만 해도 이 정도의 페인트칠은 일감에 들지도 않았다. 마당에 심은 여러 그루의 나무도 맨손으로 기 어올라 전정(剪定)을 하지 않았던가. 그러나 지금은 다르다. 사다리를 놓고도 기어오르기가 힘들고 다리가 후들거린다.

오늘만 해도 그렇다. 점심을 빵 한 조각 물 한 모금으로 때 우며 시간을 아꼈지만 해는 왜 그렇게 쉽게 기우는지? 아마 아내가 도와주지 않았더라면 오늘 안에 작업을 마치기는 어려었을 것이다. 일흔 살의 '톰 소여'는 오늘 삭신이 저릴 정도로 페인트칠을 한 것이다.

옆집과 뒷집과의 경계를 중심으로 세워진 담장 안까지 페인트칠을 하고나니 저녁 7시였다. 작업도구를 챙긴 뒤 칠한 자리를 한 바퀴 둘러봤다. 온 동네가 다 훤해진 느낌이다. 일하느라 온 몸이 뻐근했지만 마음만은 가볍고 유쾌했다. 그리고 뿌듯한 보람이 느껴진다. 앞으로도 이런 기분은 한동안 가슴 속에 남겠거니.

2009년 3월

제 4 부

불꽃 같이 뜨거운 삶

제시카 콕스의 인간승리

인간공학(Ergonomics)이라는 학문 분야가 있다. 인간의 육체적, 심리적 특성과 한계에 착안하여 어떡하면 인간이 좀 더 편리하고 안전하게 제품, 도구, 장비 또는 작업장 등을 이용할 수 있는가를 연구하고 설계하는 학문이다. 따라서 인간공학의 기본 관점은 당연히 인간을 대상으로 한 효율적 설계(design)라고 볼 수 있다.

그런데 이 세상에는 인간공학이 추구한 것과는 전혀 상관없이 그 제품, 그 도구, 그 장비 등을 사용하는 사람도 있다. 먼저 '전혀 상관없이'라는 말의 의미를 설명해야 할 것 같다. 인간의 편의나 안전을 무시하여 제 멋대로 사용한다는 얘기가 아니다. 인간으로서 육체적 결함이 심각한데도 정상인 못지않게 인간공학이 뜻하는 바를 훌륭히 성취시킨다는 뜻이다.

제시카 콕스(Jessica Cox). 미국 애리조나 주 출신 여성으로 나이는 스물여섯. 대단한 미인이다. 성격도 명랑 쾌활해서 얼굴엔 웃음이 떠나지 않는다.

나는 그녀를 지난 4월 22일 밤 11시 30분 TV에서 만났다. 이날 KBS 1TV는 20일에 있었던 '장애인의 날' 행사의 일환으로 특집방송을 내보냈는데 그날의 출연자가 바로 제시카 콕스였다. 그녀는 두 팔이 없었다. 게다가 특이한 것은 이런 장애가 사고로 빚어진 것이 아니고 선천성이라는 점이다. 의사들조차 그녀가 무슨 이유로 팔 없이 태어났는지를 설명해주지 못했다고 한다. 또 의학적 원인을 알았다한들 그녀에게 무슨 도움이 됐겠는가.

어쩔 수 없이 제시카는 손으로 해야 할 일을 발로 처리할 수밖에 없었다. 일어나 세수하고 옷을 갈아입는 일 또는 밥 먹고 글씨 쓰는 일까지.

다섯 살이 되어서는 수영을 익히기 시작했고, 열한 살에는 태권도를 배웠다. 태권도란 발과 손을 주로 이용해 신체를 단련하고 정신을 수양시키는 운동이 아니던가. 양 팔과 손이 없기에 그녀는 쌍절곤(雙節棍)을 발목에 걸어 능숙하게 상대를 공격하고 자신을 방어한다. 팔 없는 사람이 검은 띠를 따낸 것은 미국 태권도협회 사상 제시카가 처음이었다. 공인 2단인 그녀는 인터뷰에서, "태권도를 익히면서 자신감을 키우고 예절도 배울 수 있었다"고 밝혔다.

이날 TV에서는 발가락 10개를 모두 이용하여 컴퓨터 자판을 두드리거나 콘택트렌즈를 눈에 끼우는 일, 화장—특히 미세한 손 처리가 필요한 속눈썹 등—하고 요리하는 일상사라든가 자동차를 운전하는 모습까지 보여주어 감탄을 자아냈다.

그러나 정말 놀라운 사실이 하나 있었다. 두 발로 경비행기를 조종한다는 점이다. 장애자용이 아닌 일반차량을 운전하는 것도 대단할진대, 기기가 훨씬 정밀하고 복잡한 비행기를 조종하다니 경악할 노릇이 아닌가.

그러나 그녀는 아주 침착했다. 30여개의 체크리스트를 하나하나 점검한다. 그리고 조종석에 올라 조종간을 잡는다. 손이 아닌 발가락으로 말이다. 조종간을 잡는 방법도 특이했다. 발을 X형으로 만든 뒤 엄지와 검지 발가락을 이용하는 것이었다. 왜 그녀가 항상 맨발이었는지를 그때야 알았다. 발이 손을 대신하기 때문이었다.

발가락으로 시동이 걸려 진 비행기가 천천히 활주로를 달린다. 점점 속도를 올리는가 싶더니, 아! 마침내 제시카의 경비행기는 지상을 박차고 창공을 향해 이륙하는 것이었다. 나도 모르게 힘찬 박수를 그녀에게 보냈다.

비행기 조종을 처음 배울 때 그녀는 무척 긴장했다고 한다. 지금도 긴장의 강도는 비슷하다고 했다. 그러나 하늘을 날고 말겠다는 욕망과 잘 해낼 수 있다는 신념은 도전을 가능케 했다는 것이다.

제시카는 단 한 번도 부모에게 "왜, 나는 팔이 없느냐"고 물은 적이 없단다. 손대신 발을 사용하는 것도 어려서부터 자연스럽게 배운 것이라고 했다. 장애자인 입장을 부모에게 묻거나 투정을 부리지 않은 것은 사실일지 몰라도, 정말 자연스럽게 배운 것이라고는 믿어지지 않는다. 발가락을 손가락으로 쓰기까지 그녀는 얼마나 실의하고 낙망하며 좌절했을까. 또 그에 따른 시련과 고통은 얼마나 컸을까. 달걀 하나 깨뜨려 프라이팬 위에 넣기까지, 자동차 열쇠를 발가락에 끼워서 시동을 걸때까지 그녀가 겪어낸 어려움은 충분히 상상하고도 남는다.

그녀가 한 고등학교를 방문하여 동기부여에 관한 강의를 할 때였다. 수강중인 학생들 중 하나를 부르더니 손을 대지 않고 셔츠를 입어보라고 주문한다. 학생은 "이까짓 거!"하는 표정으로 성큼성큼 걸어 나와 옷을 입어본다. 그러나 제대로 될 리 있는가. 몇 차례의 시도 끝에 겨우 목을 끼우는데 까진 성공했으나, 버둥대고 허우적거리다가 바닥에 쓰러지고 만다.

이번엔 캔의 뚜껑 열기. 책상 위에 놓인 깡통에 발을 올려놓기도 쉽지 않아 쩔쩔맨다. 하물며 뚜껑 손잡이를 발가락 끝으로 젖히고 깡통을 딸 수 있겠는가. 손을 들고 포기하고 만다. 이런 일을 제시카는 마치 손을 쓰듯 자연스럽게 해내는 것이다.

그녀는 말한다. "자신감과 도전 정신을 가져라. 그러면 꿈은 이루어진다. 지금 당장 이루어지지는 않는다 해도…"

현재 제시카 콕스는 동기부여 컨설턴트로 활동하고 있다. 사람이 하는 모든 행위는 분명 동기가 있어야 하는데, 동기부여만 정확하다면 반드시 목적을 이룰 수 있다는 내용의 강의를 맡고 있는 것이다.

잭 캔필드와 재클린 밀러가 함께 저술한 ≪내 마음의 생수 61잔≫에는 이런 얘기가 있다.

> 목표한 방향이 인생의 원대한 꿈이든 책상 위로 뛰어오르는 고양이든 그 원리는 같다. 이 과정에서 명심해야 할 것은 믿음이다. 원하는 높이에 반드시 뛰어오를 수 있다고 확신하는 고양이처럼 우리도 자신의 행동에 확신을 가져야 한다. 그러면 목표는 우리의 것이 된다.

제시카는 또 하나의 목표를 세운 듯하다. 암벽 등반과 스쿠버 다이빙이 그것이다. 언젠가 그녀 자신도 학생들에게 글로 써 보인 적이 있다. There is no such thing, "I can't." '내가 이 세상에 이룰 수 없는 일은 없다'는 뜻이다.

그녀의 꿈은 반드시 이루어지리라 확신한다. 그러기에 우리는 오래지 않아 세계 최초의 '양팔 없는 여성 암반 등반가이자 스쿠버 다이버'를 외신에서 접할 것 같다. 제시카 콕스여, 힘내거라!

2009년 5월

내 생애의 '골든 벨'

– 출판기념회 답사 –

    돌이켜보면 참 어쭙잖고 같잖은 짓이었다. 시답지 않은 삶을 살아온 범부(凡夫)로 책을 내고 출판기념회조차 갖는다는 게 뻔뻔스러운 일이었다. 그러나 굳이 이런 일을 결행한 것은, 그럴 수밖에 없는 이유가 하나 있었다.

    2003년 12월 27일. 뇌경색을 맞아 장애자가 되고 만 것이다. 말도 어눌해지고 보행자세도 바르지 못했다. 박사과정 졸업을 두 달 앞두고 일어난 괴변이었다. 갑자기 세상이 캄캄해짐을 느꼈다. 학위도 받겠다, 이제 제2의 '도약하는 삶'을 설계하려는 참에 찾아온 뇌경색은 그대로 좌절이요, 절망이었다.

    그런데, 세상엔 나보다 더 심한 신체적 장애를 지니고 있는 사람들이 많다는 것을 알게 되었다. 멀쩡했을 때는 잘 몰랐던 이들의 존재가 갑자기 클로즈업된 것이다. 내가 쓴 두 권의 책 ≪초창기 한국방송의 특성≫과 ≪저녁놀 푸른 꿈≫은 이래서 세상에 나왔다. 누가 뭐라든 이들 책의 출판은 내 삶의 골든 벨이었다고 자부한다. 땀과 눈물 그리고 피로 쓴 글들이기에…. 출판기념회와 관련해서 고려대 법대 교우들로부터 많은 도움을 받았다. 축사로 격려해 준 유지담(柳志潭) 전 대법관, 김충조(金忠兆) 의원, 사회를 담당한 백승열(白承悅) 감사, 그리고 제반 업무를 맡아 행사를 원만히 이끌어준 이경재(李京宰), 박건일(朴健一) 교우들에게 감사의 뜻을 전한다.

존경하는 정진석(鄭晉錫) 교수님, 유지담(柳志潭) 대법관과 김충조(金忠兆) 국회의원을 비롯한 하객 여러분, 대단히 감사합니다.

잠시 후엔 저녁식사를 해야 할 시간입니다만, 분에 넘치는 칭찬을 포식했기 때문에 저는 아무래도 오늘 저녁식사는 걸러야할 것 같습니다.

어쨌든 거듭 감사의 말씀을 드립니다.

돌이켜보니 뇌 중풍으로 쓰러져 많은 분들께 걱정을 끼쳐드린 지도 벌써 만 5년이 다가오는 것 같습니다.

뇌 중풍에 대해 문외한이었던 저는 주사 한두 대 맞고 약 몇 봉지를 조제 받아먹으면 말짱히 낫는 줄 만 알았습니다. 그러나 발병 후 지금까지 양방은 물론 한방치료를 다했어도 아직 후유증에 시달리고 있습니다. 언어는 어눌해지고, 보행자세도 바르지 못합니다.

잘 아시는 대로 저는 1968년 DBS 동아방송에서 아나운서로 직장생활을 시작했습니다. 따라서 언어라는 것은 제 삶의 바탕이었고 주춧돌이며 기둥이었습니다. 이 언어가 엉망이 되었을 때의 아픔과 고뇌를 무엇에 비교할 수 있겠습니까? 축구선수나 야구선수 또는 농구선수가 크게 발을 다치거나, 피아노나 바이올린 등의 악기를 다루는 연주자가 손을 다쳤을 때의 난감함이 이런 경우에 해당될지 모릅니다.

"이제는 끝났다"는 정신적 충격으로 차라리 죽고 싶은 심정이었습니다.

그러나 지금까지 살아남아 이 자리에 설 수 있는 것은 두 가지 이유가 있기 때문입니다.

첫째, 세월이 약이었다는 점입니다.

분노와 애통함, 억울함과 괴로움도 세월이 흘러가면 얇아지 듯 뇌경색에서 오는 좌절과 절망감도 시나브로 옅어지는 것이었습니다.

둘째, 육체적으로 저보다 더 어려운 상황에 있으면서도 자기의 삶을 당당히 살아가는 사람들이 많다는 사실을 알게 됐다는 점입니다.

일테면 열손가락이 아닌 네 손가락으로 세계무대에 우뚝 선 피아니스트 이희아나, 맹인이면서도 마림바라는 악기를 훌륭히 연주하여 세계적 명성을 얻고 있는 전경호 같은 사람이 그들입니다.

그 때부터 죽겠다는 마음은 살아야겠다는 의욕을 갖게 되었고, 실의와 절망은 희망과 용기로 바뀌어 갔습니다. 그 많은 사람 중에 하필이면 왜 나인가 하는 원망과 분통함도, '이나마 다행이지 않느냐'며 스스로를 위로해 나갈 수 있었던 것입니다.

린위탕(林語堂)은 그의 명저 ≪생활의 발견≫에서 이렇게 말하고 있습니다.

　　인생이란 위대하고 장엄한 오케스트라로 끝나야지 찢어진 북이나 깨진 심벌로 끝나서는 안 된다.

정말 옳은 얘기라고 생각했습니다. 반드시 그래야 한다는 판단이었습니다.

그래 한 번 해보자. "내가 이기느냐? 실의와 좌절이 이기느냐? 나도 한 번 인생의 골든 벨을 울려보자"고 다짐했던 것입니다.

그때부터 각오를 새롭게 하고 글을 쓰기 시작했습니다. 마침 올해 초 조선일보사에서 주관하는 언론인 대상 저술출판 지원 자공모에 당선되어 학술서적을 한 권 내게 되었습니다.

축복은 또 다른 축복을 몰고 온다는 얘기가 있습니다. 비슷한 시기에 저는 수필 전문지인 《수필춘추》의 추천을 받아 수필작가로 문단에 데뷔하게 된 것입니다.

이것이 이번에 감히 두 권의 책을 발간하게 된 배경입니다.

두 권의 책을 낸 것은 결코 언론사(言論史)나 방송사(放送史)의 오류를 바로잡겠다는 소명의식이나, 수필문학의 새로운 패턴을 모색하겠다는 의지와는 조금 다릅니다. 적어도 저에게는 더 간절한 목적과 의미가 있었습니다.

신체적인 불편과 정신적 피폐함 속에서도 목숨이 붙어 있는 한 무언가를 해낼 수 있다는 인간의 의지를 보이고 싶었기 때문입니다.

따라서 제가 쓴 두 권의 책은 독자를 위해서라기보다는 저 자신의 꿈과 희망을 실현시키기 위한 하나의 채찍인지 모릅니다.

물론 제가 쓴 글이 독자들에게 공감을 일으키고 박수를 받게 된다면 그 이 상의 기쁨과 축복이 어디 있겠습니까?

또 한 가지 바람은 제가 쓴 책 두 권의 책이 신체적으로 어려움을 겪는 사람들에게 격려의 작은 불씨가 되었으면 한다는 점입니다.

미국의 제44대 대통령에 당선된 오바마는 당선이 확정된 그날 저녁 이렇게 말했습니다.

우리들의 꿈이 아직 살아있느냐고 묻는다면 오늘밤이 바로
그 대답입니다.

그렇습니다. 오늘 저녁은 저에게도 꿈을 이룬 날로 기억될 것입니다. 앞으로도 여러분들의 끊임없는 격려와 편달을 기대하겠습니다. 오늘의 '작은 꿈'이 언젠가는 '더욱 큰 꿈'으로 이루어질 수 있도록 저 또한 최선을 다 하겠습니다.

이 자리를 빛내주신 하객 여러분께 거듭 감사의 말씀을 드립니다. 천지신명의 가호 속에 여러분 모쪼록 건강하시고 가정마다 축복이 내려지기를 기원하며 인사에 갈음합니다. 대단히 감사합니다.

2008년 11월 7일. 황유성.

2008년 11월

불꽃 같이 뜨거운 삶

능력이란 무엇이냐?

어떤 일을 해낼 수 있는 힘을 말함이다. 그렇다면 사람의 능력은 어디부터 어디까지일까? 일의 종류에 따라, 그리고 누가 그 일을 해 나가느냐에 따라 결과는 달라질 것이다. 다시 말해 능력은 일이라는 객체와 그를 수행해 나가는 주체에 의해 영향을 받는다. 흔히 우리는 전자보다 후자에 비중을 두게 되는데, 그 것은 일의 결과가 일을 해나가는 자의 의지나 자세에 크게 좌우되기 때문일 것이다.

며칠 전 나는 인터넷에 뜬 동영상 자료 두 편을 보고 적지 않게 놀랐다. 그리고 가슴 벅찬 감동을 받았다. 그 충격과 감격은 지금까지도 뇌리에 생생하여 잊혀 지지 않는다.

대체 어떤 영상물이기에 그랬을까?

한 편의 영상물은 발가락을 이용해 손의 역할 모든 것을 다 해내는 40대의 중년부인의 얘기였다. 다른 하나는 왼 쪽 발과 오른 쪽 팔을 각기 잃은 두 젊은 남녀가 아름답고도 열정적이며 세련된 발레를 공연하는 모습이었다. 신체적으로 불구인 장애인이면서도 정상인 못지않은 생활을 거뜬히 해 내거나, 고난도의 발레를 통해 보는 이를 감동케 한 두 남녀의 열정과 투혼은 그야말로 한 편의 드라마이자 인간승리를 알리는 메시지였다.

런 지 메이(任吉美)는 중국 산둥(山東)성 하이양(海陽)현의 작은 개펄 마을에 사는 중년부인이다. 나이는 40을 좀 넘겼을까. 그 여인은 날 때부터 양 팔이 없는 불구자였다.

10분짜리 동영상은 그녀가 개펄에서 바닷게를 발가락으로 잡는 모습부터 시작된다. 잡은 게를 바구니에 담고 귀가해서는 자물쇠로 채운 대문을 발가락으로 연다. 엄지와 검지 발가락을 꼼지락거려 열쇠로 자물통을 연다는 게 좀처럼 쉽지 않으련만 그녀의 행동에는 한 치의 오차도 없다.

펌프질을 하거나 비누를 사용해 얼굴을 씻을 때, 혹은 빗으로 머리를 빗거나 핀을 꽂을 때도 두 발가락은 아주 능수능란하게 움직인다. 그 뿐이 아니다. 깨뜨린 날달걀을 젓가락으로 풀어 저을 때나, 프라이팬 위에서 익어가는 달걀 부침개를 뒤집을 때도 발가락의 동작은 익숙하고 정확하다. 손이 무색할 지경이다. 식탁에서 남편에게 한 잔 반주를 권하는 경우라 해서 다르지 않다. 권해 받은 술잔을 들고 흐뭇해하는 남편의 모습에 시청자는 헷갈린다. 딱한 모습에 웃어야 할지 울어야 할지…?

더욱 놀라운 사실이 있었다. 양 발가락으로 밀가루 반죽을 방망이로 밀더니 국수 가락을 만드는 것이었다. 칼로 썰어낸 국수 가락은 굵기가 똑 같아 마치나 기계틀에서 뽑아낸 것 같았다. 그녀는 양 발가락 사이에 방망이를 끼워 만두피를 만들 뿐만 아니라 직접 만두도 빚어낸다. 작업의 속도나 해낸 일의 결과도 정상인의 것과 전혀 다르지 않다. 글씨도 잘 쓴다. 괴발개발이 아니다. 명필은 아닐지 몰라도 정상인 못지않다. 이 아니 놀랍지 않은가?

재봉틀 작업? 이것도 그녀에게는 식은 죽 먹기나 매한가지이다. 때로는 자수를 놓기도 한다. 바늘에 꿰어진 실이 자수판 위에서 그림으로 탄생될 때의 기막힌 모습이라니! 영락없이 신기(神技)를 보는 느낌이다.

이러한 그녀도 어렸을 때는 엄청난 시련과 좌절을 겪었다. 양 팔이 없는 기형아로 태어난 터라 어머니는 바다에 내다버리려고까지 했다는 것이다. 본인도 자신의 신체가 비정상임을 알고부터는 자포자기했었노라고 고백한다. 주변의 멸시와 천대인들 오죽했겠는가. 참담하고 절망적인 상황을 그녀가 어떻게 극복했는지가 영상물에서는 밝혀지지 않아 아쉬웠으나, 발가락을 손가락 대신 쓰기까지의 간난과 고초는 능히 짐작하고도 남을 일이다.

또 다른 동영상은 5분짜리로 중국의 국영텔레비전인 CCTV가 제작한 것이었다.

음악이 흐르자 한 미모의 발레리나가 무대에 등장하여 현란한 춤사위를 벌인다. 그러나 이게 웬 일인가. 그녀에게는 오른 팔이 없었다. 빠른 템포의 춤이 순간 멈춰지는가 싶더니 남성 발레 댄서가 등장한다. 그런데 이건 또 뭔가? 그는 왼·쪽 발이 없었다. 대신 목발을 짚고 있었다. 두 사람은 애절한 음악에 맞춰 다가서듯 떨어지며, 떨어지듯 다가서서 혹은 천천히, 혹은 재빨리 걷거나 뛰고 휘돌며 무대를 누비는 것이었다. 별리의 아픔과 재회의 기쁨이 오늘 춤의 콘셉트인 듯 했다.

팔과 다리가 없는 장애자들의 발레. 그러나 그들의 스텝이나 도약, 스트레칭이나 회전 등은 흠 잡을 데 없이 완벽했다. 가슴이 저리도록 슬프게 느껴졌다. 그리고 눈물이 절로 흘렀다. 우는 사람은 나만이 아니었다. 카메라는 소리 없이 울며 처연한 표정을 짓는 관객들을 찾아 간간히 보여준다. 마침내 두 남녀가 뜨겁게 포옹하면서 발레는 끝났다. 관중석에서는 열화와 같은 박수가 터져 나왔다.

이 동영상을 본 외국 네티즌들의 반응이 궁금했다. 그래 또 다시 인터넷을 살펴봤다. 한 결 같이 멋지고 아름다웠으며(stunning and beautiful), 감격스럽고(inspiring), 놀라왔다(amazing)는 글들이 올라와 있었다. "믿을 수 없을 만큼 아름다운 춤이었다. 앞으로는 어떤 어려운 일도 극복해 갈 수 있을 것 같다"고 말한 사람도 있었다.

거듭 묻고 싶어진다. 도대체 사람의 능력이란 어디까지일까? 또 그 능력은 노력과 상관없이 이루어질 수 있는 것인가? 그렇지는 않을 것이다. 잠재된 능력이 아무리 높다 한들 앞에서 소개한 런 지 메이와 같이 발가락으로 실을 바늘에 꿰어 수틀의 수를 놓기란 여간 쉽지 않을 것이다.

장애인들의 발레도 매 한가지이리라. 피나는 노력이 없고서야 어찌 막춤도 아닌 발레를 꿈꿀 수 있겠는가.

이 글을 쓰고 있을 때 마침 한 TV 채널에서는 독일의 슈투트가르트에서 활약 중인 발레리나 강수진을 소개하고 있었다.

강수진, 그녀가 누구인가? 1985년 스위스 로잔에서 열린 발레 콩쿠르에서 동양인 최초로 우승을 차지했고, 1999년에는 무용계의 오스카상으로 알려진 '브누아 드 라 당스' 최우수 여성무용수상을 받아낸 세계적인 발레리나가 아닌가?

강수진은 무엇보다도 지독한 연습벌레로 알려져 있다. 발레를 위해 그녀는 적어도 하루에 열 시간 이상을 연습했다 한다. 닳아버린 토슈즈(toe shoes)를 버린 것만 해도 1주일이면 열 켤레가 넘을 정도라니 연습의 강도를 능히 짐작할 만하다.

> 사람들은 발레리나에 대해 환상을 갖고 있지요. 세련된 삶을 살 것이라는…. 하지만 발레리나의 삶은 무척 단조롭습니다. 연습하고, 밥 먹고, 잠자고, 다시 연습하는 거죠.

그녀의 말이 전혀 거짓이 아니라는 것은 고왔던 발가락이 울퉁불퉁하게 바뀐 것을 보면 알 수 있다. 가혹할 정도의 맹연습이 결국 이렇게 그로테스크한 형상을 만든 것이다. 그러므로 그녀의 빛나는 성공은 결코 하루아침에 얻은 신데렐라의 유리구두가 아님을 알게 한다.

오늘 내가 본 동영상들의 주인공들도 다르지 않다. 두 팔이 없는데도 발가락으로 일상의 모든 일을 거뜬히 해 나가는 런지 메이나, 팔과 다리가 없는 장애를 겪으면서도 발레로 무대를 화려하게 빛내기까지 두 남녀는 얼마나 서러우며 고난에 찬 세월을 살았겠는가?

툭하면 불평불만이나 해 대고, 걸핏하면 남의 탓으로 돌리거나 게으르고 짜임새 없이 살아온 지난 내 과거가 끝없이 부끄럽기만 하다.

2009년 1월

뇌경색, 그 후 5년 9개월

　벌써 그만큼의 세월이 흘렀는가. 어느 날 갑자기 뇌경색에 걸려 시달림을 받은 지 5년 9개월이나 되었다니 기가 막힌다. 그렇다고 병고에서 벗어난 것도 아니니 대체 얼마를 더 기다려야 나을 수 있을까. 아니, 그보다 참고 기다리면 낫기나 하는 것일까? 생때같은 몸에 중풍이라니 제 아무리 되짚어 봐도 어이가 없다.

　2003년 12월 27일. 그날 나는 Y대학교 부설 S병원에서 이틀 째 종합 검진을 받는 중이었다. 종합 검진은 뭐 다른 이유가 있어서가 아니다. 그동안 직장과 학교에서 몸을 혹사시켰으므로 건강에 이상이 없는지를 알아보기 위해서였다. 마침 학위 논문 심사도 통과된 데다, 내가 강의를 맡은 대학들도 방학 중이어서 이참에 건강을 체크하고 싶었던 것이다. 혈액채취를 끝

내고 운동부하 검사실에서 페달을 밟으며 고정식 자전거를 탔
다. 천천히 또는 빠르게, 의사의 지시대로 열심히 했다. 검사시
간은 20분. 모처럼 격렬하게 몸을 움직인 탓에 땀이 비 오듯
흘러 내렸다. 그날 검사는 그게 전부였다. 귀가 길에서는 땀으
로 흠뻑 젖은 내의가 노출되지 않도록 겉옷과 오리털 점퍼를
계속 여며댔다. 이렇게 추운 날씨에 차를 갖고 오지 않은 것이
후회되었다.

  집에 도착하자마자 샤워를 하고 아침밥을 맛있게 먹었다. 신
체검사 때문에 엊저녁 식사 뒤에는 아무 것도 먹은 게 없어 밥
맛이 더욱 좋았는지 모른다. 아내에게 후식을 달라고 말할 할
때였다. 이상스럽게도 말이 엉클어지는 것이었다. "후식 좀 없
소?" 아주 간단한 말인데도 말이 뒤범벅되면서 전혀 의미 전
달이 되지 않았다. 다시 시도해 봤다. 마찬가지였다. 괴이쩍은
일이 아닌가. 맵찬 날씨에 바깥출입을 한 때문일까.

  몸도 녹일 겸 해서 한 시간가량 잠을 잤다. 깨자마자 말하기
를 시험했다. 큰 변화가 없었다. 느낌이 좋지 않았다. 바로 택
시를 타고 아내와 함께 병원 응급실을 찾았다.

  토요일의 종합병원 응급실은 환자와 그 가족들, 그리고 바삐
오가는 흰 색 가운의 의사들로 어수선했다. 몇 차례 문진(問
診)이 있었을 뿐, 나는 그저 간이침대에 눕혀진 채 두어 시간
방치되어 있어야 했다. 그러다가 어렵사리 기회를 얻어 MRI
를 찍었다. MRI에 나타난 내 건강의 이상은 뇌경색으로 판명
되었다. 뇌경색? 그때만 해도 나는 별로 놀라지 않았다. 그렇

지 않겠는가. 혼절해 쓰러진 것도 아니고 내 발로 걸어 병원에 들어온 입장이니까.

약 몇 봉지나 주사 한두 대면 멀쩡해지는 것으로 알았다. 그런데 이게 뭔가. 5년 9개월이라니? 그나마 자칫하면 더 악화될 수도 있는 건강의 문제점을 안고 있는 것이다. 그러기에 지금도 긴장하면서 살아간다. 마비는 오른 쪽으로 왔다. 따라서 말씨가 어눌하고 보행 자세가 바르지 못하다. 어쩌다 이런 상황을 맞게 됐는지. 딱하고 한심하다. 건강을 소홀히 여긴 내 자신이 후회된다.

입원해 있던 기간은 한 달 보름. 이 기간에도 재활치료는 열심히 받았다. 물리, 작업, 언어, 심리, 전기, 통증치료 등.

퇴원해서도 물리와 작업치료는 빠뜨리지 않았다. 발병 6개월이 중요하다기에 한 주에 두 번은 K대학교의 한방병원을 찾기도 했다. 한약을 복용한 외에 침을 갖고 추나(推拿)치료를 따로 받았다. 추나치료란 사람 몸의 뒤틀린 뼈나 관절을 바르게 잡아주는, 양방의 물리치료 같은 것을 말한다. 이렇게 두 군데 병원을 시계추모양 내왕하다보니 비용은 그만 두더라도 사람이 지쳐 쓰러질 판국이었다. 그렇다고 눈에 띌 만큼 병이 호전되는 것도 아니고….

차츰 짜증이 나고 불안감을 느꼈다. 중풍은 사람마다 다른 모습으로 찾아온다. 어떤 이는 거짓말 같이 금방 병석을 털고 일어나는가 하면, 10년이 지나서도 걷기나 말하기가 그저 그턱인 상태에 있는 사람도 있다. 왜 이러한 현상이 빚어질까.

환자의 상태는 애당초 중풍을 맞을 때의 경중(輕重)과 관련이 있는 듯싶다. 내 경우는 어떻게 봐야 할까? 경중의 중간쯤이 아닌가 여겨진다. 곰배팔을 하고 있거나 전혀 말을 못할 정도는 아니니까. 평상시에 혈압이 높았고 과로한데다 건강관리를 제대로 못한 것이 병인일 것이다.

"중풍은 부처님 같은 마음을 지녀야 빨리 낫는다"는 말이 있다. 그러나 사람이 목석으로 이루어졌다던가? 더운 피를 지닌 존재로 희로애락이 없을 수 없으니, 더디 낫는 게 오히려 당연할지도 모르겠다.

한방치료는 6~7개월가량 받은 것 같다. 양방치료는 2년을 받다가 요즘에는 3개월에 한 번씩 의사가 처방한 약만 사서 먹는다. 치료를 그만 둔 것은 내 뜻이 아니라 담당 의사들의 판단에서였다. 내가 지닌 뇌질환과 관련하여 의료행위는 끝났으니 나머지는 환자 자신이 알아서 하라는 게 치료를 끝낸 이유였을 것이다.

요즘 나는 복지관을 찾아다니며 러닝머신이나 자전거를 타는 등 운동에 열중하고 있다. 복지관에는 나와 비슷하거나 더 심한 환자도 있어 마음의 위로를 받을 뿐 아니라 용기도 얻게 된다. 왜 진작 이런 곳에 다니지 못했는지. 비록 늦기는 했지만 1주에 5차례 운동을 하게 되면 분명 효과가 있을 것 같다는 생각이다.

중국 명(明)나라의 어느 선승(禪僧)이 지었다는 '보왕삼매론(寶王三昧論)'에는 이런 말이 실려 있다.

念身不求無病(염신불구무병) 몸에 병이 없기를 바라지 마라,
身無病則貪慾易乃生(신무무병즉탐욕이내생) 몸에 병이 없
으면 탐욕이 생기기 쉽나니.

맞는 말이다. 박사학위를 따서 자만하고 탐욕에 눈길을 돌렸
다면 뇌경색보다 더한 징벌이 내렸을지도 모른다. 이제 원망
(怨望)일랑은 접고 뇌경색을 인생 반전(反轉)의 계기로 삼아
보자.

어딜 가서 까맣게 소식을 끊고 지내다가도
내가 오래 시달리던 일손을 떼고 마악 안도의 숨을 돌리려
고 할 때면
그때 자네는 어김없이 나를 찾아오네.
(중략)
자네는 나에게 휴식을 권하고 생(生)의 외경(畏敬)을 가르
치네.

조지훈은 그의 시 '병(病)에게'에서 병이라는 존재를 하나의
친구로 여기고 있다. '어두운 음계(音階)를 밟으며 불길한 그
림자를 이끌고 오는 병'조차 반갑게 맞이하는 입장이다. 죽음
을 관조(觀照)하는 시인의 자세를 담담히 읽어낼 수 있다.
하지만 나는 뇌경색 환자일 뿐, 죽음과는 무관하다. 그러기
에 아침마다 일찍 일어나 땀 흘려 운동도 하는 게 아니더냐?

2009년 9월

"입학시험을 다리로 보나요?"

- 장영희(張英嬉) 교수의 열정적인 삶 -

5월 9일. 토요일.

구름 한 점 없이 화창한 날씨였습니다. 한 주일 전에 내린 비로 대지는 흠씬 갈증을 풀어냈고 녹음은 더욱 푸른빛을 띠었습니다. 5일에 입하(立夏)를 맞은 절후는 앞으로 더위를 향해 질주해 갈 겁니다. 꽃과 녹음이 어울려 찬란한 5월다웠습니다. 그 뿐만이 아닙니다. 1일 '근로자의 날'을 비롯해서 5일의 '어린이 날', 8일의 '어버이 날' 그리고 15일에는 '스승의 날'로 이어지는 등 가정의 달이기에, 5월은 기쁨과 소망으로 기다려집니다.

그런데 말입니다. 바로 이 달에 아주 가슴 아픈 소식을 접했습니다. 다름 아닌 장영희라는 한 여성의 부음을 듣고만 것입니다.

　　장영희. 올해 57세로 서강대 영문과를 졸업하고, 뉴욕 주립 대학에서 영문학 박사학위를 받은 사람입니다. 1985년 모교인 서강대의 영어영문학과 임시 전임강사로 발탁된 그는 2003년 마침내 영미어문과 영미문화를 지도하는 교수가 되었지요. 그동안 번역가, 수필가, 칼럼니스트, 중·고교 영어교과서의 집필자로 활약했습니다. 장 교수가 1981년에 '한국문학번역상'을 받은 거나 얼마 전 '올해의 문장상'을 받아낸 것도 아마 활발하고 훌륭한 문필작업 덕분이었을 것으로 압니다.

　　어찌 보면 그의 이력은 다른 사람에 비해 뭐 그리 특출할 것도 없습니다. 그러나 지금 신문이나 텔레비전 같은 대중매체들은 장 교수의 사망에 깊은 애도의 뜻을 표하고, 살아 생전 그의 행적과 작품을 연이어 소개하고 있습니다. 그 까닭을 알고 있다고요? 그렇습니다. 장 교수는 그냥 범상한 사람이 아니기 때문입니다. 탁월한 영문학자이고 시대를 대표하는 수필가 이전에 그는 갓난아기 때 소아마비를 앓아 줄곧 목발을 짚어야 하는 1급 장애인이었습니다. 어디 그것 만이겠습니까. 2001년에는 유방암에 걸려 치료를 받아야 했고, 2004년에는 척추암으로 고통을 겪어야 했습니다. 그러나 이 많은 시련을 이겨냄으로써 많은 사람들로부터 박수갈채를 받은 장 교수에게 이번엔 또 다른 불청객이 기다리고 있었습니다. 2007년에 발병한 간암이 그것입니다.

　　지난번보다 훨씬 강도 높은 항암제를 처음 맞는 날, 난 무서웠다. '아드레나이신'이라는 정식 이름보다 '빨간 약'이라는 이름으로 더 알려진 항암제. 순간 나는 침대가 흔들린다고 생각했다. 악착같이 침대 난간을 꼭 붙잡았다. 마치 누군가 이 지구에서 밀어내듯. 어디 흔들어보라지, 내가 떨어지나. 난 완강하게 버텼다. 무슨 일이 있어도 평균수명은 채우고 가리라.

"강도 높은 항암제를 처음 맞는 날, 난 무서웠다"는 말에 주체할 수 없는 페이소스를 느낍니다. 그리고 죽음에 대한 공포가 얼마나 두려웠으면 "침대가 흔들린다"고 까지 말했겠습니까. 그래도 삶에 대한 희망과 열정은 누구보다 진하고 뜨거웠지요. 그랬던 장 교수가 결국은 사랑하는 가족과 제자들 그리고 많은 애독자들을 남겨둔 채 훌쩍 이 세상을 떠났습니다. "평균 수명은 채우고 가겠노라"고 다짐했던 그가 왜 25년이나 앞질러 '흔들리는 침대'에서 떨어져야 했는지 모릅니다.

내가 장 교수를 안 것은 2006년 7월이었습니다. 우리 집에서는 오래 전부터 ≪동아일보≫를 구독하고 있었는데, 그 때 장 교수가 '동아광장'에 실었던 칼럼을 읽었던 것입니다. 칼럼의 소재는 평범했습니다. 필치 역시 현란하거나 야단스럽지 않았다고 기억됩니다. 주변에서 보고 느낀 점을 담담하게 엮어간 그녀의 글은 비록 영롱한 구슬같이 반짝거림은 없었지만, 우리들 삶을 지탱해 나가는 진정한 가치가 무엇인지, 인간이 인간다우려면 어떻게 처신해야 하는지를 명징하게 밝히려는 듯 보였습니다. 하여 장 교수의 글은 읽는 이로 하여금 수긍을 유도해 내면서 잔잔한 감동을 안겨주었지요.

칼럼을 읽어가면서 그가 목발에 의지해야 하는 1급 장애인이라는 사실도 알게 되었습니다. 당시 나 또한 3급 장애자라는 판정을 받은 지 3년차를 맞고 있을 때였지요. 동병상련이랄까. 신체적 불편을 겪고 있다는 사실이 장 교수에 대한 관심의 폭을 더욱 넓힌 듯싶습니다. 그리고 그의 칼럼을 더욱 열심히 읽었고, 때로는 스크랩하여 파일북에 끼워 넣기까지 했습니다. 그 중 하나가 2007년 5월 21일 '동아광장'에 실린 '낮은 사람이 높은 사람을 살아가기'란 제목의 칼럼입니다.

목발을 짚고 천천히 걷는 내게 간혹 사람들이 왜 휠체어를 타고 다니지 않느냐고 묻는다. 이유는 간단하다. 서울에서 휠체어를 타고 다니는 것은 대단한 용기와 육체적 힘을 요구한다. 그리고 그건 아주 위험한 일이기도 하다.

(중략)

내가 휠체어를 사용하는 것은 주로 국내외 공항에서이다. 공항은 너무 넓어서 목발 짚고 걸어서 탑승구까지 가는 것은 무리이기 때문이다. 비행사 직원들이 나를 휠체어에 태워 비행기까지 데려다 준다. 내가 주로 다니는 곳은 미국이지만 경유지로 일본에서 비행기를 갈아타고 한국으로 들어올 때가 많다. 그럴 때마다 재미있는 것은 세 나라의 장애인 탑승객에 대한 태도가 대조적으로 나타난다는 것이다.

미국은 비만한 사람이나 장애인을 위해 공항에 특별히 대기 중인 직원이 있다. 완전히 사무적이지만 휠체어를 다루는 솜씨는 훈련을 받은 듯 전문적이다. 나중에 약간의 팁을 주면서 서로의 편리한 사무는 끝난다.

일본 공항은 또 다른 경험이다. 마치 공항 전체가 나 혼자만을 위해 존재하는 듯, 마치 깨어지기 쉬운 크리스탈 제품이라도 다루 듯 조심조심 휠체어를 밀어준다. 하나부터 열까지 일본 공항의 서비스정신은 투철하다.

하지만 우리나라에 오면 사정이 달라진다. 탑승객들은 물론 승무원들이 떠날 때까지 비행기 앞에서 하염없이 휠체어가 오기를 기다려야 하기 일쑤다. 헐레벌떡 달려온 직원은 마치 짐짝 부리듯 한 손으로 대충 휠체어를 운전하면서 또 다른 손으로는 다른 직원들과 통화하며 사무를 본다. 장애인 승객이 많다고 자기들끼리 대놓고 불평도 한다. 한마디로 바쁘게 돌아가는 공항업무를 훼방 놓는 너무나 귀찮은 존재, 제발 없으면 좋을 존재이다.

인용이 다소 길어졌지만 장애인으로서 냉대 받는 현실을 적나라하게 표현하고 있습니다. 또 선진 외국의 실례를 곁들여 우리 사회의 그릇된 편견도 날카롭게 지적하고 있지요. 물론 그녀의 말이 다 옳다는 것은 아닐지라도 한 번 쯤 자성할 필요는 있다고 봅니다.

장 교수의 글은 장애인에 대한 그릇된 인식을 개탄하거나 질책하는 것에 그치지 않습니다. 어렵고 힘든 상황을 맞고 있는 사람에게 희망과 용기를 심어줍니다. ≪문학의 숲을 거닐다≫에는 그녀가 1급 장애인으로 대학에 입학할 당시의 애기가 다음과 같이 실려 있습니다.

내가 고3이 되자 아버지(고 장왕록 박사)는 여러 대학을 찾아다니시며 입학시험을 보게 해 달라고 구걸하듯 사정하셨지만, 학교 측은 어차피 합격해도 장애인을 받아들일 수 없다는 이유로 번번이 거절했다.

(중략)

아버지는 당시 서강대학교 영문과 과장님이셨던 브루닉 신부님을 찾아가 제발 시험만이라도 보게 해 달라고 부탁을 하셨다. 신부님은 의아하다는 듯, 눈을 크게 뜨고 말씀하셨다.

"무슨 그런 이상한 질문이 있습니까? 시험을 머리로 보지 다리로 보나요. 장애인이라고 해서 시험보지 말라는 법이 어디 있습니까?" 하고 반문하셨다고 한다.

아버지는 두고두고 그때 일을 말씀하셨다.

"마치 갑자기 바보가 된 느낌이었다. 그렇지만 그렇게 기쁜 바보가 어디 있겠느냐"고….

그러기에 장 교수의 글에서는 장애인으로서의 역경과 애처로움보다 난경을 극복해 가는 의지와 정의감 같은 것이 녹아 있습니다. 행간에서 발견하는 에스프리나 유머와 위트는 또 하나의 덤이겠지요.

장 교수는 최근 어느 방송사의 TV칼럼에서 이런 말을 했습니다.

어떤 면에서 인간은 누구나 다 모종의 장애인입니다. 신체 장애는 겉으로 보이기 때문에 눈에 띌 따름이죠. 권력을 지나치게 탐하거나 노동 없이 남의 돈을 먹는 것도 분명 장애입니다. 아니 신체적 장애보다 훨씬 더 심각한 장애입니다.

그녀는 어릴 때 소아마비를 앓아 장애인으로 살았고 연거푸 암의 고통에 시달리면서 천형(天刑) 같이 살아왔지만, 스스로 는 오히려 천혜(天惠)의 삶이라고 말해 왔던 사람입니다. '목 을 나긋나긋하게 돌리며 내가 보고 싶은 사람을 볼 수 있는 일, 온몸의 뼈가 울리는 지독한 통증 없이 재채기 한 번을 시 원하게 할 수 있는 일'이 얼마나 큰 축복인지를 알게 한 사람 도 그녀였습니다. 투병 중에 쓴 글에서도 장 교수는 많은 사람 들에게 용기와 희망을 주었습니다.

> 신은 다시 일어서는 법을 가르치기 위해 넘어뜨린다고 나 는 믿는다. 넘어질 때마다 번번이 죽을 힘 다해 다시 일어났 고, 넘어지는 순간에도 나는 다시 일어설 힘을 모으고 있었다. 그리고 그렇게 많이 넘어져 봤기에 내가 조금 더 좋은 사람이 되었다고 나는 확신한다.
>
> (중략)
>
> 살아있음의 축복을 생각하면 한없이 착해지면서 이 세상 모 든 사람, 모든 것을 포용하고 사랑하고 싶은 마음에 가슴 벅 차다. 그러고 보니 내 병은 더욱더 선한 사람으로 태어나라는 경고인지도 모른다.

2004년 9월 24일 《조선일보》에 연재했던 '장영희의 문학 의 숲'을 마치면서 그가 했던 말입니다.

그러나 표표히 세상을 떠나고 없는 지금, 장 교수는 더 이상 병고에 시달리지 않아도 됩니다. 그러나 모든 것을 포용하고 사랑하고자 했던 그 가슴만은 명부(冥府)에서도 여전히 뜨거울 것임을 확신합니다.

언제나 힘없고 어려운 사람의 편에 서서 희망과 용기의 메시지를 전해 주었던 1급 장애인 장영희 교수. 어쩌면 그의 존재는 그 자체가 희망이요, 용기였습니다. "위험과 불행에 맞서도 차라리 파괴될지언정 결코 패배하지 않겠다"던 장 교수였지요. "희망을 가지지 않는 것은 죄이다. 빛을 보고도 눈을 감아버리는 것은 자신을 어둠의 감옥 속에 가두어버리는 자살 행위와 같은 것"이라고 역설하던 그였습니다.

똑같은 장애인의 입장이면서 이렇게 하찮고 보잘 것 없는 삶을 이어온 내 자신이 부끄럽습니다. 지금 이 순간의 자책이 아직 늦은 게 아니라면, 나도 더 큰 희망, 더 뜨거운 열정을 갖겠습니다. 어눌한 말씨가 풀리고 뒤뚱대는 보행자세가 똑바르도록 고쳐 잡는 일은 아마도 우선적으로 성취해야 될 일이 아니겠습니까?

2009년 5월

"Y. E. S, he did it."

– 양용은, 한국프로골프의 역사를 다시 쓰게 하다 –

아무도 예상치 못한 승리였다. 그럴 수밖에 없었다. 역사상 가장 뛰어난 선수로 '골프 황제'라는 칭호를 받고 있는 타이거 우즈와 세계 랭킹 110위에 불과한 양용은의 경기는 골리앗과 다윗의 싸움이나 매한가지였기 때문이다. 오죽하면 두 사람이 마지막 라운드에서 맞붙게 되자 "소문난 잔치가 싱겁게 끝나게 됐다"는 투로 해외 언론들이 말했을까.

타이거 우즈가 누구인가. 메이저 통산 14승을 포함해 PGA 투어에서 70번이나 우승 트로피를 들어 올린 이 시대 최고의 골퍼가 아니던가. 그러니 양용은 선수의 패배를 당연하게 여긴 것도 무리는 아니었겠다. 아니나 다를까. 6월 14일의 첫날 경기에서 우즈는 5언더파 67타로 단독 선두에 오른 반면, 양용은은 1오버파 73타로 44위를 기록하는 데 그쳤다. 우즈는 경기의 출발에서 결승선까지 선두를 놓지 않는 소위 와이어 투 와이어(wire to wire)의 명수. 이제껏 메이저대회에서 선두로 나선 뒤 역전을 허용해 본 바가 없었다.

그러나 야생마 양용은도 호락호락하지만은 않았다. 라운드가 거듭될수록 그의 성적은 점점 좋아졌다. '사막의 황태자' 헨릭 스텐손(스웨덴)과 'US오픈 챔프'인 루카스 글로버(미국) 등의 강적을 4위권으로 밀어내는가 하면, '흑진주' 비제이 싱(피지)을 18위에 묶어두는 저력을 발휘해 나갔다. 이제 우즈를 추격하는 사람은 '디펜딩 챔프'의 애칭을 가진 2위의 파드리그 해링턴(아일랜드)과 3위인 양용은 뿐. 그런데 해링턴마저 부진한 성적으로 양용은과 함께 공동 2위로 내려앉고 마는 게 아닌가.

드디어 대회 마지막 날. 양용은은 경기 초반 안정된 드라이버 샷으로 선두인 우즈를 맹렬히 추격했다. 행운도 뒤따랐다. 양용은은 3번 홀에서 버디를 잡아내며 7언더파로 단독 2위에 올라선 것이다. 파드리그 해링턴은 8번 홀에서 무려 5타를 잃고 아예 우승권을 벗어났다. 우즈도 8번 홀에서 보기를 기록했다. 양용은은 우즈와 함께 공동 선두가 된 것이다. 이후 두 선수는 팽팽한 접전을 벌여나간다. 균형이 깨진 것은 14번 홀. 양용은의 티샷은 그린 못 미친 벙커 바로 옆에 걸렸으나 우즈의 티샷은 벙커에 빠진 것이다. 핀까지의 거리는 20m. 양용은의 두 번째 샷은 마법에라도 걸린 듯 홀컵 속으로 빨려 들어갔다. 그러나 우즈는 이 홀에서 버디에 만족해야 했다.

이제 마지막 18번 홀. 1타차 선두로 나선 양용은은 강한 집중력을 발휘하면서 버디 퍼트로 승리에 쐐기를 박는다. 파 퍼트마저 놓친 우즈에게 3타 차의 패배를 안기는 순간이면서, 동양인 최초로 메이저대회를 제패하는 영광의 순간이기도 했다.

경기가 끝나자 외신들은 한 결 같이 양용은에 대한 기사를 쏟아내며 스포트라이트를 비췄다. AP통신은 '메이저 골프대회 최대 이변'이라고 보도했다. AFP는 "아무도 꺾을 수 없게 느낀 우즈의 아우라(aura : 靈氣)가 무명의 한국선수에 의해 산산이 깨졌다"고 놀라움을 표시했다. 뉴욕타임스는 '양용은의 우승은 박세리로부터'라면서 한국인의 골프실력을 폭 넓게 조명했다. '골프의 세계적인 저변을 두껍게 했다'고 평한 미디어는 로이터통신이었던가. PGA 투어 홈페이지는 양용은이 태극기를 배경으로 우승트로피를 들고 있는 사진을 전면에 배치하고 'Y. E. S, he did it.(그래, 그가 해냈다)'라는 제목으로 장문의 기사를 실었다. 'Y. E. S'는 양용은의 영문 이름(Y. E. Yang)을 패러디한 것이다.

미국의 폭스스포츠는 양용은의 PGA챔피언십 우승을 역대 스포츠 사상 세 번째 큰 이변으로 꼽고 있다. 1위는 1990년 프로복싱 헤비급 타이틀매치에서 제임스 더글러스가 마이크 타이슨을 10회 KO로 꺾은 것이고, 2위는 2000년 시드니 올림픽 레슬링 남자 그레코로만형 120kg급 결승에서 세계 최강인 알렉산데르 카렐린(러시아)을 물리친 룰런 가드너(미국)라는 것이다.

어디 그뿐인가. 양용은은 이번 경기에서 우승 상금으로 135만 달러(약 17억원)를 받았다. 아시아나항공은 양용은과 부인에게 3년 동안 국제선 1등석 항공권을 제공하고 세 아들에게는 비즈니스석을 3년 간 무료로 이용할 수 있도록 배려했다. 대회전까지 110위였던 그의 순위도 35위 이내로 수직 상승할 것으로 예상되고 있다. 부와 귀가 한꺼번에 굴러들어온 격이다.

그러나 이러한 복덩어리가 빈 하늘에서 저절로 떨어진 것은 아니다. 그도 한때는 고향 제주에서 바닷바람에 나뒹구는 돌멩이처럼 험한 삶을 살았다. 1990년 고교 졸업 후에는 생활비를 벌기 위해 골프 연습장에서 찬밥을 물에 말아 먹으며 볼 보이 노릇을 하기도 했다. 어려운 집안 사정으로 대학 진학은 꿈도 꿀 수 없었다. 방위병으로 군복무를 마친 그는 본격적으로 골프에 매달렸다고 한다. 비닐하우스를 만들 때 사용하는 파이프로 하루 12시간씩 스윙 연습을 하며 독학으로 골프를 배운 것이다.

PGA챔피언십에서 우승하던 날 양용은은 감격에 벅차 이런 말을 했다.

이런 순간이 오리라고는 상상도 못했습니다. 이게 꿈은 아닐까요?

그랬다. 그가 메이저대회에서 '골프 황제' 우즈를 누르고 우승하리라고는 그 자신만이 아니라 모든 골프애호가들도 상상하지 못했으니까. 다만, 그의 우승이 꿈속에서 이뤄진 것이 아님은 분명하다. 가난과 역경 속에서도 희망을 가졌으며, 골프에 대한 집념과 용기를 불태워 나간 노력의 결과였다. 우즈라는 강적을 만났을 때도 그는 한 타(打) 한 타에 몰입하고 집중하는 프로 정신을 잃지 않았다. 이 모두가 함께 아우러져 메이저 골프대회를 제패한 것이다.

희망이란 무엇인가. 어떤 일을 이루고자 하는 바람을 얘기한다. 희망은 삶의 바탕이다. 가슴에 희망이 있는 한 어떠한 어려움도 이겨낼 수 있다.

집념이란 무엇인가. 마음에 깊이 새겨 뗄 수 없는 생각을 말함이다. 집념이 뚜렷할 때 언젠가 목표는 반드시 이루어진다.

그럼 용기란 무엇이냐. 씩씩하고 굳센 기상을 가리킨다. 용기가 있는 사람은 두려워하지 않는다. 용기는 고난에 도전하고, 역경을 돌파하며, 시련을 극복하기 때문이다.

그렇다면 프로 정신이란 무엇일까. 글자 그대로 전문 직업인으로서의 정신 자세를 말한다. 프로(professional)의 반대말은 아마(amateur)이다. 프로와 아마의 차이를 구분 짓는 표현은 많다. 하지만, '어느 분야에서 최고 고수가 되려는 정신'이 얼마나 투철한 가에 따라 프로와 아마는 구별되지 않는가 싶다. 누구도 감히 넘볼 수 없는, 그래서 으뜸의 자리에 있는 사람이 곧 진정한 프로라고 보는 것이다. 그가 어떤 직업에서 무슨 일을 담당하는 것과는 무관하다. 스포츠맨으로 경기장을 누비든, 요리사로 주방에서 근무하든, 또는 장인(匠人)의 입장에서 어느 작업장에서 수고하든 아무도 따를 수 없는 재주와 기량이 최고라면 당연히 그는 프로일 것이다.

윤오영(尹五榮)의 수필 '방망이 깎던 노인'은 바로 진정한 프로 정신이 무얼 뜻하는 지를 보여주는 한 예가 될 것 같다. 수필의 내용은 이렇다.

> 한 노인에게 방망이 한 벌을 깎아달라고 부탁한다. 꽤 시간이 흘렀는데도 노인은 좀처럼 방망이를 내주지 않는다. 이리 만지고 저리 돌려보면서 연신 깎고 다듬기만 한다. '그만하면 됐다'고 말해도 듣지 않는다. 짜증을 부리거나 화를 내도 소용이 없다. "끓을 만큼 끓어야 밥이 되지. 생쌀이 재촉한다고 밥이 되나?" 노인은 끄떡도 하지 않은 채 자기 일만 계속한다. 으랜 시간이 걸린 끝에 마침내 완성된 방망이를 받아낸다. 순수하기 심혈을 기울여 만든 방망이는 그냥 방망이가 아니라 하나의 공예 미술품 그것이었다.

물론 양용은의 메이저 골프와 노인이 깎아 만든 방망이는 전혀 다른 얘기이다. 그렇지만 '프로라는 정신'은 다르지 않다. 프로는 말없이 행동하는 사람이다. 그리고 그 행동에 자신의 목숨까지도 기꺼이 걸줄 아는 사람, 그것이 진정한 프로이다.

2009년 8월

희망을 그린 화가 르누아르

9월 8일 화요일, 아직 한낮은 더웠다. 시청 앞에서 가진 대학 동기들과의 점심식사를 마치자마자 혼자 서울미술관으로 향했다. 르누아르(Pierre Auguste Renoir)전을 관람하기 위해서였다.

지하도를 지나 반대편 출구로 나오면 바로 덕수궁. 때마침 대한문 앞에서는 왕궁수문장교대의식이 벌어지고 있었다. 외국인을 포함해서 100여 명의 구경꾼이 주위에 몰려 있었다. 이 의식은 벌써 여러 차례 봤던 터라 그냥 지나쳐 미술관 길로 접어들었다. 다만, 수문장교대의식 행사를 힐끗 보며 이런 생각은 해봤다. "규모라든가 방법을 좀 바꿀 수는 없을까. 그러면 좀 더 많은 관객이 모이고, 한국의 풍물도 폭 넓게 알리며 관광수입도 올릴 텐데…" 하는.

1981년 영국 런던을 방문했을 때였다. 버킹엄 궁전 앞에서 본 왕실근위병교대식은 정말 어마어마했다. 20여 명의 기마병을 선두로 백파이프와 브라스밴드가 뒤 따르고, 검은색 곰 털모자에 빨간 재킷 검은 바지의 근위병들이 위엄 있게 걷는 모습은 장관이었다. 오전 10시 30분에 열릴 이 교대식을 보느라고 왕궁 바로 전면의 빅토리아 여왕의 기념비 언저리는 세계 각국의 관람객들로 난리였다. 오죽하면 떼 지어 몰려든 관광객들의 질서를 잡느라 말 탄 경찰이 연신 호루라기를 불어대며 동분서주했을까.

서울시립미술관은 옛 대법원 청사 자리가 2002년 미술관으로 바뀐 뒤 오늘 처음으로 찾아갔다. 그동안 병치레를 하느라 미술관이니 박물관 등 문화 예술을 즐겨 감상할 마음의 여유나 건강이 허락지 않았기 때문이다. 그동안 모네라든가 렘브란트, 고흐 등의 작품이 전시된다는 걸 알면서 찾아가지 못한 것은 그러한 이유에서였다.

그러나 이번엔 달랐다. 몸 상태도 그럭저럭 괜찮으려니와 귀가 길에 미술관이 있고, 무엇보다 내가 좋아하는 화가 중의 하나인 르누아르의 작품이 118점이나 전시된다는 유혹을 뿌리칠 수 없었기 때문이다.

르누아르, 그가 누구이던가. 모네, 마네, 고갱, 세잔느와 같이 신선한 대기와 빛, 그리고 삶에 대한 애정을 화폭에 담아 인상주의 미술을 탄생시킨 주역이 아니던가. 그는 13세라는 어린 나이에 도자기공장에 들어가 가계를 도와야할 만큼 생활에 쪼들렸고, 인생 말년에는 류머티즘을 앓아 고통을 받았음에도 세상에서 가장 아름다운 그림을 남긴 사람으로 평가받는 화가이다.

"그림이란 사랑스럽고 예쁘며 아름다운 것이어야 한다"고 말했던 그의 예술관으로 우리는 그가 추구해 온 회화의 철학이 어떤 것인지를 가늠해볼 수 있다. 그는 자신의 말 그대로 대상을 화폭에 옮겨 담았던 사람이다.

르누아르 작품은 미술관 2층과 3층에 전시되어 있었다. 전시 3개월이 훨씬 지났는데도 관람객은 여전히 장사진이다. 전시회에 대한 관심이 어느 정도인지가 짐작되었다.

이번 전시회는 인물화를 비롯해서 풍경화, 드로잉, 누드 등 테마별로 구성한 게 특징이다. 2층 전시실에는 두터운 외투를 입고 휠체어에 앉아 있는 르누아르의 사진이 관람객들을 맞이하고 있었다. 헌팅캡을 쓴 르누아르는 더부룩한 수염을 늘어뜨린 채로 무언가를 응시하는 모습이었다. 그와 관련된 사진은 모두 10점. 바로 옆의 벽면에는 그의 연보(年譜)가 상세히 소개되어 있었다. 르누아르는 1841년 프랑스 중남부 리모주에서 태어나 1919년 까뉴쉬르메르에서 폐충혈로 숨진 것으로 연보는 밝히고 있다. 78년의 곡절 많은 삶을 누린 르누아르는 인간의 기쁨과 환희를 빛과 색채로 융합하면서 5000점이라는 불후의 명작을 남겼다.

바로 옆방에서는 그의 출세작이기도 한 '그네', '시골무도회' 그리고 '햇살 속의 누드'가 관객을 맞는다. 먼저 '그네'를 감상해 보자. 숲 속 나무에 그네 하나가 걸려 있다. 옅은 핑크색 드레스를 입은 젊은 여인은 아직 그네를 타기 전인 지 발판에는 한 발 만 올려져 있다. 정장 차림에 연두색 모자를 쓴 두 사람의 신사가 그녀 앞에서 무언가 대화를 나눈다. 그들이 어떤 관계인지는 알 수 없다. 남편과 그 친구인지. 아니면 연적 사이인지. 이들 외에 또 한 소녀가 그려져 있다. 두 손을 앞에 모으고 남자들의 대화를 호기심에 차서 경청한다. 나뭇가지를 통과한 햇살은 점박이 그림자를 등장인물들 옷섶에 떨어뜨리고 있다. 아늑하고 편안한 느낌을 주는 작품이다.

'시골무도회'의 풍경은 어떤가? 텁석부리 신사와 춤을 추는 넉넉한 체수의 부인. 바람이라도 부는지 신사가 쓴 연두색 모자는 뒤집어진 채 발밑에 떨어져 있다. 중년부인이 입은 핑크색 드레스의 뒤 끈도 엉덩이 부근에서 물결이 이는 것 같다. 춤에 심취해 있는 남자, 마냥 행복해 보이는 여인의 얼굴, 그녀의 오른 손에 쥔 쥘부채가 이채롭다. 몸집이 넉넉하고 행복감에 젖어 있는 이 부인은 바로 르누아르의 아내 알린느 샤리고(Aline Charigot)라던가.

'햇빛 속의 누드'는 "여인의 상반신이 푸른색과 보라색의 반점으로 뒤덮여 썩어가는 살덩어리 같다"는 혹평을 르 피가로지로부터 들은 작품이다. 누드의 상반신만 보이는 이 여인의 주변에는 녹음이 무성하다. 그러니 나뭇잎 그림자가 얼룩거리며 상반신에 드리워졌을 것이 분명하지 않겠는가. 터무니없는 혹평을 들었을 때 르누아르는 그 무지를 얼마나 딱하게 여겼을까. 누드화에 대해 그는 이렇게 말하고 있다.

　　　이 세상에 여성이 없었으면 나는 화가가 안 됐을지도 모른다.

그만큼 그는 누드화를 즐겨 그렸다. 말년이 되면서는 더욱 많은 누드화에 매료되었다. 그러나 그가 그린 누드화 속의 여인들은 관능적이되 저속하지 않다. 해서 자극적이라기보다는 아름답고 편안한 느낌을 준다. 개인적으로 나는 '금발의 목욕하는 여인'을 좋아한다. 방금 목욕을 끝낸 여인이 다리를 포개고 소파에 앉아 있다. 몸을 오른 쪽으로 비스듬히 숙인 그녀는 지금 수건으로 정강이를 닦고 있는 참이다. 왼 손으로는 너풀거리는 금발을 매만지며…. 도톰하고 아름다운 얼굴. 건강하고 관능적인 몸매가 매혹적이다. 이쪽을 바라보는 그녀의 눈길이 가슴을 덥게 한다. 하루 종일 바라봐도 싫증이 안 날 것 같다. 유감스럽게도 이번 전시회에는 이 작품이 빠져 있었다. 대신 미술관 3층에는 '풍경 속 여인의 누드'가 걸려 있었다. 짙은 초목 곁에 개울이 하나 흐른다. 한 여인이 걸상 높이의 둔덕에 앉아 있다. 얼굴은 이쪽을 보고 있으나, 무언가 신기한 걸 본 듯 시선은 땅에 던지고 있다. 검붉은 머리칼이 왼쪽 어깨에 걸려 있어 매끈한 몸매가 더욱 깨끗하게 보인다. 오른 발은 땅을 딛고 있으나 왼쪽 발은 살짝 들어 올린 모습이다. 매혹적이고 관능적이다. 다른 사람들도 같은 생각인지 좀처럼 이 자리를 떠나려 하지 않는다.

깊은 인상을 준 작품이 또 있다. '바느질하는 마리-테레즈 뒤랑-뤼엘'이었다. 화상(畵商)인 폴 뒤랑-뤼엘과 친분이 남달랐던 르누아르는 그의 딸 마리- 테레즈 뒤랑-뤼엘의 초상을 그렸다 한다. 색채가 매우 아름답다. 차양이 넓은 붉은 모자를 쓰고 한 땀 한 땀 바느질에 열중하는 여인. 주위에는 꽃이 만발하다. 보랏빛 재킷 위로 금발이 넘실댄다. 그녀의 얼굴에는 미소가 흐른다. 은은하면서도 지적인…. "그림은 아름답게 그려야 한다"는 르누아르의 작품세계를 함축하는 명작이 아닐 수 없다.

르누아르의 작품을 보노라면 그가 아무 어려움 없이 순탄한 삶을 살아온 것 같이 느껴진다. 그러나 그렇지 않다. 그의 아버지는 가난한 재봉사였고, 그의 어머니는 재단사였다. 7남매의 여섯째로 태어난 그는 어려서부터 많은 고생을 겪으며 자랐다. 그림을 좋아했지만 돈이 없어 물감도 제대로 사지 못했다. 그림 솜씨를 인정받은 뒤에도 아틀리에를 마련하지 못해 친구의 화실에 얹혀 지내기도 했다.

그럼에도 그는 즐겁고 유쾌하며 사랑스러운 그림을 그렸다. 그래서 르누아르는 '비극적인 주제를 그리지 않은 유일한 화가'로 평가받고 있다. 직접 그의 말을 들어보자.

> 그림이란, 벽을 장식하려고 있는 것이다. 그러므로 될수록 화려한 것이 좋다.

맞는 말이 아닌가. 깔끄럽고 숨 막히는 세상에 그의 감성은 우리의 영혼을 맑고 투명하게 한다. 류머티즘과 폐렴에 걸린 노년에도 붓을 놓지 않았던 그였다. 아니, 죽기 몇 시간 전까지도 "그림을 그리겠으니 꽃을 준비하라"고 말했다는 르누아르. 그림에 대한 그의 애정과 집념은 차라리 엄숙하고 숭고하기까지 하다.

이제 본격적으로 가을이 시작되려는가. 미술관을 나오니 푸른 하늘이 더욱 높게 떠 있었다.

2009년 9월

화선(畵仙) 겸재 정선

겸재(謙齋) 정선(鄭敾)은 금강산의 아름다움에 푹 빠진 화가였던 모양이다. 하기야 천하제일의 명승지 금강산을 좋아하지 않는 사람이 어디 있을까만, 정선은 유달랐던 것 같다. 1711년 36세에 처음 금강산을 구경한 화가 정선은 그 해에 금강산 일대의 빼어난 경관을 화폭에 담아 이른 바 '신묘년 풍악(楓岳)도첩'이라는 작품을 세상에 남긴다. 이 도첩은 13폭의 금강산과 1폭의 발문(跋文) 등 모두 14폭으로 이루어져 있다.

금강내산 전체를 빼곡하게 담은 '금강내산총도(金剛內山摠圖)'와 단발령에서 바라본 '단발령망금강산도(斷髮嶺望金剛山圖)', 또는 내금강 초입의 사찰을 그린 장안사도(長安寺圖), 관동 8경 가운데 으뜸으로 치는 총석정의 총석정도(叢石亭圖)를 포함한 도첩은 정선의 초기 화풍을 이해하는 중요한 자료 구실을 하고 있다. 어디 그 뿐인가. '신묘년풍악도첩'은 정선의 예술세계에서 가장 높은 평가를 받고 있는 진경(眞景)산수화가 어떤 것인가를 눈으로 확인시켜 준다.

국립중앙박물관은 그의 타계 250주기를 맞아 9월 8일부터 11월 22일까지 그의 작품 142점을 미술관 회화실에서 전시한다. "겸재 정선, 붓으로 펼친 천지조화"가 그것이다. 이 특별 전시회에는 '신묘년풍악도첩'이 포함되어 있다. 이는 분명 '진경산수화를 통해 우리의 자연을 토속적으로 살려 낸 정선'의 위업을 널리 알리려는 데 그 뜻이 있을 것이다.

겸재 정선은 일찍이 중국 남종화(南宗畵)를 깊이 연구하고 그에 관련된 화보(畵譜)를 섭렵함으로써 새로운 기법을 창출해 낸 화가이다. 따라서 그는 단순히 조선의 산천을 그린 실경산수(實景山水)에서 벗어나, '진경산수(眞景山水)'라는 독창적 예술세계를 연 사람이다.

남종화란 무엇인가. 중국 당(唐)나라 시대에 유행하던 화풍으로 문인화적인 요소가 깃든 그림을 가리킨다. 따라서 수묵산수화를 위주로 하되 사물이 지닌 형태보다 그 내용과 정신 소위 사의(寫意)적인 측면을 중요시하게 마련이었다.

50년의 화력(畵歷)을 지닌 정선은 지금까지 금강산 관련 그림만 60여점을 그린 것으로 알려져 있다. 이번에 전시된 '신묘년풍악도첩'은 정선이 만년에 그린 금강산 그림에 비해 완성도가 다소 떨어진다는 평가이다. 실제로 정선의 나이 58세에 그린 '금강전도(金剛全圖)'나 70세에 그렸던 '금강내산도(金剛內山圖)'에 비해서는 미적 조형이 덜한 게 사실이다. 그러나 정선은 나이 36세에 금강산을 처음 대했던 데다, 예술적인 영감에 덧붙여 새로 개발한 화법으로 전에 없던 그림을 그려냈기에 굳이 완성도를 탓할 일은 아니라고 본다. 또 금강산이라는 동일 대상을 꾸준하게 그렸으므로, 기량의 발전과 화법의 변화를 가져왔을 것은 당연하다. 1734년 그의 나이 58세에 그린 '금강전도'가 국보 제217호로 등재됐음이 이런 추측을 뒷받침한다. 어쨌든 이 도첩은 정선의 초기 화풍을 가늠케 하는 중요한 자료이자, 그의 예술세계를 이해할 수 있는 핵심 작품임에 틀림없다.

내가 이번 전시회에서 흥미 있게 감상한 것은 '사공도시품첩(司空圖詩品帖)'이었다. 이 작품은 당(唐)말의 사공도(司空圖)라는 시인이 논한 시의 품격 24가지를 정선이 그림에 옮긴 것이다. 예를 들어 침착, 웅혼(雄渾), 충담(沖澹), 광달(曠達), 혹은 호방(豪放), 소야(疏野)와 같은 시품의 미학적 이론을 회화로 형상화한 것이다. 작품을 보면 그의 신선한 상상력과 세련된 감각을 느낄 수 있다. 정선이 이 작품을 제작할 때의 나이가 74세. 시(詩) 서(書) 화(畵)에 능했던 정선이 문(文) 사(史) 철(哲)에도 밝았음을 알게 한다.

이번 전시회의 포스터 밑그림으로도 사용된 '호방'이라는 작품은 '의기가 강하고, 거리낄 것이 없다'는 뜻 그대로이다. 망망한 바다 저쪽에는 야트막한 섬이 세 개 떠 있고, 민머리에 도포를 입은 노인이 거북 등에 올라 앉아 발을 씻는 모습이다. 이 그림은 그의 다른 작품인 '선인도해도(仙人渡海圖)'와 분위기가 엇비슷하다. 산수의 배경 없이 인물만 클로즈업해서 그린 '선인도해도'는 손에 석장(錫杖)을 잡고 머리에는 두건을 쓴 선인이 바다 위에 서서 멀리 하늘을 바라보는 모습이다. 둥근 해 밑에는 구름이 꿈틀거리며 걸려 있다. 상상화여서 과장된 점은 있지만 힘찬 필선으로 표현한 옷자락 등 인물 묘사가 뛰어나다. 정선의 호연지기를 가늠케 한다.

'사공도시품첩'에는 '소야(疏野)'도 들어 있다. 보존 상태가 좋아 방금 전에 그려낸 듯 깨끗하고 내용도 마음에 들어 오랫동안 발걸음을 잡아두었던 작품이다. 우람하고 청청한 소나무 세 그루 뒤에는 아주 작은 두옥(斗屋)이 보인다. 방 한 개 마루 하나가 전부이다. 담도 사립문도 없이 노천에 지은 초가 마루에는 노인이 휴식을 취하고 있다. 그 아래에서 두 갈래로 흐르던 산골물은 두옥 앞에서 하나로 합쳐버린다. 화제 그대로 활달하면서 세상 잡사에 얽매이지 않는 유유자적함을 느끼게 한다. 붓놀림은 깔끔하고 군더더기가 없다. 무엇보다 시인 사공도의 시론(詩論)에 딱 맞아 떨어지는 작품이 아닌가 한다. 정선은 이와 같이 남종화법을 재해석하여 진경산수화와는 또 다른 격조 있고 기세가 당당한 정선 특유의 관념 산수화를 그려낸 것이다.

이번의 전시회를 통해서 알아낸 사실이 하나 더 있다. 그것은 그가 풍속화에도 능했다는 점이다. 풍속화 하면 으레 단원(檀園) 김홍도(金弘道)나 혜원(蕙園) 신윤복(申潤福)을 떠올리게 마련이다. 그러나 1716년 정선의 나이 41세에 그린 북원수회도첩(北園壽會圖帖)을 보면 풍속화뿐만이 아니라, 기록화로서의 가치도 지니고 있음을 알 수 있다. 전 공조판서 이광적(李光迪)의 과거급제 60주년인 회방(回榜)을 맞아 자축한 행사를 화폭에 담았기 때문이다. 이 연회에는 자손들은 물론이고 북악산과 인왕산 기슭에 거주하고 있던 70세 이상의 노인들이 동참했다고 참석자 목록은 전하고 있다. 이 도첩은 중앙박물관이 처음 일반에게 공개하는데다 작품의 중요성 때문인지 전시실 맨 앞자리에 마련되어 있었다.

겸재 정선. 그는 1676년 명문 가문에서 태어나 1759년까지 84세를 살고 간 화가이다. 그러나 그냥 화가가 아니었다. 진경산수화라는 새로운 전통을 우리나라 회화사에 기록한 거장이다. '조선'의 회화를 중국의 아류쯤으로 낮춰봤을 때 정선이라는 화가가 존재했으므로 우리의 자존심을 세울 수 있었다. 정선은 소재를 찾아 전국을 답사했으며, 구습(舊習)에 안주하지 않고 새로운 화풍을 찾아 도전하고 노력했던 사람이다. 오죽하면 '그가 사용한 붓을 묻으면 무덤을 이룰 정도'라는 말이 생겨났을까. 겸재 정선의 이러한 마음씨, 그러한 자세가 절로 옷깃을 여미게 한다.

어떤 사람은 그를 화선(畵仙)이로 표현한다. 또 어떤 이는 화성(畵聖)으로 정선을 부르기도 하는 것 같다. 그러나 화선이든 화성이든 그의 탁월한 그림솜씨와 공적에 비해서는 아직도 그 호칭이 미치지 못하는 느낌이다.

2009년 9월

비우며 채우며

'수필'을 쓰는 사람들이 무척 많은 것 같다. 9월 1일 현재 한국문인협회에 등록되어 있는 수필가만 해도 2천 483명이라니 그 어마어마한 숫자에 놀란다.

중·고등학교 때부터 나는 문학작품 읽기에 심취했었다. 소설이나 희곡, 시나 수필 등 장르를 가리지 않았다. 문학에 관련된 책이라면 덮어놓고 구해 읽었다. 몇몇 소설책은 밤을 홀딱 새우고 읽은 적도 있다. 해서, 학교에 제출하는 생활기록 취미 란에는 당연한 듯이 '독서'라고 적어 넣었다. 그뿐이 아니었다. 스스로 시와 수필을 써보기도 했다. 지금 읽어보면 하도 유치하여 실소가 나올 정도지만….

그러나 책읽기라는 습벽도 주변 상황과 나이에 따라 달라지는 모양이다. 특히, 대학과 군대, 그리고 직장생활을 거치면서 독서하는 품새는 아주 달라졌다. 일테면 책 두께가 두껍고 사유(思惟)를 요하는 것보다, 비교적 매수가 가볍고 정신적으로 부담을 받지 않는 책 쪽으로 바뀐 것이다. 물론 구실은 있다. '일에 쫓겨 어쩔 수 없다'는 게 그것이다. 하지만 백수건달로 지내는 지금도 마찬가진 것을 보면 책읽기에 대한 열정이 떨어지고 성정(性情)이 날로 게을러지고 있다는 것 외에 다른 이유가 없을 듯하다.

어쨌든, 요즘 나는 수필을 주로 읽는다. 수필은 한 개인의 인상 깊은 경험담을 간결하게 들을 수 있을뿐더러, 그의 생활관이나 인생관 또는 가치관이 무엇인가를 짚어볼 수 있어 좋다. 게다가 여러 작가의 다양한 작품에서 문학의 향내를 자주 맡는 점도 내가 수필을 선호하는 이유이다.

몇 해 전에는 법정(法頂) 스님의 글을 즐겨 읽었다. ≪무소유≫를 비롯해 ≪버리고 떠나기≫, ≪산방한담≫, ≪텅 빈 충만≫, ≪말과 침묵≫, ≪바람소리 물소리≫, ≪새들이 떠나간 숲은 적막하다≫ 등 그 분이 쓴 글은 수필집이나 수상집을 가리지 않고 사서 탐독했다. 특별한 까닭이 있어서가 아니다. 글이 마음에 들어서였다. 그는 아주 쉬운 말로 글을 쓴다. 아무리 난해하고 심오한 불경이라도 그의 붓 끝은 솜사탕인 양 수월하게 그 진의를 짚어 독자에게 전달한다. 산방(山房)에 주로 기거하는 스님이어서 소재에 한계가 있을 법 한데 그렇지 않다. 막상 내용을 보면 다종다양하고 무궁무진한 소재에 혀를 내두른다. 또 그의 글은 독자 자신이 지난 일을 되돌아보고 머리를 끄덕이게 만든다.

허나 무엇보다도 그를 그답게 여기는 글의 흐름이 하나 있으니 '무소유'가 그것이다. 그가 말하는 무소유(無所有)란 무엇일까. "소유욕은 이해(利害)와 정비례한다"고 규정하면서 그는 이렇게 설명한다.

> 필요에 의해서 물건을 갖게 되지만, 때로는 그 물건 때문에 적잖이 마음을 쓰게 된다. 그러니까 무엇인가를 갖는다는 것은 다른 한편 무엇인가에 얽매인다는 것이다.

그리고는 간결하게 결론을 내린다.

"아무 것도 갖지 않을 때 비로소 온 세상을 갖게 된다는 것은 무소유의 역리(逆理)이다"

그의 이런 주장은 지금까지 펴낸 책 도처에서 찾을 수 있다. '털고 버리라', '집착에서 벗어나려면', '한줌의 재', '텅 빈 속에서', '텅 빈 충만', '적게 가지라', '크게 버려야 크게 얻는다', '빈 뜰', '모두가 혼자', '청빈의 향기' 등 제목만 봐도 알 수 있을 정도로 그는 무소유와 가뿐한 삶을 살아가도록 되뇌고 강조한다. "버리고 비우는 일은 결코 소극적인 삶이 아니라 지혜로운 삶의 모습이다. 버리고 비우지 않고는 사 것이 들어설 수 없다"고 그는 말한다.

물론 그의 이러한 주장은 인간의 지나친 탐욕을 꾸짖는 애기로 들리지만, "애지중지 키워오던 난초를 친구에게 주어버리고 홀가분한 해방감을 누리게 되었다"는 글 대목은 어떻게 받아들여야 할지 모르겠다. 난분 하나, 몇 촉의 난 조차 사치로 알고 훌쩍 남에게 주었다면 혹 스님이 걸친 가사(袈裟)나 신고 있는 고무신조차 미련 없이 남에게 주어 벌거숭이가 되지 않을까 걱정된다.

에리히 프롬은 그의 명저≪소유냐 존재냐(원제 : To Have or to Be)≫에서 독일 신비주의의 창시자인 마이스터 에크하르트의 비 집착(非執着) 개념을 이렇게 소개한다.

아무 것도 소유하지 않고 자신을 열어 공허하게 하는 것, 자신의 자아(ego)가 끼어들지 않도록 하는 것이 정신적 부(富)와 힘을 성취하기 위한 조건이다.

그가 말하려는 핵심은 아무 것도 소유하지 않거나 아무 일도 하지 말아야 한다는 게 아니라, 우리가 갖고자 하는 것에, 심지어는 신(神)에게 조차도 얽매여서는 안 되는 뜻이라고 프롬은 부연해 설명한다.

그러고 보면 나는 남에게 주어버려 마땅할 문건들을 너무 많이 갖고 있는 것 같다. 불필요한 것, 긴요치 않은 것 들이 집안 구석 곳곳에 널려 있기 때문이다. 지난해 출간한 졸저 ≪저녁놀 푸른 꿈≫의 '버릴 물건이 없다'에서 나는 물건마다의 소중함과 그 물건을 갖기까지의 내력이나 추억을 얘기한 적이 있다. 산더미 같이 쌓인 이면지며, 큰 사과상자 를 채우고도 남을 필기도구, 이곳저곳 굴러다니는 신·구식 전자제품, 사놓고 쓰지 않은 식기류, 한 번도 써본 적이 없는 주방기구 등 품목과 가짓수를 따지자면 한도 끝도 없다. 그 사이 몇 번 이사라도 갔더라면 나름대로 정리가 됐으련만 현재의 집에서만 40년 가까이 살았으니 온 집안이 잡동사니로 그득할밖에 없는 듯하다. 게다가 내 나이 벌써 일흔 줄에 들지 않았는가. 있는 물건을 밤낮으로 쓴다 한들 얼마나 더 사용하겠느냐는 생각이 드는 것이다. 그러니 거추장스러운 것들을 이제는 제발 치워버리고 싶다.

몇 달 전부터 우리 집에는 큼지막한 종이상자를 비치해 놓고 있다. 집 안에 굴러다니는 불요불급한 물건들을 모아 재활용품을 수집하는 이에게 전달하기 위해서다. 상자를 교체한 지 여러 차례건만 별로 집안이 정돈된 것 같지 않은 것은 그동안 끌어안기만 하고 제대로 비우지 않은 물건들이 많은 탓일 게다. 아무려나 눈에 보이는 물건들은 언제고 정리가 될 것이기에 걱정하지 않는다. 그러나 눈에 띄지 않고 손에 잡히지 않는 허망한 욕심들은 어떻게 처치할 것인가.

채근담(菜根譚)에는 이런 말이 실려 있다.

> 의기(欹器)는 가득차면 엎어지고, 박만(撲滿)은 비어야 온전하다. 따라서 군자는 차라리 무(無)에서 살지언정 유(有)에서 살지 않으며, 모자라는 곳에 있을지언정 가득 찬 곳에 있지 않는다.

의기(欹器)란 물을 담는 그릇. 물이 없을 때에는 기울어지고 반쯤 담으면 바로 서며, 가득 차면 엎어진다. 박만(撲滿)은 돈을 저축하는 그릇을 가리킨다. 따라서 위의 글은 분수에 넘치는 욕심을 경계하라는 에스프리이다. 물론 나는 군자도 아니고 그렇게 되기를 넘보는 입장에 있지도 않다. 하지만 과욕이 모든 일의 화근이라는 것쯤은 안다. 앞으로는 물질적이든 정신적이든 불필요한 소유를 최소화할 각오이다. 그리하여 내 영혼의 여백에 맑은 바람을 쐬어주고 싶다.

그런데 줄곧 비우기만해서야 되겠는가. 노폐한 공기를 토해내면 맑고 신선한 공기를 흡입하거나, 섭취한 음식이 소화를 끝내면 새 음식을 섭취하듯 육체적으로 또는 정신적인 신진대사가 당연히 따라야할 것이다.

국어사전은 '채우다'가 '차다'의 사역동사로 '가득 채우거나 일정한 한도에 이르게 하다'로 풀이한다. 나도 내 삶을 정리하면서 꼭 채우고 싶은 것이 있다. 몇 가지를 정리해 본다.

무엇보다 뇌경색으로 잃은 건강을 되찾고 싶다. 2003년 12월 27일 뇌경색이 덮친 이후 나는 회복을 위해 많은 노력을 해 왔다. 다소 호전된 것은 사실이지만 만족할 정도는 아니다. 옛날 같이 말을 잘할 수 있도록, 걸음을 바르게 걸을 수 있도록 건강을 찾았으면 한다.

둘째, 딸 윤정(允禎)을 하루라도 빨리 결혼시키고 싶다. 윤정은 위로 오빠가 있고 밑으로는 쌍둥이 여동생을 두고 있다. 다 들 결혼해 잘 사는데 녀석만이 싱글이다. 게다가 성악으로 대성하겠다며 아직도 미국에 체류 중이다. 미국체류 벌써 10년. 그동안 석사학위도 두 군데서 받았다. 세계적인 소프라노가 꿈이라지만, 결혼하여 아들 딸 낳고 평범하게 살았으면 하는 게 내 바람이다. 여자 나이 34세. 아무리 생각해도 신부 감으로는 적은 나이가 아니란 걸 본인은 왜 모를까.

셋째, 좀 더 많은 책을 읽고 싶다. 최근 들어 몇 백 권의 책을 사놓고도 아직 읽어내지 않은 것들이 적지 않다. 딱 부러지게 하는 일도 없건만 왜 그리 일상은 바쁠까. 좀 더 많은 책을 접하면서 정신적 빈곤을 막고 싶다.

넷째, 이미 배운 외국어를 갈고 다듬는 일에 열중하고 싶다. 외국어란 아주 괴짜여서 사용하지 않으면 잊어버리는 속도가 턱없이 빠르다. 실무를 벗어난 지가 오래됐고, 근 10년 간 사용해 본 일이 없어서인지 영어든 중국어, 일어이든 어리어리하고 알쏭달쏭한 게 부지기수다. 특별히 써먹을 데가 있어서가 아니라 녹슨 머리를 닦아내기 위해서도 다시 한 번 챙겼으면 한다.

넷째, 붓글씨를 써야겠다. 자찬이긴 하지만 글씨에는 자신이 만만했던 나였다. 뇌경색을 앓기 전에는 작은 서예전에서 내 작품이 입상을 한 적도 있다. 몇 년간 서예를 익힌 고수들을 제치고 배운지 몇 달의 초년생이 입상함으로써 주위를 놀라게 하지 않았던가. 그러나 지금은 쓰고 싶어도 못 쓴다. 오른 쪽 손과 팔의 마비가 풀리지 않아 운필(運筆)이 엉망으로 변해서이다. 그래도 해 볼 참이다. 네 손가락 피아니스트 이희아도 있지 않은가.

다섯째, 하모니카를 배우고 싶다. 예전부터 악기 하나쯤은 다루고 싶었다. 특히 기타나 피아노를 배웠으면 했다. 하지만 배워 익힐만한 기회를 놓쳤고, 지금의 건강으로는 더 더욱 어렵지 않겠는가. 그래서 생각해낸 것이 하모니카이다. 하모니카는 지금의 건강으로도 너끈히 감당할 수 있겠기 때문이다. 내가 잘 아는 복지관의 문화프로그램에도 하모니카 반이 있으니 당장 내일이라도 가입신청을 할까 한다.

이 밖에도 내가 채워야 할 것은 많다. 그러나 그것은 그야말로 의기(歆器)가 넘쳐 자빠지는 꼴과는 다르다고 본다. 위에 열거한 다섯 가지 중 딸을 시집보낼 일 말고는 새롭게 찾아 채울 일이 없기 때문이다. 해서 목표 달성에 큰 어려움은 없을 것 같다. 한 번 해볼 참이다. 아니, 해 내겠다.

비우는 것보다 채우려는 것이 많아 머리가 터지지 않겠느냐고? 그러나 사람의 머리나 가슴은 뒤웅박이나 함지박하고는 다르지 않은가?

2009년 9월

어떤 땅고집

어릴 때부터 나는 좀 고집이 셌던 것 같다. 아니, 좀 정도가 아니라 억센 고집 탓으로 어머니의 속을 썩였던 기억이 난다. 오죽하면 '청대(靑竹)같은 녀석'이라는 얘기를 들었을까? 그러나, 청대라는 것은 막내둥이 자식에 대한 어머니의 표현일 뿐, 남들은 그저 막무가내이거나 생떼 같은 고집에 흉 깨나 봤을 게 틀림없을 것이다. 철이 들면서 다소 수그러들기는 했으나 70이 내일 모레인 지금 돌이켜 봐도 쓸데없는 고집을 피웠던 예가 적지 않았던 것 같다.

국어사전은 '고집'을 '자기의 생각이나 의견만을 내세워 굽히지 아니함'이라 풀이하고 있다. 고집은 그 성격이나 강도에 따라 여러 가지 말로 표현된다. 생고집, 외고집, 옹고집, 땅고집, 황고집 또는 닭고집, 쇠고집 등이 그것이다. 때로는 개고집이라든가 똥고집으로 비하하여 부르는 경우도 없지 않은 것으로 봐서, 고집이란 별로 환영 받을 존재는 아닌 듯싶다.

몇 가지 내 경우를 들어보자.

1960년 고등학교를 졸업했으나 그 해에 대학에 들어가지 못하고 재수를 하게 됐다. 당시 나는 신촌 누님 댁에 살고 있었으므로 집 가까이에 있는 Y대학에 지원하는 것이 상식일 터였다. 누님 댁에서 대학까지는 걸어서 10분 밖에 걸리지 않을 만큼 지근거리에 있었으므로. 그런데도 나는 무슨 까닭인지 안암동에 멀리 떨어져 있는 K대학에 입학원서를 내겠다고 고집을 피운 것이다. 두 대학은 지금이나 그 때나 우열을 가리기 어려운 사학의 명문이다. 개인적으로 특별한 연고가 있는 것도 아니고 교통도 불편한 데 왜 굳이 K대를 고집했는지 모른다. 물론 내가 전공으로 삼고자 한 법학의 경우, 전통적으로 Y대학보다는 K대학이 우세하기는 했다. 그렇다면 나는 초지를 일관하여 졸업해서도 판·검사나 변호사가 되는 것이 마땅하지 않았겠는가. 그렇지도 못한 채 외고집만 부린 듯해서 부끄럽다.

1965년에 대학을 졸업한 나는 이듬해 1월 사병으로 군(軍)에 입대했다. 훈련병으로 바쁜 나날을 보내던 어느 날 감기 몸살이 찾아왔다. 기침은 심하지 않은데 몸이 오슬오슬 추웠다. 머리도 조금은 어질어질하게 느껴졌다. 게다가 내일은 바로 공포의 대상으로 알려진 침투사격훈련이 아닌가. 참으로 걱정이었다. 그날 저녁 나는 페치카난로 옆에 얹어둔 뜨거운 자갈 몇 덩어리를 가슴에 품고 아픈 몸을 달랬다. 의무실 생각을 안 해

본 것은 아니었으나 귀찮고 번거로울 듯싶었고, 하룻밤 자고나면 괜찮으리라 여긴 것이다.

그러나 자고나니 몸의 상태는 더 나빠 있었다. 이 상태로는 도저히 훈련을 받기가 어려울 것 같았다. 조교들에게 얘기해 볼까? 그러나 조교들은 중요한 훈련에 앞서 조별 편성을 하고 주의사항을 전달하는 등 정신없이 바쁘게 움직이고 있었다. 또 번뜩이는 눈매에 인상도 하나 같이 험상스러워 내 딱한 사정을 들어줄 성싶지 않았다. 나 자신 조차도 '훈련만큼은 본때 있게 받는 것이 바람직하다'는 생각이 드는 것이었다. "그래, 해 보자. 설마 죽기야 하겠는가?"라는 오기까지 생겼다. 침투 요령에 대한 주의사항과 조별 정렬이 끝나자 지휘관의 명령이 떨어졌다.

"침투!"

나는 벌렁 누워 총을 양 손으로 잡은 채 등을 땅바닥에 바짝 붙였다. 그리고 어깨 짓을 하며 두 발로는 번갈아 땅을 밀며 나아갔다. 몸 놀리기가 쉽지 않았다. 낮게 쳐놓은 군용철망에 총이나 군복이 걸릴 때마다 네이팜탄은 펑! 펑! 터졌다. 또 진짠지 가짠지는 모르지만 연달아 기총사격까지 퍼부어대는 바람에 정신을 차릴 수 없었다. 적에게 발견되지 않도록 자세를 낮추라는 경고의 사격이었던 것이다. 긴장과 두려움, 그리고 진흙 밭 속에서 받는 침투사격훈련은 눈물 나게 고생스러웠다. 특히 감기 몸살이 난 입장이어서 고생은 몇 배 더 했다. 그러나 나는 해내고 말았다. 비록 꼴찌를 했을망정… 정말 죽어도 괜찮다는 각오나 고집이 아니었다면 그 악조건 속에서 가시철망을 빠져나오지는 못했을 것이다. 호된 감기 몸살도 그날 저녁을 끝으로 말끔히 나아버렸다.

1971년 나는 마포구 아현동의 한 달동네에서 결혼생활을 시작했다. 방 하나에 코딱지만 한 부엌이 딸린 전세였다. 그 후 나는 두 번 이사하여 지금의 집에서 살고 있다. 그런데 결혼 때 신부가 가져온 장롱이 아직까지도 이층 안방에 버티고 있다는 점이다. 결혼한 지 40년이 가까운데도 귀물같이 지니고 있다면 굉장한 고가품일 것이라고 지레짐작할 수도 있을 것이다. 그러나 그렇지 않다.

장롱의 길이는 183cm로 두 쪽이어서 하나는 옷걸이용이고 다른 하나는 이불장으로 쓰게끔 되어 있다. 검은 바탕에 활짝 핀 모란 세 그루와 공작 두 마리를 전복껍질로 박아 넣은 자개장이다. 그림도 어설프려니와 자개도 많이 사용하지 않아 고급스럽거나 예술성과는 전혀 무관한, 일테면 서민풍의 헐한 장롱일 뿐이다. 이 대단치도 않은 것을 신주 모시듯 애지중지하고 있는 것이다. 집을 두 번씩 이사하면서 아내는 장롱을 바꾸자고 여러 차례 졸라댔다. 그런데도 나는 "아직 잘 쓰고 있는데 뭘 바꾸느냐"며 거절해 온 것이다.

물론 나라고 화사하고 품위 있는 장롱을 모르는 것은 아니다. 하지만, 낡고 허술한 지금의 장롱은 그것대로의 추억과 밀어(密語)가 간직되어 있지 않은가. 장롱을 보면 그 어려웠던 시절, 살려고 꿈틀대며 안간힘을 다 했던 옛날이 절로 머리에 떠오른다. 그러니 남이 흉본들 그게 무슨 상관이랴. 누가 뭐래도 이 장롱은 오랫동안 내 곁에 두고 싶다.

지금 살고 있는 이 집도 마찬가지이다. 1978년에 이사해 왔으니 30년이 넘은 세월의 켜를 쌓은 셈이다. 80년대 초에는 강남의 내로란 지역의 아파트 50평과 바꾸고도 돈이 남을 만큼 이 집의 재산적 가치는 높았다. 한데도 나는 이 집을 팔지 않았다. 아니, 팔 수 없었다. 재테크에 영악스럽지 못한 내 무능 탓도 있지만 오밀조밀 답답한 아파트보다는 넓고 시원한 마당이 있는 집에서 살고 싶었기 때문이다. 하기야 요즘같이 날씨가 추워 방 안에서도 오리털 점퍼를 입고 지낼 때에는 아파트 생각이 간절하다. 나이가 들수록 더 해지는 느낌이다. 칼바람이 부는 동절에도 러닝셔츠로 아파트에서 지내는 사람들을 보면 솔직히 부럽고 후회도 된다. 그런데도 단독주택에 남아 생고생을 하고 있으니 이 무슨 땅고집인지 모르겠다.

땅고집은 남의 의견을 묵살하고 제 주장만 펴는 것에 다름 아니다. 해서 남의 눈총과 비난을 받기가 일쑤이다. 혼자만의 의견이므로 얻는 것보다는 잃는 것이 더 많을 수밖에 없다.

그러나 고집이란 것이 꼭 비난받을 대상만은 아니다. 시류에 좇아 눈앞의 이익만을 탐하지 않는다는 장점이 그것이다. 고집스런 사람은 남의 이목이나 빈축에는 무관심하다. 스스로 옳다고 판단하면 누가 뭐래도 행동으로 옮길 줄 안다. 다만 문제가 있다면 그의 생각이나 행동이 원칙에 부합되느냐의 여부일 것이다.

숙종 때 사람으로 황순승(黃順承)이란 고집쟁이가 있었다. 그의 고집스러움은 그야말로 외고집이고 땅고집이어서 뒷날 황고집으로까지 불리게 된다. 그의 일화 중 한두 가지를 소개하면 이렇다.

평양에 살던 황고집이 어떤 일로 한양에 왔을 때였다. 잘 아는 친구가 죽었다는 얘기를 듣는다. 동행했던 친구가 '마침 잘 됐으니 이참에 문상하고 가자'고 제의한다. 그런데 황고집은 다른 일로 와서 문상을 한다는 건 도리가 아니라며 평양으로 되돌아가 버리고 말았다. 정작 문상을 한 것은 새로 행장을 차리고 다시 한양으로 올라온 뒤였다.

한 번엔 황고집이 밤길을 가다가 도적들을 만나 타고 가던 말을 빼앗겼다. 말을 뺏긴 황고집이 걸어서 한참 가다가 새삼 생각이라도 난 듯 도적들에게 달려가더니 이렇게 말하며 무언가를 건네준다.

"말이 말을 듣지 않을 때는 이걸 쓰시오."

그가 건네준 것은 채찍이었다.

이런 황고집의 태도에 어안이 벙벙한 것은 오히려 도적들. 그들은 말을 뺏기고도 채찍까지 건네준 황고집의 당당한 태도에 놀라 말을 돌려주고 줄행랑을 쳤다는 얘기이다.

황고집의 대명사로 알려진 황순승의 일화는 엉뚱하여 얼핏 이해가 되지 않는다. 그러나 우리 모두가 느낄 수 있는 점은 고집스런 행동에 녹아있는 그의 유머와 익살이다. 참, 한 가지가 더 있다. 남을 해코지하지 않는 착한 마음과 좀처럼 원칙을 깨뜨리지 않는다는 점이다.

 고집은 분명 대인관계에서 환영 받지 못하는 미움의 대상이
다. 그렇지만 요즘같이 눈앞의 실리만 탐하고 무원칙이 날뛰는
세태에서는 우직하지만 해학이 깃들고 남에게 피해를 주지 않
는 고집쟁이가 많이 생겨났으면 하는 바람이다. 마치 황고집과
같은….

2009년 2월

‘마린보이’ 박태환의 선택

마린보이. 박태환의 애칭이다. 마린(marine)은 바다나 해양
이라는 뜻을 담고 있다. 수영선수인 그에게는 딱 떨어지는 별
명이다. 애칭이 또 하나 있다. ‘국민 남동생’이 그것이다. 박태
환은 1989년 생으로 올해 나이 고작 스무 살. 비교적 어린 나
이이고, 작년 베이징 올림픽에서는 금메달까지 따내 국민 영웅
이 됐으니 이 별명도 썩 어울린다. 말이 나왔으니 얘기지만 그
때 우리는 얼마나 감동하고 감격했는가.

2008년 8월 10일 오전. 중국 베이징의 메인 수영장인 워터
큐브에서는 남자 자유형 400m 결승전이 벌어지고 있었다. 3번
레인을 배정 받은 박태환은 출발 부저와 함께 물속으로 뛰어
든다. 하지만 예선에서 1위로 올라온 미국의 젠슨과 강력한 우
승 후보인 호주의 해켓 등에 밀려 50m에서는 4위, 100m 지점

에서는 2위로 헤엄을 쳐나간다.

이후 박태환은 속도를 내기 시작하여 150m 지점에서는 1위에 올라섰고, 2위와의 간격을 1m 이상이나 벌여가면서 가장 먼저 터치 패드를 두드렸다. 기록은 3분 41초 86. 우승이었다. 마린보이 박태환 선수가 금메달을 따낸 것이다. 이 장한 모습을 지켜본 국민들은 모두 다 환호하며 기뻐했다. TV는 연거푸 그의 장거(壯擧)를 보여주었다. 아무리 봐도 싫증이 안 났다. 그리고 신바람이 일었다.

올림픽 수영 자유형에서 동양인이 금메달을 따낸 것은 72년 만의 일이다. 그 일을 다름 아닌 박태환이 해낸 것이다. 어찌 영광스럽지 않겠는가. 대한민국의 국민 된 사람들은 그라는 존재가 있었기에 너 나 할 것 없이 행복했다.

그러나 이게 어쩐 일인가? 2009년 7월 박태환은 이탈리아 로마에서 열린 세계수영선수권대회에 나가 자유형 400m, 200m, 1500m의 결선 실패라는 참담한 뉴스를 접하게 해주었다. 7월 27일 로마의 포로 이탈리코 콤플렉스에서 가진 자유형 400에서는 예선탈락을 하여 충격을 주었고, 28일에는 자유형 남자 200m 준 결선에서 전체 13위에 그쳐 8명이 겨루는 결선에는 출전할 수 없었다. 어디 그 뿐인가. 자유형 남자 1500m 예선이 있던 8월 1일에는 전체 9등을 하여 역시 결선 진출에 실패하고 만 것이다. 충격이 지나치면 허탈이 오는가. 로마 세계수영선수권대회에서 박태환이 출전한 종목마다 예선에서조차 탈락했다는 소식은 우리 모두를 망연자실하게 만들었다. 그리고 가뜩이나 더위에 찌든 몸을 더욱 지치게 만들었다.

베이징 올림픽 수영 자유형 400m에서 당당히 금메달을 목에 걸었던 그가 채 1년도 지나지 않아 이렇게 몰락하다니 과연 있을 수 있는 일인가. 분명 '세상에는 영원한 승자도 없고 영원한 패자도 없다'는 말이 없는 것은 아니다. 또 '성공과 실패는 병가(兵家)에서 늘 있게 마련'이라는 얘기도 있음을 잘 안다. 그래도 아무리 그렇기로서니 '마린보이'인 박태환이, '국민동생'인 수영 천재가 이렇게 쉽게 무릎을 꿇을 수 있는지?

승리는 모든 것을 덮지만, 패배는 뒷말이 많게 마련인 것이 세상사이다. 박태환의 경우도 예외가 아니다. 본인 자신은 한 언론과의 인터뷰에서 "국민들의 관심과 기대가 너무 커 힘들었다"면서 "전담 코치가 없는 것도 문제였다"고 지적했다. 또 "수영계에 파벌이 많은 것 같아 마음이 아프다"는 말을 덧붙였다. 그러나 수영연맹이라고 가만히 있겠나? "박태환이 전담 팀을 꾸려 선수촌을 나갈 때마다 승인해 줬고, 훈련이 잘 안 돼 돌아오면 아무 말 없이 받아줬는데 그 이상 뭘 어떻게 하라는 거냐?"라고 반문한다. '아시아의 물개' 조오련 씨는 사망하기 전 "힘이 너무 들어가 영법(泳法)이 부자연스럽다"는 지적을 한 바 있다. 한 수영 전문가도 "발과 팔이 조화를 이뤄야 하는데 발차기가 신통치 않았다. 발이 할 역할까지 팔이 해냈으니 엇박자가 날밖에 없었다"고 분석했다.

다 일리 있는 말일 것이다. 그러나 이런 시각에서 그의 실패를 지적하는 것은 어떨까?

첫째는 정신적 해이이다. 올림픽에서 금메달을 딴 이후 그는 집중적으로 스포트라이트를 받았다. TV를 켜면 아무 때 아무 채널에서도 그를 볼 수 있을 정도였다. 우쭐한 기분에 정신을 다잡을 겨를이 있겠는가.

둘째, 훈련 량의 부족이다. 정신적 해이와 직결되는 지적이다. TV와 신문 잡지에 불려나가고 이것저것 CF 광고를 찍는 판에 살뜰히 훈련할 시간이 어디 있겠나.

선수들의 모든 비범(非凡)함과 경이(驚異)스러움은 모두 뼈를 깎는 훈련의 결과이다. 즐길 것 다 즐기고 우승을 기대했다면 과욕이요, 죄악일 것이다.

베이징 올림픽 남자 수영 자유형 400m에서 박태환에 이어 은메달을 딴 중국의 장린(張琳)의 경우가 이를 반증한다. 그는 절치부심(切齒腐心)하여 "박태환의 사진을 방에 걸어두고 연습했다"고 하지 않던가. 장린은 마침내 이번 로마 세계수영선수권대회에 출전하여 남자 자유형 800m에서 세계 신기록을 달성한 뒤 금메달을 목에 걸고 금의환향했다. 정상에 도전하려는 집념과 그에 따른 초인적 훈련이 천재를 만들고 스타로 뜨게 한 것이다.

경기를 끝내고 박태환은 이런 얘기를 했다고 전해진다.

이번 대회는 나에게 자극을 줘 다시 열심히 훈련할 기회를 주려는 것 같다. 중학생 때의 초심으로 돌아가 다시 목표를 세우고 도전하겠다.

다행한 일이다. 각오가 그렇다니. 그는 아직 젊은 나이다. 그가 저지른 시행착오는 고치고 없애면 된다. 실패는 성공으로 가는 좋은 약이 될 수 있지 않은가.

지난 7월 30일 어느 신문은 박태환이 세계수영선수권대회 자유형 남자 200m 결선 경기를 스탠드에서 팔짱을 낀 채 지켜보고 있는 사진을 실었다. 앞을 응시하고 있는 그의 얼굴에 웃음기라곤 전혀 찾아볼 수 없었다. 입도 굳게 다물고 있었다. 물론 툭하면 걸치고 다니던 헤드폰도 보이지 않았다. 이 사진을 보니 괘씸한 생각은 사라지고 왠지 눈물이 핑 돌았다. 그때 그는 무슨 생각을 하고 있었을까?

그가 귀국한다 해도 언론은 유난을 떨지 않을 것이다. '국민 남동생'이라고 추켜세우던 팬들의 모습도 보이지 않을 것이다. '마린보이'를 광고에 등장시켜 자사의 이미지를 높이고 상품을 팔려고 극성을 부리던 기업들도 잠잠해질 것이 뻔하다. '그런 것이 세상'이라는 것을 알기엔 지금 박태환의 나이가 너무 어리다. 그러나 분명하고 확실한 것이 있다. 그것은 그가 이미 밝혔던 대로 초심으로 돌아가 훈련에 열중하는 일이다. 돈의 유혹에서 벗어나고 인기에 연연하지 않을 때, 우리는 2012년 런던 올림픽에서 다시 한 번 '대~한민국'을 외치며 그의 우승을 환희의 눈물로 맞이할 것이다. 영광의 금메달이냐, 아니면 치욕의 예선탈락이냐는 오직 그의 현명한 판단에 달려 있다. 모든 영광, 모든 치욕이 결국은 '내 탓'이 아니겠나!

2009년 8월

자전거가 뜨고 있다

'녹색성장'이라는 바람을 타고 자전거 열풍이 자못 뜨겁다. 날로 기름 값이 올라가는 요즘, 자전거는 에너지를 절약하며 교통난을 해소시키는 데 도움을 주고 있다. 또 환경오염으로 인한 기후변화도 막을 수 있는데다 건강까지 돌보니 자전거타기에 절로 관심이 높아질 것은 당연하다. 그리고 보니 자전거를 소재로 한 신문기사나 방송프로그램도 최근 들어 부쩍 늘고, 자전거부품을 제작하는 기업체의 주가역시 전에 없는 상승 곡선을 그리고 있는 것 같다. 시쳇말로 요즘 자전거가 뜨고 있는 것이다.

행정안전부와 문화체육관광부, 국민체육공단은 지난 4월 25일부터 5월 3일까지 아흐레 동안 '제1회 대한민국 자전거 축전'이란 행사를 공동으로 주최하여 자전거 이용의 활성화를 촉구했었다. 서울을 포함해서 대전, 전주, 창원 등 전국 13개의 거점도시를 자전거로 누볐던 이 매머드 퍼레이드에는 참석 인원이 3만 명을 넘었다고 한다. 그래서인가. 요즘 길거리에 나서보면 자전거 대수가 꽤 늘어난 느낌이다.

그러나, 자전거 축전이 주제로 내걸었던 '두 바퀴로 하나 되는 대한민국'을 실현하는 데는 문제점이 적지 않다. 자전거 전용도로나 보관 장소 또는 수리 시설 등 인프라도 문제지만, 자전거로 인한 사고의 발생이나 이에 따른 보험 등 관련 법규의 정비와 지원 대책, 그리고 자전거에 대해 일반인이 지니고 있는 인식 등도 시급히 개선되어야 하기 때문이다. 한 마디로 자전거 문화가 이룩되지 않을 경우 '두 바퀴로…대한민국' 어쩌고 하는 구호는 공염불이 될 수밖에 없다는 애기이다.

우리나라 자전거 도로의 총연장은 9170km이다. 그러나 이 가운데 90%는 자전거와 보행자의 겸용이고, 그나마도 도심이 아닌 하천변 등에 마련되어 있는 실정이다. 자전거가 교통수단이 아닌 레저용으로 사용되고 있다는 좋은 실례라 하겠다. 자전거의 교통수단 분담률이 고작 1.2%에 지나지 않는다는 점이 이를 증명한다.

자전거 사고건수도 만만치 않다. 서울지방경찰의 발표에 따르면 2008년 서울에서 발생한 자전거 사고만 해도 763건으로, 2006년의 268건에 비하면 3배가량 증가한 셈이다. 여기에 덧붙여 지적될 사항이 있다. 자전거 사고에는 아직 보험이 적용되지 않는다는 점이다. 따라서 자전거로 사고가 발생해도 당사자들은 전혀 보험 혜택을 받지 못한다.

자전거는 현재 도로교통법에서 차로 분류되어 있다. 그런 까닭에 자동차와 자전거 사이 또는 자전거와 보행자 사이에서 사고가 발생할 경우, 자전거 운전자는 매우 불리한 위치에 놓일 수밖에 없다. 이러한 문제를 해소하기 위해서도 자전거는 독립적인 법적 지위를 지닐 필요가 있다는 생각이다. 이에 앞서 포괄적인 정의부터 구체적으로 명시해야 할 줄 안다.

자전거의 천국으로 흔히 네덜란드를 가리키는 사람들이 많다. 나도 같은 생각이다. 나는 KBS 재직 중인 1981년 방송연수로 이 나라에서 5개월 간 머문 적이 있다. 햇수로는 30년이 돼 온다. 많은 세월이 흘렀지만 그 당시 네덜란드에서 받았던 강렬한 인상 가운데 하나가 자전거였다. 집집마다 한 대씩 갖추고 있는 자전거 대수에 놀란 것이 아니라, 완벽한 자전거 전용도로가 부러웠기 때문이다.

이른 아침의 자전거 도로는 출근하는 시민이나 등교하는 학생들로 넘쳐난다. 복장도 자유롭다. 선수인 양 굳이 헬멧을 쓰거나 야단스러운 복장을 하는 사람은 별로 볼 수 없었다. 가까운 친구와는 손을 맞잡고 달리기도 한다. 앞사람이 질척거린다고 짜증을 내는 일도 없고, 뒷사람이 앞지른다 해서 화내는 법도 없다. 그저 즐겁게 물 흐르듯 제 갈길 만 달릴 뿐이다.

네덜란드는 철도와 자전거를 연계하는 교통체계가 잘 갖추어진 나라다. 내가 있을 때만해도 전국 80개의 주요 기차역에 3천 5백대의 자전거를 분산 배치하고 여행객들이 이용할 수 있게 하는 시스템을 운영하고 있었다. 이런 제도는 특히 여행자들에는 매우 편리하고 유익하여 많은 사람들이 활용한다. 일단 기차로 목적지에 닿은 뒤 자전거로 구석구석을 누비며 관광을 즐길 수 있기 때문이다.

자전거를 세내는 가격도 아주 헐하다. 버스는 2길더 85센트로 여섯 구역인가를 갈 수 있지만, 자전거는 5길더에 하루 종일 탈 수 있다. 물론 30년 전의 가격이기는 하지만…. 이런 탓에 네덜란드의 자전거 교통수송 분담률은 자그마치 40%를 웃돌고 있는 것이다. 우리나라의 33배가 아닌가.

자전거로 유명한 나라가 하나 더 있다. 다름 아닌 중국이다. 1983년 내가 홍콩의 홍콩대학교에 유학해 있을 무렵 한 교수가 북경의 풍물을 소개하면서 자전거 얘기를 꺼낸 적이 있다. 수도 베이징의 인구가 7백만 명인데 자전거 숫자도 똑같은 7백만 대라는 것이었다. 듣고 있던 외국 학생들이 모두 "와아!" 하며 탄성을 질렀다. 그 때는 중국과 수교를 갖기 전이어서 중국에 대한 정보도 어두웠고, 만리장성이나 천안문 등 풍광에 대해서는 그림을 통해서나 알 뿐 전혀 깜깜하던 시기였으므로 나 역시 많은 자전거 수에 놀라지 않을 수 없었다.

실제로 베이징을 방문해 자전거의 실상을 목격한 것은 1989년이었다. 다음 해에 있을 베이징아시안게임의 방송권 협상관계로 베이징을 방문했을 때 제일 먼저 눈에 잡힌 모습이 바로 엄청난 자전거의 행렬이었다. 마치나 터진 제방 사이로 물살이 휘몰려가는 모습 그대로였다. 정말로 장관이었다. 그리고 대단하게 느껴졌다. 이 거대한 행렬은 다음날 아침이 되자 규모가 더욱 커지면서 보는 이를 압도했다. 자전거들은 오가는 차량들도 꺼리지 않는 눈치였다. 함께 뒤섞여 찻길을 가득 메우고 달리는 것이었다. 얼핏 보면 무질서한 주행으로 곳곳에 사고가 터질 법한데 그들은 잘도 달리고 있었다.

자전거가 많다보니 자전거를 보관하는 장소도 많고 넓을 수밖에. 기차역이나 지하철 부근의 주륜장(駐輪場)에 가보면 열병하듯 서 있는 자전거 무리가 볼만하다.

중국 베이징의 자전거를 보면서 새롭게 느낀 점이 또 있었다. 대부분의 자전거가 번호판을 붙였다는 점이다. 이유가 있었다. 등록제를 실시함으로써 세를 부과하고 도난을 방지하기 위함이었던 것이다.

자전거 도로는 네덜란드와 같이 체계 있게 갖춰있지 못해도 어쨌든 여러 모로 보건대 중국은 자전거 문화에 관한 한 선진국임이 틀림없어 보였다.

베이징의 인구는 해마다 증가해 지금은 700만이 아니라 1600만에 이르고 있다. 26년 전에 비해 갑절 이상이 늘어난 것이다. 자전거 대수도 엄청나게 증가했을 것으로 짐작된다. 어쨌든 네덜란드나 중국의 자전거 문화는 앞으로 우리에게 반면교사(反面敎師)의 역할을 할 것이 틀림없다. 그렇기는 해도 자전거 문화를 선두에서 이끌어갈 지도층 인사들이 유념해야 될 점이 있다. 모범을 보인답시고 과잉된 행동을 하는 것이 그것이다.

지난 해 유인촌 문화체육부 장관은 강남구 청담동의 자택에서 광화문에 있는 청사까지 자전거로 출근하여 화제가 됐었다. '정부 차원의 에너지 절약운동을 알리고, 시민들과 좀 더 가까워지기 위해서'라는 것이 그가 자전거로 출근한 이유로 알려져 있다. 그러나 많은 사람들은 그 말을 믿으려 하지 않는다. 믿지 않을 뿐만 아니라 오히려 불쾌감을 느낀다. 왜 그런가? 선수로서 경기에 나선 것도 아니면서 반 팔, 반바지 차림에 헬멧을 쓰고 출근한다는 것이 어울리지도 않았으려니와, 그가 탄 자전거가 1백 70만원을 호가하는 외제였기 때문이다.

"1시간 10분 걸려 도착했다면 근무지에서 샤워도 해야겠네."

"아무렴, 운동복 차림으로 근무할 수는 없겠지?"

"20만 원 짜리 국산 자전거도 훌륭한데 굳이 외제라야 했을까?"

"자전거 출근이 며칠이나 갈라고?"

장관의 참뜻이 어디에 있든, 자전거 출근을 사시(斜視)로 보는 사람들이 적지 않은 것 같다.

네덜란드의 경우를 한 번 보자. 그 나라는 오늘날과 같은 자전거 문화를 이룩하기 위해 무려 30년 이상의 지속적인 연구와 노력을 쏟아 부었다. 우리 한국이 자전거의 활성화 방안을 국책사업으로 삼은 지는 채 10년도 안 된다. 그나마도 주도면밀하게 추진해 온 것도 아니다. 엊그제 신문을 보니 정부는 2011년까지 강변을 따라 자전거 도로를 개설하고, 2020년에는 전국에 3000km 이상의 자전거일주도로를 만들겠다는 등 의욕이 상당한 듯하다.

세계 자전거 시장은 연간 60억 달러로 규모가 부풀어 있는 상태이다. 지난해 우리나라는 200만 대 이상의 자전거를 수입했다. 이 점을 보더라도 "앞으로 5년 내에 자전거 수출대국이 되겠다"는 정부의 결연한 의지가 흔들리지 않았으면 한다.

그보다 먼저 해야 할 일이 있다. 바로 자전거의 수송 분담률을 끌어올리는 것이다. 분담률이 2%만 돼도 환경과 에너지 편익은 1조 5천억 원에 이른단다. 그리고 보니 존 라이언이라는 저자가 자전거를 콘돔이나 빨랫줄, 천장 선풍기와 더불어 ≪지구를 살리는 7가지 불가사의한 물건≫에 포함시킨 이유를 알 것 같다.

2009년 5월

달라도 다 함께

- '다문화 한국'을 위하여 -

'다문화'란 담론이 유행처럼 번지고 있다. 다문화 가정, 다문화 사회, 또는 다문화 국가, 다문화 시대라는 표현은 텔레비전이나 신문을 통해 거의 매일같이 듣거나 보는 실정이다.

다문화란 무엇인가. 글자 그대로 다양한 문화를 가리킨다. 말을 바꾸면 내가 지닌 문화에 다른 문화가 섞여 공존함이다.

다문화(multiculturalism)란 용어는 1941년 미국의 ≪헤럴드 트리뷴≫지가 민족주의에 근거한 편견과 행동을 버리고 다문화적 생활양식(a multicultural way of life)을 수용하도록 촉구하면서 처음 사용되었다 한다. 다문화란 어느 특정 민족을 중심으로 구성된 문화의 반대개념으로, 한 국가 또는 동일한 사회 안에 존재하는 다른 이질적 문화의 존재와 독자성을 인정하는 문화를 의미한다.

서유럽이나 미국, 캐나다, 호주 등은 이미 1960년대 중반부터 이 말이 정치·사회학계에서 본격 사용되어 왔다. 대신 한국의 경우는 어땠을까? 얼마 전까지만 해도 우리는 반만년의 유구한 역사에다 단일민족임을 자랑해 왔다. 그러나 80년대 후반부터 외국인 이주노동자들이 국내 노동시장에 유입되고, 90년대엔 국제결혼이 빈번해지면서 상황이 달라졌다. 다문화 사회, 다문화 가정이라는 용어를 쓰는데 아무런 어색함을 느끼지 않게 된 것이다. 아니, 오히려 당연한 것으로 인식하게 되었다.

행정안전부는 지난 8월 초 한국에 살고 있는 외국인이 110만 6천 884명이라고 공식 발표했다. 이는 올 5월 1일 현재 주민등록 인구 4천 959만 3천 665명의 2.2%에 해당하는 수치로, 지난해의 89만 1천 341명보다 24. 2% 증가했음을 나타낸다. 국적별로는 중국이 56.5%로 가장 많았고, 베트남과 필리핀 등 동남아 출신이 21.2%, 미국 5.4%, 남부아시아 3.9%, 일본 2.9%, 대만과 몽골은 각각 2.1% 등의 순서를 보였다. 분류한 기준은 합법 여부를 가리지 않고 국내에 90일 이상 체류하고 있는 외국인이나, 한국 국적을 취득한 외국인과 그 자녀들이다.

이번 조사의 특징은 행정안전부가 처음으로 가족관계등록정보시스템을 이용해 연령대별 외국인 자녀 현황을 파악했다는 점일 것이다. 그 결과 10만 7천 689명의 외국인 자녀들이 우리나라에 살고 있는 것으로 밝혀졌다. 외국인 100만 명과 그들의 자녀 10만 명이 이 나라에 살고 있다는 사실은 무엇을 말하는가. 그것은 말할 나위 없이 한국도 다문화 국가에 들어섰음을 의미한다.

이미 경제협력개발기구(OECD)는 지난 2008년 "한국은 더 이상 단일민족이라는 명칭을 쓰지 말라"라고 권고한 바 있다. 유난히 단일민족임을 내세웠던 우리가 아닌가. 이런 입장에서 외국 이주민이 부쩍 늘어나니 당황할 것은 당연하다. 그랬다. 한국은 어느 나라보다 혈통을 중요시 했다. '단일민족'이라는 한 마디에 우리는 민족의 자긍심, 정신적 유산을 느끼며 살아왔다. 그 많은 외적의 침략도 '단일민족'을 내세우면서 극복해 낼 수 있었다. 그러나 지금은 아니다. 패러다임이 바뀐 것이다. 세계화와 정보화 시대는 우리에게 인종과 언어, 교육과 사상 등 각 분야에 있어서 다원화를 요구하고 있다. 그렇지 않을 경우 국가의 경쟁력이 뒤처지기 때문이다.

지난해 미국의 한 대학교는 중국의 사회과학원과 공동으로 세계 500대 대학의 국가 경쟁력을 조사한 바 있다. 그 결과 뉴욕, 런던, 도쿄, 파리, 싱가포르 등이 상위권에 올랐다. 이들 도시는 모두 다문화 국가의 도시이다. 특히 1위를 차지한 뉴욕은 외국인 거주 비율이 30%가 넘는 나라다. 다문화 공존이 바로 글로벌 경쟁력이라는 점을 보여준 좋은 예이다.

그렇다면 우리보다 훨씬 앞서 다문화를 경험한 나라들의 정책을 살펴보는 것도 참고가 될 듯싶다. 그 가운데서도 유럽의 예를 들어볼까 한다.

유럽은 1960년을 전후해서 아시아나 아프리카 등 비서구사회로부터 많은 이주민을 받아들였다. 따라서 종교나 정치형태, 또는 문화체계가 다른 국제이주민들을 어떻게 통합시킬 것인지가 큰 문제였다. 이에 관해서 "한국학연구"라는 논문은 국제이주민에 대한 정책을 다문화주의(multiculturalism)와 동화주의(assimilationism)의 두 모델로 나누어 설명한다.

다문화주의는 국제이주민과 본국인과의 차별을 원칙적으로 금지한다. 또 직업교육훈련이나 취업지원 등 노동시장정책을 활발히 펴나가고 있다. 모국에서 지니고 들어온 가치관과 문화적인 실천도 그대로 유지하도록 허용한다. 국제이민의 언어와 문화를 보존하고 발전시킬 수 있도록 제도적·재정적으로 지원하기도 한다. 제한적이나마 참정권도 부여받는다. 따라서 다문화주의는 사회통합의 책임이 이민 수용국의 정부와 국민에게 주어지는 제도라고 볼 수 있다. 캐나다를 비롯해서 호주, 네덜란드, 스웨덴, 노르웨이 등이 이 정책을 쓰는 대표적인 나라들이다.

한편 동화주의는 적어도 공적인 영역에서는 국제이민이 살고 있는 이민 수용국의 지배적인 가치관과 곤리체계, 그리고 문화적인 실천을 그대로 수용할 것을 요구한다. 국제이주자에 대한 규제가 많고, 본국인과의 차별에 대해서도 소극적이다. 이주민의 취업을 지원하는 노력도 소홀한 편이다. 이런 점에서 볼 때 동화주의는 사회통합의 책임이 주로 국제이민에게 존재한다고 보는 입장이다. 국제이민들은 이민 수용국의 정체성을 인정해야 함은 물론, 언어, 가치, 규범을 수용할 수밖에 없는 것이 바로 동화주의의 핵심이다. 프랑스, 독일, 오스트리아가 이 제도를 채택하고 있다.

두 가지 제도 가운데 어느 것이 바람직한 가는 판단하기가 쉽지 않다, 저마다 장단점을 지니고 있기 때문이다. 다만 분명한 사실은 선발 다문화 국가가 맞닥뜨린 문제점을 현재의 우리가 고스란히 떠안고 있다는 점이다.

정부는 올 3월 '국가브랜드위원회'를 구성하고 국가의 브랜드가치를 높이기 위한 5대 중점 분야 10대 과제를 설정한 바 있다. 한국은 세계 13위의 경제대국임에도 국가 브랜드지수는 33위에 그치고 있다는 점에 자극을 받은 듯하다. 특히 이 같은 결과가 나온 원인 중에는 국제사회에 대한 기여도가 미흡하고, 다문화에 대한 포용력이 부족하며, 외국인에 대한 배려가 소홀했다고 판단했기 때문이다.

2020년에는 국내 전체 인구 5천 65만 명 중 5%인 253만 명이 외국인일 것이라고 전문가들은 추산하고 있다. 또 2050년에는 국내체류 외국인의 숫자가 409만 명으로 전체 인구의 9.2%를 차지할 것이라고 분석하는 기관도 있다. 이에 대한 대응책을 적극적으로 강구할 필요가 있다고 본다.

이주 노동자들에 대한 균등 처우, 일상생활에서의 차별이나 소외의식의 불식, 국제 이주민 2세들의 교육에 대한 차등대우의 제거 등은 타문화를 인정하는 이상으로 선결해야 될 과제가 아닌가 한다. 또 이러한 과제를 풀기 위한 작업은 다면적이고 다층적으로 일관되게 이루어져야 할 것이다.

유력한 국내신문은 최근 '글로벌 코리아, 다문화가 힘이다'라는 기획물을 실어 다문화의 중요성을 강조했다. 그 제호가 진정 실효를 거뒀으면 하는 마음이다.

2009년 8월

2050년 한국의 '메가트렌드'

'메가트렌드(megatrend)'란 시사용어가 있다. '현대사회에서 일어나고 있는 거대한 시대적 조류(潮流)'를 뜻한다. 앨빈 토플러(Alvin Toffler)와 더불어 미래학의 양대 산맥으로 불리는 존 네이스비츠(John Naisbitts)가 그의 저서≪Megatrends : The New Directions Transforming Our Lives≫를 세상에 내놓음으로써 알려지게 되었다.

1982년에 발간된 이 책은 그동안 1500만 부 이상이나 판매되고, 106주 연속 베스트셀러 순위에 오를 정도로 인기를 누렸다.

저자는 이 저서를 통해 '21세기는 정브와 창조에 바탕을 둔 후기산업사회로 바뀔 것'이라고 예측하고 있다. 따라서 공업사회는 정보사회로, 국민경제는 세계경제로, 피라미드형의 계층조직은 네트워크 조직으로 바뀐다는 것이 이 책의 골자이다.

≪메가트렌드≫ 외에도 ≪메가트렌드 아시아≫라는 책을 펴낸 네이스비츠는 21세기에는 아시아가 정치, 경제, 문화에서 가장 주목받는 지역이 될 것이라고 예측하기도 했다. 물론 그가 말하는 아시아는 중국이 중심이지만, 우리 경제도 세계경제 10위권에 올라 있으므로 그가 말한 '아시아'에 '한국' 역시 당연히 포함되어 있다고 볼 수 있다.

국토연구원은 최근 '그랜드 비전 2050 : 우리 국토에 영향을 미칠 미래변화 전망분석'이라는 보고서를 기획재정부와 국토해양부에 제출했다. 2050년 한국의 메가트렌드를 예측한 이 보고서에는 2050년 한국의 1인당 국민소득이 8만 달러로 최선진국 수준에 가까울 것으로 보고 있다. 한국의 국제적인 도약도 눈부시다. 아시아·북미·유럽의 3극 경제 블록에 자리 잡아 수출입과 사업 등의 요충지가 된다는 것이다.

생활 방식도 크게 달라진다. 로봇이 상용화됨으로써 일하는 시간의 50%는 로봇이 대신해 준다. 따라서 인간은 더 창조적이며 지적인 일을 맡는다. 물질이 성장되니 마음은 풍요로워지고, 문화를 중시하는 쪽으로 삶의 모습이 바뀌는 것이다.

그러나 이 보고서는 희망적인 예측과 함께 암울한 전망도 담고 있다. 기후변화로 생태계가 바뀌고 대규모 홍수, 가뭄, 지진 같은 불청객이 자주 찾아온다는 것이다. 지구의 온난화로 한반도가 아열대기후로 변하는 것도 그 중의 하나이다. 소나무 대신 더위에 비교적 강한 졸참나무가 한반도의 대표적인 수종(樹種)으로 자리 잡는다는 내용도 있다. 아예 사과나무는 자취를 감출 수도 있고….

　세계에서도 한국은 온난화가 빠르게 진행되는 나라로 꼽힌다. 예컨대 지난 100년간 지구의 평균기온은 0.74도 올랐지만, 한국은 1.5도나 올랐다. 상승폭이 배에 가깝다. 겨울도 짧아졌다. 1920년대에는 겨울이 1년에 4개월이었지만, 70년이 지난 1990년대에는 3개월로 한 달이나 줄어든 점이 이를 뒷받침한다.

　그런데 아주 희한한 주장도 있다. 고령화 사회가 지구의 온난화를 부채질하고 있다는게 그것이다. ≪잠 못 이루는 행성(원제 : Perils of a Restless Planet)≫의 저자인 물리학자 어네스트 지브로스키(Ernest Zebrowski, Jr.)는 인구가 고령화될수록 지진 피해도 커질 것이라고 말한다. 늘어난 인구는 지구 온난화를 부추기면서 강도를 높여갈 테고, 이것이 결국은 태풍이나 쓰나미(tsunami), 또는 화산, 지진을 일으킨다는 것이다. 마치나 '나비효과' 모양으로….

　2009년 7월 1일 현재 세계 인구는 68억 3천만으로 추정되고 있다. 앞으로는 이 인구가 어떻게 바뀔까. 학자마다 예상 수치가 제각각이어서 가늠하기 쉽지 않지만, 2070년의 95억을 정점으로 차차 줄어들기 시작할 것으로 보는 견해가 많다. 해서 2050년에는 91억 5천만 명이 되리라고 예측된다는 것이다. 그래도 이 숫자는 1994년 환경학자인 폴 에리히가 밝혔던 '지구가 수용할 수 있는 적정 인구' 15억~20억 명의 4~6배를 초과하는 셈이다.

　이와는 달리 인류가 진정으로 우려할 현상이 하나 있다. 그것이 다름 아닌 '에이지퀘이크(agequake)'이다. 인구구조의 변화로 사회가 받을 사회·경제적인 충격을 지진(earthquake)에

빗대어 지어낸 것으로, 영국의 인구학자인 폴 웰리스(Paul Wallace)가 펴낸 ≪Agequake≫라는 책에서 유래했다. 그는 베이비 붐 세대가 은퇴하는 2020년에는 '에이지퀘이크(인구지진)'로 세계경제가 뿌리째 흔들릴 것이며, 그 강도(强度)는 리히터 지진계로 9.0에 이를 것이라고 예측한다. 리히터 규모 9.0의 지진이라면 일본 히로시마(廣島)에 투하된 원자폭탄 250개를 한꺼번에 터뜨리는 위력이라던가?

지난 7월 미국 상무부 인구통계국은 '고령화하는 세계 : 2008(An Aging World : 2008)'이라는 보고서를 발표해 눈길을 끌었다. 이에 따르면 65세 이상의 세계 고령인구는 2008년 현재 5억 6백만 명으로, 2007년에 비해 1040만 명이 증가했다는 것이다. 매달 87만 명이 늘어난 셈이다. 2040년에는 13억 명에 이를 것으로 이 보고서는 추산하고 있다. 그럼, 고령화는 의학과 사회복지제도가 발달된 서방국가에나 해당되는 것일까? 그렇지 않다. 개도국들의 고령화 속도는 선진국에 비해 두 배나 빠르다. 현재 개도국의 고령인구는 세계 고령인구의 62%인 3억 1300만 명이다. 그러나 2040년에는 76%인 10억 명이 될 것으로 추산하고 있다.

한국의 경우는 어떨까. 최근 통계청은 우리나라의 고령화 현상이 '세계에서 유례를 찾지 못할 만큼 빠른 속도로 진행되고 있다'며, 2018년에는 고령사회로 진입하고, 2026년에는 초 고령사회에 도달할 것으로 관측했다. 일반적으로 노인 인구가 전체 인구의 7%를 웃돌면 고령화 사회, 14%를 넘으면 고령사회, 20%를 지나치면 초 고령사회로 규정한다. 국제연합도 한국의 고령화 현상을 보면서 2050년에는 65세 이상의 인구가 2010년의 11.0% 에서 38.2%로 껑충 뛸 것이라고 전망했다. 아주 쉽게 말해 젊은 이 1.3명이 노인 1명을 먹여 살려야 하는 판국인 것이다. 8~9명 이 1명을 부양하는 지금도 '벅차다'며 볼멘소리를 하고 있는데….

인구의 불균형 현상을 '에이지퀘이크'의 저자 폴 웰리스는 이렇게 표현한다.

Turn a pyramid upside down and it falls over. The switch in dependency from young to old will create unprecedented economic strains. (피라미드를 거꾸로 세우면 쓰러질 것이다. 경제적 의존을 젊은이에서 노인네로 바꿀 경우, 그 경제는 전례 없이 곤혹스러움을 맞을 것이다.)

저자 폴 웰리스는 "투표권을 무기로 부양의무를 강요하는 노인들과 이에 반발하는 젊은이들의 대결이 불가피할 것이라" 고도 말했는데, 고령화 사회는 더 복잡하고 심각한 사회적 문 제를 지닌다. 경제적 빈곤, 질병과 치료, 역할 상실, 고독과 소 외, 부양과 학대, 황혼 이혼 등 열거하면 한이 없을 지경이다.

고령화 사회와 함께 반드시 짚어봐야 할 문제가 저 출산이다. 저 출산사회란 인구대체수준이 2.1 이하인 상태에 있는 사회를 가리킨다. 다시 말해 15~49세의 가임여성 한 명이 2명의 자녀를 낳음으로써 인구가 줄지도 늘지도 않는 상태를 가리킨다. 1983년 2.1명의 인구대체수준을 기록했던 한국은 그 후 계속 줄기 시작 하더니 2006년에는 1.13을 기록했다. 특히 2020년이 되면 14세이하의 유소년 인구보다 65세 이상의 노인 인구가 많아지는 역전 현상이 일어날 것으로 전문가들은 보고 있다.

저 출산의 가장 큰 문제점은 위에서 지적했듯이 젊은 세대가 노인 인구를 부양한다는 점이다. 경제성장에 위축을 가져옴은 물론이다. 저 출산의 문제는 또 있다. 노인 인구를 부양하는데 따른 비용이 증가하면서 기술혁신 등에 들어갈 공공비용이 축소된다. 기술이 퇴보할 것은 빤한 이치이다.

폴 웰리스의 말을 다시 들어보자.

> 전 세계적인 출생률의 감소로 기하급수적 인구증가에 대한 두려움은 사라졌다. 그러나 평균연령이 낮고 인구가 급격히 상승하는 시대에서 평균 연령이 높고 인구 감퇴 현상마저 일어나는 시대를 살면서 우리의 기대와 태도는 전혀 이에 부응하지 못하고 있다.

우리 국회는 지난 2005년 '저출산·고령화사회기본법'을 통과시켰다. 그러나 아직은 너나없이 별 관심이 없는 양 시큰둥하다. 베이비 붐 세대가 은퇴하여 인구지진이 발생하려면 아직 10년쯤 남았다지만 이를 지켜봐야 할 입장으로서는 남의 일 같지 않다. 그렇다고 적극적인 관심과 대책을 세워달라고 악쓰고 떼 부리지 못하는 것은 내 이미 벌써 늙어 70줄이 코앞이고, 그래서 눈총을 받는 '고령세대'를 스스로 부채질하고 있는 탓인지 모른다.

늙는다는 게 괜히 죄를 짓는 느낌이다.

2009년 9월

뒷맛 씁쓸한 엉터리 통계

　방송국에 다니면서 참석한 해외 세미나들 중에 '통계분석의 효율성 제고'라는 것이 있었다. 1992년 2월 말레이시아의 콸라룸푸르에서　AIBD(아시아·태평양방송개발기구)의　주관으로 열린 모임이었다.

　AIBD(Pacific-Asia Institute for Broadcasting Development)는 1967년 유네스코가 아시아·태평양지역의 방송 실태를 조사하면서 이들 지역의 방송사를 좀 더 육성 발전시키자는 취지로 만든 방송기구이다. 공식적으로는 1977년 8월 말레이시아의 콸라룸푸르에서 출범했다.

　1992년 당시의 회원국은 한국을 비롯해서 중국, 인도, 이란, 필리핀, 베트남 등 22개국이었다. AIBD는 UNDP(유엔개발계획)와 ABU(아시아·태평양방송연맹) 또는 회원국 공공기관

등의 협조로 운영되고 있다.

AIBD가 추구하는 목표는 크게 두 가지로 요약된다. 하나는 회원국 방송사 간의 친목을 도모하자는 것이고, 다른 하나는 방송인의 전문능력을 더 한 층 끌어올림으로써 능률적이고 체계적인 방송업무를 수행하자는 것이다. 이를 위해 AIBD는 각종 세미나와 워크숍을 마련하고 이를 통해 국제간 방송의 난제를 상의·해결하며 정보를 교환한다. 이번 콸라룸푸르에서 갖는 세미나도 바로 그런 의도에서 구성된 것으로 보았다. 그런데 주제가 '통계분석'이니, 너무 생소하지 않은가? 방송 프로그램의 제작 관련이라면 몰라도…. 하기야 방송국이라 해서 통계를 전혀 다루지 않는 것은 아니다. 예를 들어 수용자가 프로그램에 대해 어떤 요구사항을 갖고 있는지. 그 요구사항은 지역별, 연령별, 직업별, 남녀 성별 등으로 어떻게 다른지. 또는 각 프로그램에 대한 시청률은 어떻게 나타나 있는지, 그 시청률은 다른 프로그램에 어떤 영향을 주고 있는지 등을 조사하고 분석 평가하는 데도 통계는 요긴하게 활용된다. 이러한 통계의 분석결과를 바탕으로 편성부서에서는 방송기획의 뼈대를 잡고 프로그램을 신설하거나 폐지한다.

당시 나는 KBS의 편성실 방송기획 분야에서 근무 중이었다. 그래서 담당 업무가 방송정책인 자가 참석하는 것이 적합하다고 판단하여 나에게 출장명령을 내린 것 같다.

한국 이외의 참가국을 보니 스리랑카, 브루나이(여), 베트남(여), 중국(여), 말레이시아, 싱가포르(여), 필리핀(여), 방글라

데시, 파푸아 뉴기니, 인디아 등 모두 11개국이었다.

드디어 2월 10일 오전 9시. 콸라룸푸르의 중심지인 잘란술탄의 후라마 호텔 1층 회의실에서 세미나가 시작되었다. 그러나 막상 참석해보니 여러모로 회의 내용에 의문이 드는 것이었다. 당초 주제로 내세운 통계분석의 필요성이나 문제점 또는 앞으로의 해결방안을 논의하기보다는, ‘통계’라는 교과목을 처음부터 학습시키는 분위기였다는 점이다. 이런 학습방법은 세미나가 끝나는 21일 전날까지 내리 계속되었다. 통계의 개념과 수(數)의 논리에 대한 설명이 그러했고, 최빈치(mode)·중앙치(median)·평균치(average) 또는 변산치(measure of variation)를 산출하는 방법 등이 그러했다. 그리고 등위 상관계수(rank correlation)니 신뢰성 한계(correlation limits)니 하는 낯선 전문용어는 왜 그리 많고 내용이 어려웠던지…. 이건 세미나가 아니라 숫제 통계 전문가를 양성하기 위한 워크숍 같았다. 가뜩이나 숫자라면 학교 적부터 서투르던 내가 아니던가. 회의가 지루하고 답답할밖에 없었다.

그런데도 이를 잘 견뎌내고 나중에는 보람까지 얻게 된 것은 강의 내용을 이끌어가는 강사들의 재치와 유머가 풍부했고, 재미를 곁들인 실습, 그리고 남녀 혼성 특유의 학습 분위기 때문이 아니었을까 생각된다. AIBD 출신의 연구개발 실장인 라오의 학습 지도방법은 아주 특이했다. 그는 강의 시작 전 참가자들의 성명 쪽지가 들어 있는 종이함을 흔들어 추첨을 한다. 그리고 당첨된 사람에게 다음날 아침 그 전날의 수강 내용을

5~6분간 설명하게 하는 것이었다. 담당자의 설명이 끝나면 질의응답을 갖게 한다. 이어서 강사가 총평을 하는 식으로 회의를 이끌어 갔다. 수강자세의 충실도를 점검하고, 제대로 해득하지 못한 부분을 복습시키려는 의도였던 것이다. 그러니 참석자들은 다음날 망신을 당하지 않기 위해서도 학습에 열중할 밖에 없었다.

벌써 잊은 지 오래나 'Z 가치'라든가 'T-Test', '곡선회귀(曲線回歸)' 등을 배우고 익히며 신기하게 여기던 그 때의 추억이 지금도 문득 떠오른다.

이 달 12일이던가. ≪동아일보≫는 사설을 통해 '통계청이 가축현황, 경지면적, 인구동향 같은 통계항목을 작성하면서 현장조사를 하지 않고 지방자치단체 등의 잘못된 자료를 그대로 인용한 사실이 밝혀졌다'는 점을 지적했다. 아울러 부실 통계 작성에 책임이 있는 관련자들을 문책해야 한다는 주장이다. 합리적이고 과학적인 전망과 계획을 수립하려면 정확하고 정밀한 통계를 기초 자료로 써야한다는 게 사설의 논지였다.

통계란 두 말할 필요 없이 '현상을 보다 더 잘 이해하고자 자료를 수집하고 분석하는 것'을 가리킨다. 그러나 유감스럽게도 "통계는 거짓말을 하지 않지만, 거짓말하려는 사람은 통계를 이용한다"는 말이 있다는 말에 주목할 필요가 있을 것 같다. 결국 통계란 자료의 수집과 분석 방법에 따라 결과가 달라진다는 얘기가 아니겠는가. 통계자료는 단지 확률적 성격만 가지고 있을 뿐이어서 표본을 어떻게 뽑아내느냐에 따라 통계분석이 달라지는 게 사실이다.

1936년 미국 대통령 선거를 앞두고 한 매체가 여론조사를 실시했다. 유력한 두 후보인 '프랭클린 루스벨트와 랜든 가운데 누가 대통령에 당선될 것이냐'라는 조사였다. 결과는 랜든 후보가 크게 이길 것으로 예측되었다. 하지만 뚜껑을 열어보니 루스벨트의 압승이었다. 왜 이렇게 예측이 빗나갔을까. 이 여론조사는 전화번호부에서 뽑아낸 표본을 근거로 실시한 것이 탈이었다. 그 당시 전화기를 소유한다는 것은 부(富)의 상징이었고, 이들 부유층은 대부분 공화당의 랜든 후보를 지지했기 때문이다.

이와 같이 잘못된 통계는 뒷맛을 씁쓸하게 한다. 어디 그 뿐인가. 미래를 오도하기 십상이다. 구체적으로는 사회와 국가에 혼란을 주고 위해를 끼친다. 통계의 정확성을 아무리 강조해도 충분치 않은 이유가 여기에 있는 것이다.

2009년 5월

울음이 사라진 병원 장례식장

　올봄에는 세 차례나 병원 장례식장을 찾아 조문(弔問)했다. 망자(亡者)의 한 분은 진외가 쪽의 형님이었고, 나머지 분들은 대학 동기의 어머니와 빙장(聘丈)이었다.

　친척 형님은 폐결핵으로 고생하다가 75세에 생을 마감했다. 하지만 다른 분들은 90세와 93세에 이렇다 할 병명 없이 돌아가셨다 하니 노환이 아니었을까 생각된다. 형뻘 되는 분은 예부터 나고 자란 지방의 병원에서, 친구의 어머니와 장인어른은 서울에 있는 큰 의료원에서 영결식을 가졌다.

　지금 나는 망자들과의 관계나 사인, 또는 장례식장의 규모 따위를 따져보려는 것은 아니다. 최근 들어 더욱 절실히 느끼는 장례식장의 이상한 분위기를 말하고 싶어서이다. 내가 느낀 '이상한 분위기'란 바로 장례식장에서 울음소리를 듣기가 매우 어렵다는 점이다. 두 말할 필요 없이 장례식장이란 아끼고 사랑했던 사람을 이승이 아닌 저승으로 영원히 떠나보내는 장소를 말한다. 이승을 떠나는 사람은 내 아버지나 어머니 또는 할아버지, 할머니일 수도 있고, 가까운 친척이나 우정 어린 벗일 수도 있다. 따라서 측은하고 불쌍해서도 울고. 분하고 절통해서도 울며, 그립고 후회스러워도 울음이 나오게 마련이다. 그런데 울음소리가 없다니 이게 대체 어찌된 일인가? 내가 문상을 갔던 그 병원의 그 시각만 그랬다면 모르겠다. 하지만 그게 아니어서 이 글을 쓴다. 시골 병원이든 도심의 병원이든, 그리고 조문한 시각이 어느 때이든, 그런 현상은 판에 박듯 똑 같았다는 것이 내 경험이다.

물론 우는 사람이 전혀 없는 것은 아니다. 그러나 그런 모습은 아주 드물었고, 울음 자체도 그리 애달프거나 서글프지도 않아 보였다. 혹시 병원은 공공장소여서 남을 의식하느라 울음을 억제한 것일까? 그래서, 장례식장을 벗어난 다른 곳, 말하자면 화장실이라도 찾아 몰래 혼자 울어서 그랬을까? 그러면 퉁퉁 눈자위라도 부어올라 있어야 하건만 그런 흔적은 전혀 없다. 누(淚)든 곡(哭)이든 눈물이 없었음이 분명하다. 왜 그럴까?

망자의 죽음을 너무도 당연하게 받아들이고 있는 때문일까? 가슴이 찢어지는 애통함이나 뼈 저리는 절통함은 어느 구석에서도 찾을 수 없고, 어떤 경우엔 귀찮으며 거치적거리는 존재가 사라졌다는 느낌까지 감지될 정도의 장례식장도 없지 않았다. 이규태는 그의 저서 ≪무엇이 우리를 한국인이게 하는가≫에서 이렇게 말한다.

> 상사(喪事)에선 울음이 구슬플수록 그 집에 효부가 났다고 소문이 나게 되어 있다. 그러기에 구슬픈 통곡이 크고 길수록 좋다.

그러나 이제는 아닌 것 같다. 장례식장이면 으레 볼 수 있었던 구슬픈 통곡은 사라지고 없다. 물론 예외가 없는 것은 아니다. 느닷없이 비명횡사를 당한 사람이 가족의 일원일 때는 설움이 지나쳐 기색혼절하기도 한다. 찾아간 문상객조차 민망해하고 당황할 정도이다. 하지만, 이것은 아주 특별한 경우이다. 대부분의 장례식장은 죽은 자의 고요만큼이나 눈물 없이 맨송맨송하다. 어느 곳보다도 병원의 장례식장이 더 하고, 그 병원의 장례식장이 규모가 크면 클수록 이런 몰풍함은 두드러진다.

꽤 오래 전의 일이다. 병을 얻어 고생하던 친구가 사망했다는 소식을 듣고 부리나케 장례식장으로 달려갔다. 미망인이 되어버린 친구의 부인과 고등학교에 재학 중인 아들딸들이 빈소를 지키며 일렬로 늘어서 조문객을 맞고 있었다. 검은 상복을 입고 있는 그들을 보니 절로 비감이 느껴졌다. 먼저 무릎을 꿇고 향을 살랐다. 그리고 재배를 하느라 일어섰다. 바로 그 때 친구의 영정과 맞닥뜨렸다. 죽은 친구의 사진을 보면서 나는 그만 울음을 터뜨리고 말았다. 그야말로 엉엉 소리 내어 울어버린 것이다. 남이 있건 말건.

갑작스런 행동에 미망인이나 유족들도 조금 당황하는 듯했다. 그들의 얼떨떨했던 표정이 이를 말해준다. 그러나 그것이 전부였을 뿐, 따라 우는 유족도 없었고 그저 무덤덤한 모습들이었다. 그러자 내 자신이 오히려 쑥스러워지는 것이었다. 정작 유족의 태도는 멀쩡한데, 내가 뭐라고 그런 오버액션을 취할까 하는 자책이 들었다.

그것이 빌미가 된 것은 아니지만, 이후 문상하면서 소리 내어 우는 일은 없었다. 아니, 아예 울지 않기로 했다. 혹시 요즘의 다른 문상객들도 당시의 나 같은 심정이어서 장례식장에서는 울지 않는 걸까? 그렇다면 가족들이 울지 않는 이유는 대체 뭐란 말인가?

옛날에는 '부모가 세상을 떠나면 3년 동안 산소 옆에 움막을 짓고 머리도 빗지 않았다'고 한다. 이를 가리켜 시묘(侍墓)라 하고 그러한 상례(喪禮)를 최고의 미덕으로 쳤었다. 오늘날에도 그런 신화 같은 풍속이 존재할까?

누구라도 알고 있는 해답을 최신해(崔臣海)는 그의 수필 '한국인의 효'에서 이렇게 밝히고 있다.

임진왜란 때에 충무공 이순신 장군은 상을 당하여 3년 동안 상주 노릇을 하였다는데, 그 분은 자식의 도리를 다했고 국민 된 도리를 다했다. 장군으로서의 임무를 완수했던 분이어서 그 당시의 도덕관으로 볼 때에는 가장 모범적인 만민의 귀감 이었겠지만 그렇다고 요새 세상에 전쟁을 치르고 있는 해군참 모총장이 부모의 상을 당했다고 3년이나 복상하는 사람이 있다면 당장 군무이탈 죄로 사형에 처해야 하겠다고 온 국민이 들고 일어날 게 아니겠는가.

그만큼 효에 대한 개념과 평가는 달라졌다. 그러니 병원의 장례 의식인들 온존해 있을 턱이 있겠는가. 세상이 바뀌면서 덩달아 변화하는 것이 당연할 줄 안다. 그렇기는 하다만, 한 방울의 눈물이나 한 줄기 오열도 없이 줄곧 뽀송뽀송한 장례식장이라면 정말 면구스럽고 정나미가 떨어진다.

그보다는, 망자가 얼마나 섭섭하고 야속하게 여길 것인가. 관(棺)에서 튀어나와 "괘씸한 것들!"하고 소리치고 싶을 것이다.

2009년 5월

제 6 부

바람같이 떠도는
나그네

군문(軍門)에 들어간 아들에게

세헌아,

오늘은 9월 27일, 월요일. 네가 입대한 지 꼭 2주가 되는 날이다. 그동안 잘 지내고 있을 것으로 믿는다.

집 안은 별 일 없다. 엄마도 안녕하시고 쌍둥이 동생 윤정·윤주도 아주 건강하다.

그래, 훈련생활은 어떠냐? 적응에 어려움은 없는가 모르겠구나. 혹 어디 아픈 데는 없는지, 식사도 잘 하고 있는지, 또 잠자리는 어떤지 두루 궁금하다. 집 떠나면 누구나 고생을 하게 마련이지만, 조직생활에 고된 군사훈련을 받다보니 더욱 어려움이 많을 줄 안다. 가정이라는 온실에서 편안히 지내다가 군대라는 조직생활을 해야 하니 왜 안 그렇겠냐.

그러나 세상 살기란 병영생활이 아니라도 결코 녹록하지 않은 것이란다.

너도 알겠구나. 솔제니친이 쓴 ≪이반 데니소비치의 하루≫에서 주인공은 시커먼 양배추 시래기나 솥에서 끓여낸 쐐기풀만을 먹으면서도 힘든 노동을 했었지. 생선도 있었다고? 물론 있었지. 그러나 생선이라야 '살점보다 가시가 더 많기 일쑤였다'는 대목이 있지 않더냐? 주인공은 오래 고아서 물러진 대가리 뼈의 비늘 한 장 까지 꼭꼭 씹어 먹었지.

특정인의 특수한 사정일 뿐이라고 생각지 마라. 이 세상엔 더 극한 상황도 있을 수 있다는 점을 알아주었으면 한다.

요즘은 제식훈련이 한창이겠구나. 제식훈련은 민첩성과 집중력, 그리고 협동심을 높이기 위한 것이니 교관의 구령과 지시사항을 잘 따라야 할 것이다. 흔히 '군대란 요령'이라고 말하지만, 요령이란 민첩성과 기지(機智)에 다름 아니다. 세헌은 판단력이 우수하므로 잘 해나갈 것으로 아빠는 믿는다.

사랑하는 아들 세헌아,

추석이 사흘 앞으로 다가왔구나. 네가 더욱 보고 싶다. 추석 연휴에는 훈련이 없다니 덜 고생이 되겠다만 세탁하랴, 관물 정돈하랴, 사역병으로 차출 당하랴 바쁘기는 매 일반일 줄 안다. 상사에 고분고분하고 선임자에게도 깍듯이 대하여 모범된 훈련병으로 평가를 받도록 해주기 바란다. 다른 전우가 18개월이나 2년 이상을 복무할 때 6개월만 군 생활을 한다는 것이 어떤 의미에서는 축복이 아니겠느냐? 고생을 덜 한다는 의미보다 남은 기간을 자아 개발을 위해 값지게 활용할 수 있을 테니까.

따라서 장차 사나이로서의 당당한 몫을 해내기 위해서라도 작고 적은 고통쯤은 정신력으로 극복해야 할 것이다. 한 마디로 훈련생활이란, 그리고 군대란 국토를 지키고 민족을 보위한다는 큰 뜻 이전에 한 개인의 정신력을 시험하고 의지력을 저울질한다는 인생의 도장(道場)으로 알아주기 바란다.

비라도 내리려는지 하늘이 짙은 구름으로 덮여 있구나. 방문을 닫고 있어도 더위를 느낄 수 없으니 여름도 다 간 듯싶다. 아침저녁으로는 바람이 차니 건강에 각별히 주의해라. 찬바람이 불 때마다 알레르기성 비염인가로 콧물을 많이 흘리던 네가 아니냐. 이 점 특별히 유념하여 건강을 관리해 줬으면 한다. 편지할 때마다 그러지 말자고 늘 다짐하면서도 막상 글을 쓰려면 왜 시시콜콜 잔소리가 많아지는지….

세헌아,

몸도 마음도 더욱 강건해졌을 네 모습이 보고 싶다. 할아버님, 할머님께 추석 제례를 올린 뒤 또 소식 전하마.

모쪼록 건강에 유의하기 바라면서….

1993년 9월 27일(월) 오후 3시 아빠가

1993년 9월

5181부대 앞에서

존경하는 대대장님,

9월 15일자로 발송해 주신 통신문, 잘 받아 읽었습니다. 모든 면에서 미숙한 신병들을 교육시키기에도 분주하실 텐데 이렇게 서신까지 보내주시어 감사합니다.

실상 아이놈을 군문에 보낸 뒤 집사람은 안절부절 하지 못한 채 걱정과 염려로 나날을 보내고 있던 참이었습니다. 어디 집사람뿐이겠습니까. 저 또한 일이 손에 잡히지 않고 뒤숭숭해 한동안 안정을 찾을 수 없었지요.

군(軍)의 사명이란 국토를 보위하고 민족의 생명을 지켜내는 것이라는 것을 모르지 않습니다. 입대 후의 각종 훈련은 올바른 군의 사명을 다 하기 위한 최초의 단계가 되겠지요. 때로는 개인적인 사고나 희생도 따를 수 있을 것입니다. 그러기에 부모가 된 입장으로서는 좌불안석입니다.

그러나 통신문을 받고 난 지금은 한결 마음이 가벼워졌습니다.

"신병교육대 간부 일동은 귀댁의 황세헌 군을 친동생같이 대하여 4주 후 퇴소식에 믿음직한 모습을 보여드릴 수 있도록 최선을 다해 보살펴 드리겠습니다."라는 대대장님의 말씀을 들었기 때문입니다.

모쪼록 사나이로서의 강건한 기백을 북돋아주시고, 이 나라는 물론이려니와 국제사회에서도 제 몫을 당당히 다 해 나갈 수 있도록 훌륭한 자질, 높은 능력을 배양해 주시기 바랍니다.

대대장님,

어제는 마침 일요일이어서 아내와 함께 5181부대를 방문했습니다. 가아인 세헌을 면회할 목적이 아니었습니다. 훈련기간 중에는 면회가 불가함을 익히 알고 있었으니까요.

휴무일의 병영은 정말 그림같이 조용하기만 했습니다. 5181부대는 다른 어느 부대보다도 규율이 검격하다는 얘기를 많이 들었지만, 이 날의 부대 안팎에서는 전혀 그런 낌새는 느낄 수 없었습니다. 정문 부근을 잠시 배회하다가 저희는 귀가 길에 올랐지요. 누가 들으면 부질없는 짓을 했다고 나무랄지 모릅니다. 하지만 '아들이 생활하는 장소에 가까이 다가갔었다'는 뿌듯한 마음이 저희들 가슴 속에는 남아있었습니다.

보내주신 통신문에 거듭 감사의 말씀을 드립니다. 대대장님의 건강하심과 대대의 무궁한 발전을 기원합니다. 안녕히 계십시오.

감사합니다.

1993. 9. 20 A 중대 황세헌의 부 올림

맛과 향기 높은 과일이란

사랑하는 맏딸 윤정에게,

보낸 편지 잘 받아 읽었다. 편지가 도착한 어제(7/19)부터 오늘까지 다섯 번이나 읽고 또 읽은 끝에 이 답장을 쓰고 있다. 뜨악하기는 했지만 그간의 전화 통화로 너의 근황을 알기는 했었지. 그러나 이렇게 편지를 받고 보니 아비는 정말 반갑구나. 아마도 눈에 익은 너의 글씨를 읽는 기쁨이 너무 큰 때문일 것이다.

이곳은 모두 평안하다. 두 분 고모님들께서도 안녕하시고, 엄마 아빠도 건강하다. 오빠 세헌은 요즘 회사 일로 눈 코 뜰 새 없이 바쁜 모양이더라. 업무가 바쁜 것이야 어쩔 수 없겠지만 건강이라도 해치지 않을까 걱정되는구나. 윤주는 얼마 전부터 요가(yoga)에 흥미를 붙여 새벽마다 학원에 나가 수련을 받고 있단다. 건강과 체력단련을 위해 시작했으니만큼 소기의 성과를 거두었으면 하는 바람이다.

네가 한국을 떠나 미국으로 유학을 간지도 벌써 7개월이 가까워오는구나. 아무런 연고자도 없이 홀로 지내는 해외생활이 얼마나 힘들고 괴로운 일인가를 아빠는 잘 안다. 특히 마뜩치 못한 뒷받침을 받는 입장에서 훌륭한 성악가로서의 꿈을 성취하려니 어려움은 더 클 것이다. 좋은 환경에서 자란 과일이 크기와 때깔은 우수할 수도 있지. 그렇다고 맛과 향기조차 뛰어난 것은 아니란다. 모진 시련을 극복하고 자란 과일이라야 모양도 야무지고 맛과 향기도 빼어난 법이지.

아빠는 너의 굳은 의지와 신념을 자랑스럽게 여긴다. 그리고 네가 소망하는 바가 분명히 이룩될 것으로 확신한다. 용기를 가져라. 이 세상에 못 오를 산은 없는 법이다. 대성(大成)하려면 몇 가지 요건이 필요하지.

첫째는 신념이다. 가슴으로 굳게 믿어 의심치 않는 것이 신념이다. 신념이란 자기암시란다. '나는 할 수 있다"고 믿는 것이다. 신념 없이 인생의 대업은 결코 이루어지지 않는다는 점을 명심해다오.

둘째는 근면이다. 부지런한 새가 벌레를 잡기 마련 아니더냐? 잠자는 사자보다 짖어대는 개가 쓸모 있듯, 근면은 성공의 시작이요 끝이다. 게으르고 나태한 자에게는 언제나 실기(失機)와 패배만 있을 뿐이지.

셋째는 성실이다. 자신의 지혜와 능력을 다해 전력투구하는

것이 성실의 기본이다. 나의 생각, 나의 언행, 또는 나의 생활
이 과연 성실 한지를 언제나 자성하기 바란다. 성실을 다 해
쌓은 탑은 무너지는 일이 없다는 점을 염두에 두도록 해라.

넷째는 노력일 것이다. 천재는 99%의 땀과 1%의 영감으로
이루어진다고 말한 사람은 에디슨이었지. 땀은 곧 훈련과 노력
이 아니겠니? 타고난 재능을 믿지 말고 훈련과 노력의 힘을
믿기 바란다.

그러나 무엇보다 중요한 것은 건강일 것이다. 제아무리 빛나
는 희망, 높은 포부를 갖고 있다 해도 몸이 따라주지 못하면
뜻을 이룰 수 없기 때문이다. 따라서 아빠는 다른 무엇보다도
체력관리에 각별히 유념해 주기를 바란다. 건강을 잃으면 모든
것을 잃는다는 말을 케케묵은 격언쯤으로 알아두지 말거라.

오래 전 아빠가 유학생활을 할 때가 생각나는구나. 나는
1983년 성곡언론문화재단의 유학생으로 선발되어 홍콩대학교
에서 1년 간 중국어를 공부했었지. 학비나 체재비 염려는 없었
지만, 혼자 떨어진 터수라 외롭고 쓸쓸하게 지냈던 기억이 새
롭구나. 막연한 향수(鄕愁)도 그러려니와 귀여운 너희 3남매
가 눈에 밟혀 견딜 수가 없었단다.

너 또한 비슷한 체험을 하고 있으리라 생각되는구나. 하지
만, 아빠가 겪었던 입장과 지금의 네 상황은 분명 큰 차이가
있지. 아빠의 유학이 근무의 연속이라면, 너의 유학은 네 스스
로가 자발적으로 선택한 길이 아니더냐? 성악도로서의 실력을
다지고, 그 다져진 실력을 만방에 떨치고자 하는 목표가 뚜렷

하지 않느냐? 목표가 있는 삶이란 사막에서 신기루를 좇는 허황됨과는 다르다. 목표가 뚜렷한 사람은 뜻한 바를 반드시 성취해 내겠다는 욕망에 충만하다. 그리고 줄기찬 노력과 끈질긴 집념을 갖게 마련이다. 흔히 성취인(成就人)이라는 말을 쓰고 있다만, 성취란 결국 피와 땀과 눈물의 결정(結晶)에 다름 아니다. 윤정인 너도 성취를 원하지 않느냐? 그렇다면, 지금의 어려움을 고생이라고 부를 수는 없을 것이다. 자신(自信)과 용기를 가져주기 바란다.

윤정아,

석사과정 2년은 그야말로 눈 깜짝할 사이에 후딱 지나간단다. 영어에도 똑같은 표현이 있지. 'in a wink'라는. 그러기에 너 윤정이 해야 할 일은 많고 바빠질 것이다. 유창하고 품위 있는 현지어를 구사하는데도 더 많은 관심을 기울여야 하고, 성악을 공부하는데도 불꽃 튀는 노력을 쏟아야할 것이다. 해서 명망 높은 콩쿠르에서 우수한 성적을 올렸으면 한다. 한 사람의 성공 여부는 노력의 과정도 중요하지만 좋은 결실을 맺는 것은 더욱 높이 평가되기 때문이다. '젊어 고생은 사서라도 한다'는 옛말도 있지 않더냐. 지금 겪는 고초는 분명 축복이 되어 너에게 돌아올 것을 아빠는 확신한다.

윤정아,

네가 사는 곳의 날씨가 좋다니 다행이로구나. 서울은 지금 한낮의 온도가 30도를 웃돌 만큼 찜통 같은 무더위가 기승을 부리고 있단다. 성악을 하는 사람에게 돋은 악기와 마찬가지이다. 언제나 최상 최고의 컨디션을 유지해 주기 바란다.

  윤정아,

  보고 싶구나. 네 환한 얼굴, 시원한 웃음소리가 그립다. 자주
연락하자. 그럼 오늘은 여기서 안녕!

  2001년 7월 20일 서울에서 아빠가.

2001년 7월

호랑가시나무 담장

- 네덜란드에서의 제1신 -

세헌 엄마,

그동안 별고 없었는지 궁금합니다. 세헌과 윤정·윤주도 잘 있겠지요. 파주에 계신 형수님이나 큰 누님, 작은 누님께서도 두루 평안하신지요.

덕분에 나는 건강한 몸으로 방송연수에 열중하고 있습니다. 돌이켜보니 이곳 네덜란드에 온지도 어느새 한 달이 가까워지는군요. 처음엔 모든 것이 어설퍼 견딜성 싶지 않더니 지금은 많이 익숙해져서 지낼만합니다.

오늘은 이곳 RNTC에서 음악프로그램 제작에 관한 평가가 있었지요. 나는 '한국의 전통음악'이라는 제목으로 프로그램을 제작하여 아주 좋은 평가를 받았습니다. 오랜만에 들어본 만파

식적(萬波息笛)이나 아리랑, 태평가 등은 떠나온 내 나라 한국
과 가족에 대한 그리움을 더욱 부채질하듯 했습니다.

점심시간에는 아인트호벤에 살고 있는 최미나 씨와 통화했습
니다. 아주 반가워하더군요. 알다시피 최미나 씨는 얼마 전까지
방송 탤런트로 활동했던 분으로, 네덜란드의 PSV 아인트호벤
축구팀에서 주전 멤버로 뛰고 있는 허정무 선수의 아내죠. 오는
27일 허 선수와 인터뷰를 갖기로 약속을 했습니다. 물론 방송제
작 연수 프로그램과는 무관합니다. 그러나 기왕 네덜란드에 와
있으니만큼 해외 유명 축구팀에 진출한 그의 활약상과 앞으로의
계획이나 포부 등을 물어 KBS에 전할 생각입니다.

이번 주말(20일)에는 네덜란드 남쪽에 있는 브라반트로 여
행할 계획이 잡혀 있습니다. 네덜란드대학재단이 외국인 학생
들을 위해 마련한 여행 프로젝트여서 참가비가 저렴한 편이죠.
도자기를 굽는 곳과 그 지역의 박물관을 방문하리라는 얘기를
들었습니다, 다녀와서 자세한 얘기를 전하겠습니다.

형수님과 두 분 누님들께 보내드린 엽서가 잘 도착했다니
다행이군요. 또 아현동과 신촌에 사시는 두 분 누님들께서 자
주 찾아주신다니 감사합니다. 혹 어려운 일이 있거든 혼자 애
쓰지 말고 누님들께 말씀 드려 도움을 받기 바랍니다.

윤정·윤주가 한글을 다 깨쳤다니 기쁘기 그지없군요. 살림
하랴, 아이들 건사하랴 고생이 심할 줄 압니다. 이렇게 멀리
떨어져 있어 아무 도움이 못되는데다 때로 한가한 여행 애기
나 지껄여 스스로 부끄럽습니다. 하지만, 방송연수나 낯선 곳

의 여행은 앞으로의 밝은 미래와 자아 계발을 위해서 분명 유익한 밑거름이 될 수 있으리라 생각됩니다.

참, 세헌은 4학년 몇 반으로 결정됐는지요. 담임선생님께 서신을 띄우고자 하니 존함도 함께 알려주었으면 합니다. 세헌은 3학년 때 1등을 했었지요. 나에게 보낸 편지내용을 봐서는 앞으로도 우수한 성적을 낼 것이 틀림없어 보입니다. 허나, 4학년 과정은 매우 중요하므로 세헌 엄마가 더 신경을 써야 할 것 같습니다.

요즘 서울 날씨는 어떤지요. 이곳에서는 벌써 개나리가 꽃망울을 보이기 시작했습니다. 뜰 안에 심은 튤립도 새 순을 돋우고 있군요. 부근의 동네 길을 걷다보면 마당 안이 훤히 보이지요. 부유한 나라에다 국민성이 정직한 나라답게 집집마다 담장이 없기 때문입니다. 있다 해도 호랑가시나무로 낮게 울타리를 만들거나 30~40센티미터 높이의 낮은 철책이나 목책으로 시늉만 내고 있습니다. 이런 모습이 너무 신기하게 느껴졌습니다. 정직하고 신뢰하는 사회, 정말 아름답고 부러운 사회가 아니고 무엇입니까?

편지 쓰기에 열중하다보니 내일 RNTC에 제출할 과제물을 깜빡 잊었군요. 오늘은 이만 쓰겠습니다. 세헌 엄마를 비롯한 우리 집 식구 모두의 건강을 천지신명께 기도드립니다. 안녕히!

1981년 2월 17일 밤 네덜란드에서 세헌 아빠가

1981년 2월

바람같이 떠도는 나그네

– 네덜란드에서의 제2신 –

세헌 엄마,

얼마나 수고가 많습니까. 귀엽고 착한 세헌과 윤정·윤주도 모두 건강하겠지요. 4월 17일에 편지를 받은 후 아무 소식이 없어 궁금합니다. 세를 놓았다던 건넌방은 이사해 왔는지요. 조카 성혁 엄마는 새롭게 벌인 사업에 재미를 보고 있는지 모르겠군요.

RNTC에서의 방송연수도 벌써 마무리 단계에 들어간 듯싶습니다. 오는 5월 22일이면 연수과정도 단락을 맺게 되니까요. 남은 기간 최선의 노력을 다 해 유종의 미를 거두도록 하겠습니다.

지난 24일(금요일)에는 스위스와 룩셈부르크를 다녀왔습니다. 암스테르담에서 취리히 행 기차를 탄 시각이 저녁 8시 19분. 이튿날 아침 7시가 조금 넘어 도착했습니다. 취리히는 스위스 제1의 도시로 상업과 문화의 중심지로 알려져 있습니다. 취리히 중심부를 관통해 흐르는 리마트강과 페스탈로치의 동상, 그리고 그로스뮌스터 대성당을 둘러봤습니다. 페스탈로치 동상은 마치 어느 어린이의 물음에 친절히 대답이라도 하는 모습이어서, 어린이에 대한 그의 사랑과 교육을 절로 느끼게 했습니다.

그로스뮌스터 대성당은 리마트강 옆에 우뚝 솟아 있었습니다. 로마네스크 건축양식으로 지어진 쌍둥이 탑이 눈길을 끌었지요. 취리히를 대표할 만큼 그 규모나 아름다움이 뛰어났습니다.

취리히를 떠난 시각이 오후 5시 10분. 오후 6시 30분에 베른에 도착했습니다. 1421년부터 150년에 걸쳐 건설되었다는 뮌스터성당을 방문했으나, 공교롭게 수리가 한창이었습니다. 워낙 늦게 도착한데다 날씨조차 맑지 못해 좋은 사진을 찍지 못한 게 아쉽기만 하군요. 다만 구시가지의 거대한 시계탑은 오랫동안 기억에 남을 것 같습니다. 16세기에 만들어진 이 시계탑은 베른의 상징으로 되어 있을 만큼 유명합니다.

저녁 8시 36분 베른을 떠나 두 시간 쯤 뒤인 10시 30분 제네바에 도착했습니다. 다음 행선지인 파리 행 기차를 바꿔 타려면 고작 반시간 정도의 여유밖에 없었지요. 고단한 마련해서는 대합실 의자에 앉아 휴식을 취하는 게 좋으련만, 나는 서둘러 역사(驛舍)를 빠져 나왔습니다. 걸어서 5~6분 거리에 이곳 최대의 번화가인 몽블랑거리와 레만호(湖)가 있다는 걸 알기 때문입니다.

레만호 주변의 야경은 정말 볼만했습니다. 밝은 조명을 받은 건물들이 대낮같이 환하고 아름다웠습니다. 늦은 밤이라서 레만호의 명물인 분수는 볼 수 없었지요.

파리에는 이튿날 아침 7시 경에 도착했습니다. 지난번에 왔을 때 그냥 지나쳤던 몽마르트 언덕의 사크레 쾨르 성당을 다시 방문한 것은 비잔틴 양식의 하얀 색 돔이 매우 이채롭게 보였던 때문인지도 모릅니다. 몽마르트 언덕은 표고가 130미터에 불과합니다. 그래도 이 언덕에 오르면 파리 시내가 한 눈에 들어옵니다. 주택들을 보고 있노라면, 그리고 그 주택 속에서 오순도순 가족애가 샘솟고 있을 걸 생각하노라면 문득 서울에 두고 온 집 생각이 간절해지는 것이었습니다.

룩셈부르크에 닿은 시각은 그날 낮 2시 42분이었습니다. 부슬비가 내리는 길을 걸어 유명한 클레르보 성채를 찾았습니다. 깎아지른 절벽 위에 세워진 성채는 기둥 일부와 벽만 앙상히 남아 있더군요. 1712년에 지었다는 성채도 세월 앞에서는 어쩔 수 없었던 모양입니다. 그래도 150여 미터 아래로 흐르는 개천과 주변 건물이 조화를 이뤄 신비로운 아름다움을 드러내고 있었습니다. 룩셈부르크에는 유난히 성채가 많습니다. 지금은 하나의 관광지에 불과하지만, 당시로서는 열강 속에서 소국(小國)이 살아남을 수 있는 지혜의 소산이었을 겁니다. 아무리 힘이 센 나라라도 철옹성을 공략하기란 쉽지 않았을 테니까요.

룩셈부르크를 떠난 시각은 오후 5시 30분이었습니다. 두 시간 가량 머물러 있었던 셈이죠. 기차에 오르니 비는 어느새 눈으로 변해 있었습니다. 룩셈부르크 북부는 산이 많고 삼림이 울창했습니다. 눈발이 날리는데도 음전하게 풀을 뜯고 있는 얼룩소와 양들의 모습이 목가적 정취를 느끼게 했습니다.

룩셈부르크 국경을 지나 벨기에에 들어서자 눈발이 그치고 다시 비가 내리기 시작했습니다. 기차 창에 부딪치는 빗발을 보니 집 생각이 더욱 진하게 일었습니다. 왜 그렇게 보고 싶은 사람이 많던지. 울적한 마음에 콧날까지 시큰해 왔습니다. 그리운 가족, 보고픈 사람들을 떠나 왜 이렇게 바람 같이 홀로 떠다니고 있는지. '하얀 외로움'이란 이런 것을 두고 말하는 것일까요?

브뤼셀 북부 역에서 기차를 갈아타고 암스테르담에 오니 시간은 밤 11시 3분을 가리키고 있었습니다. 다시 힐버숨 행 기차를 바꿔 타고 호스텔에 도착했습니다. 긴긴 여행이었습니다. 날씨 탓으로 사진을 제대로 찍지 못한 것이 못내 아쉽기만 합니다.

이번 주에는 영국이나 오스트리아를 방문할 예정입니다. 혼자서만 여행해 정말 미안합니다. 귀국할 날도 한 달이 채 남지 않았는데, 그동안 세헌 엄마를 위해 준비한 선물은 아무 것도 없군요. 건강한 몸으로 돌아오는 것이 가장 중요한 선물이라고 세헌 엄마는 말했지만, 나로서는 은근히 걱정되는 게 사실입니다. 그건 그렇고 오늘은 너무 피곤하니 이만 줄일까 합니다.

다시 소식 전하기로 하고, 안녕히!

1981년 4월 27일 네덜란드 RNTC에서 세헌 아빠가

1981년 4월

장거리 여행에 실수를 마다하랴

- 네덜란드에서의 제3신 -

세헌 엄마,

방금 전 이곳 힐버숨 우체국에서 세헌과 윤정·윤주에게 두 장의 엽서를 띄우고 다시 이 글을 씁니다. 뭐, 특별히 덧붙일 얘기가 있어서라기보다 공연스레 마음이 허전하기 때문인 듯합니다.

RNTC에서의 방송연수도 2주 남짓 남겨둔 것 같군요. 지난 1월 이곳 네덜란드에 왔을 때는 정말 물설고 낯설어 배겨날 성싶지 않았죠. 이제는 제법 익숙해졌다고 생각 드는데 곧 떠나야 할 상황이 됐군요. 세상만사가 다 그런 것 아니겠습니까. 그러므로 특별한 미련이나 아쉬움은 없습니다. 그동안 연수에 충실했고, 먼먼 이국을 여행하며 여러 가지를 보고, 듣고, 느꼈으니까요. 무엇보다 감기 한 번 걸리지 않고 건강히 지냈던 것은 서울의 식구들, 특히 세헌 엄마가 염려해준 덕분으로 알고 있습니다.

5월 22일로 예정돼 있는 RNTC의 방송연수가 끝나면 이탈리아를 비롯해 스칸디나비아 3개국을 방문할 예정입니다. 그리스는 너무 멀어서 아쉽지만 포기해야할 것 같습니다. 유레일 패스를 사용할 수 있는 날짜도 6월 2일이면 끝나니까요. 여행 중 짐을 맡길 곳이 다소 걱정이 됩니다. 연수 뒤에는 이곳 호스텔도 자동적으로 폐쇄되기 때문입니다.

유럽 방문이 끝나면 귀국길에 타일랜드를 비롯해서 필리핀, 타이완, 홍콩, 일본을 거쳐 갈 예정입니다. 추가비용은 170길더로 한화 5만여 원에 해당합니다. 따라서 서울에는 6월 11일 경에 도착이 될 듯싶습니다. 마음 같아서는 연수가 끝나자마자 서울 행 비행기에 오르고 싶지만, 최대한 견문을 넓히는 기회로 삼고자 합니다. 다만 여행을 하려면 어쩔 수 없이 돈을 써야 될 텐데, 이게 제일 걱정이군요. 환전에 쓰이는 수수료도 만만치 않습니다. 프랑스의 기차역에서는 10%나 떼지요. 은행의 경우는 1% 내외인데…. 그러나 은행은 토요일과 일요일에 문을 닫는 결점이 있지요. 해서 울며 겨자 먹기로 기차역에서 환전을 하는 예가 많죠. 나는 오늘 4%의 수수료를 지불하고 영국을 방문했습니다.

유럽대륙에서 영국을 배편으로 방문하는 데는 15개 정도의 코스가 있지요. 네덜란드에서는 흔히 후크 오브 홀랜드를 통해

영국을 방문하지만 왕복요금이 160길더(1길더는 한화 300원)
나 됩니다. 프랑스의 칼리는 뱃길로서야 가장 빠르지만, 내가
사는 힐버숨에서의 거리가 멀어 적절치 않습니다. 결국 벨기에
의 우스텐데로 결정을 했습니다. 힐버숨의 스포츠 파크에서 기
차를 탄 시각이 저녁 6시 28분이었던가요. 암스테르담에서 벨
기에의 브뤼셀 미디(같은 브뤼셀이라도 Midi, Zuid, Central로
나뉜답니다) 행 열차를 7시 26분에 갈아타고 우스텐데로 갔습
니다. 현지에 도착한 시각이 밤 10시 23분이었으니 영국으로
갈 배는 타보기도 전에 이럭저럭 4시간이 걸린 셈입니다. 89길
더(1,270 벨기에 프랑)를 주고 우스텐데 – 런던 빅토리아 왕복
배표를 샀습니다. 얼마를 기다려 마침내 Sealink라 불리는 작
은 여객선에 올랐습니다. 규모는 작아도 바와 레스토랑, 환전
소와 면세점 등 갖출 것은 다 있더군요. 의자에 앉아 자는 둥
마는 둥 하는 사이에 배는 영국 도버에 도착했습니다. 벨기에
의 우스텐데나 영국의 도버 항에 도착한 시간을 정확히 기억
할 수 없는 것은 일정이 바빴고, 마음도 덩달아 쫓기면서 어수
선한 탓인지 모릅니다. 도버에서 다시 기차를 타고 빅토리아역
에 도착한 시간은 다음날 아침 6시 50분이었습니다.

　미리 준비해 간 지도를 보면서 그로스브너 거리를 따라 하
이드 파크를 찾았습니다. 공원 바로 앞에는 워털루전투의 승장
(勝將)인 웰링턴의 동상이 말을 탄 모습으로 우뚝 서 있었습
니다. 아직 시간이 일러서인지 공원 안에는 별로 사람이 없었
습니다. 구름이 잔뜩 긴 날씨에 바람도 썰렁했고. 내부 시설도

별로인 탓인지 공원 분위기는 음산했습니다. 영화 '지킬 박사와 하이드'의 무대다웠습니다. 공원 안을 한 바퀴 돈 뒤, 마블 아치를 거쳐 번화가인 피커딜리 서커스를 방문했습니다.

이어서 방문한 곳이 트래펄가 광장이었습니다. 트래펄가 광장은 1805년 스페인의 남부 트래펄가 해전에서 프랑스군을 격파하고 영국을 구해낸 넬슨(Horatio Nelson) 제독을 기념해서 만든 광장입니다. 광장 한 쪽에는 높이 55m의 둥근 기둥 위에 넬슨 제독의 동상이 우뚝 세워져 있습니다. 광장에는 평화의 상징인 비둘기 떼가 열심히 모이를 줍고 있더군요.

그린 파크와 세인트 제임스 파크에서 잠시 휴식을 취하고 바로 버킹엄 궁전으로 향했습니다.

궁전 앞 중앙 도로에는 영국을 번성케 했던 빅토리아 여왕의 기념비가 금빛 찬란하게 세워져 있었습니다. 그때였습니다. 갑자기 많은 사람들이 웅성거리며 떼 지어 버킹엄 궁전 앞으로 몰려드는 것이었습니다. 이유를 물으니 10시 30분에 있을 근위병 교대식을 보기 위해서랍니다. 얼핏 시계를 보니 11시. 영국은 유럽대륙보다 한 시간 늦게 간다는 것을 깜빡 잊어버리고 시계를 맞춰놓지 않았던 것입니다. 어쨌든 영국의 대표적인 풍물인 근위병 교대식을 보게 되어 다행이었습니다. 조금 있자 길쭉한 검은 모자에 빨간 제복의 말 탄 근위병 20여 명이 말발굽소리를 토드락거리며 달려오는 것이었습니다. 이어서 백파이프를 불며 스코틀랜드 악대가, 다시 몇 분 뒤에는 고적대가 버킹엄 궁전으로 들어가는 것이었습니다. 키가 작은데다 가방 하나를 걸치고 카메라까지 들고 있는 입장이어서 제대로 구경하기가 쉽지는 않았습니다. 그래도 하마터면 놓칠 뻔한 구경거리를 볼 수 있어 다행이었지요.

이어서 수상관저인 다우닝 가, 영국 의회, 웨스트민스터 교회, 워털루 브리지, 내셔날 극장, BBC 방송국, 상 파울 교회, 런던 박물관, 길드 홀, 런던 브리지(이곳에서 런던탑과 타워 브리지가 보입니다)를 구경하고, 다시 피커딜리서커스로 되돌아왔습니다. 언젠가 동료 연수생이 한 말이 생각났기 때문이죠. 근처에 있는 '소호의 뒷골목이 남성들의 눈요기 감으로는 그만'이라는 것입니다. 소호 뒷골목은 바로 홍등가였습니다. 그러나 막상 살펴보니 암스테르담에 비해서는 별것이 아니라는 느낌이었습니다. '신사의 나라'라고 일컫는 영국의 수도 한복판에 이런 곳이 있다는 게 희한했습니다. 하기야 "배꼽 밑에는 인격이 없다"는 속담이 영국에서 나왔으니 홍등가도 이해될 법 하지요.

빅토리아역에 돌아온 시각은 밤 9시였습니다. 그러나 30분 전에 이미 마지막 배(Sealink)가 떠났다는 것입니다. 아찔할 밖에요. 다행히 도버 방향의 기차가 있어 우선 잡아탔습니다. 중간에서 내려 이번엔 버스를 타고 도버 항구로 갔습니다. 대합실에 앉으니 온 몸의 피로가 한꺼번에 몰려왔습니다. 그대로 쓰러져 잠이 들었던 모양입니다. 다음날 아침 9시에 도버를 출발하여 우스텐데로 돌아왔습니다.

여행에는 으레 실수가 따르게 마련이고, 실수가 있어야 오래도록 기억에 남는다는 얘기들을 많이 합니다. 그러나 어제 같은 오류는 더 이상 없었으면 좋겠군요. 고생도 고생이지만, 위험하기조차 하니까요. '과욕이 화근'이라는 말은 여행이라 해서 예외가 아니라는 점을 새삼 깨달았습니다.

또 소식 전하겠습니다. 건강하기 바랍니다.

1981년 5월 4일 네덜란드에서 세헌 부

1981년 5월

창난젓에 입맛 돋우고

- 홍콩에서의 제1신 -

세헌 엄마,

이곳 홍콩에 온지도 오늘로 꼭 두 달이 되는 것 같소.

두 달.

어찌 보면 2년이 훌쩍 지난 듯싶고, 또 달리 생각하면 바로 엊그제 일인 양 가까이도 느껴지는구려.

우리가 함께 홍콩에 도착하던 날의 무더위는 굉장했었지요. 코너트가(街)에 자리 잡은 코리아센터 1606호의 아주 작은 아파트. 오래 비워둔 탓인지 어수선하고 지저분한 방과 부엌, 변소 등을 정신없이 닦고 훔치며 청소하느라 새벽 2시까지 고생했던 걸 기억할 줄 아오. 에어컨도 제습기도 없이 무덥고 축축한 밤을 지내느라 우린 전전불매(輾轉不寐), 제대로 잠을 이룰 수 없지 않았소? 허나, 지금은 날씨도 제법 선선해져서 한국의 초가을 날씨와 같다오. 서울은 벌써 동장군이 찾아들어 기온이 영하 7도나 된다는 얘기를 들었소. 당신을 비롯한 세헌, 윤정·윤주 등 우리 가족 모두 건강히 잘 있는지?

덕분에 나는 잘 있소. 물론 학업에도 매진하고 있으니 안심하기 바라오.

어제는 페리보트를 타고 까우롱(九龍)을 다녀왔소. 카메라를 한 대 사고 싶어서였지요. 여기저기 값만 물어봤을 뿐 아직 구입한 건 아니오. 당신도 알다시피 홍콩은 가게마다 가격이 제멋대로여서 상품을 구입하기가 여간 어렵지 않소. 어쨌든 1년 동안 머물면서 담고 싶은 자료가 많을 터이니 카메라 구입은 꼭 할 생각이오.

국제전화(IDD)는 예치금(deposit money) 없이 가설해주겠다는 약속을 전화국으로부터 받아냈소. 유학생으로 2천 달러(홍콩 불)를 납부하기 어려운 입장을 얼마 전 서신으로 전했더니 이게 받아들여진 것 같소. 다만 한 달 요금이 홍콩달러로 300불을 넘지 않는다는 한도에서 가능하다는 조건인데, 자주 사용할 필요가 없으니 별 문제는 없을 것 같소.

보내준 젓갈은 아주 맛있게 먹고 있소. 창난젓은 고춧가루와 다진 마늘을 버무려 넣었더니 더욱 맛이 납디다. 들큼하고 짭짜름한 창난이 오들 오들 씹히는 맛은 그야말로 일미라오. 밥 한 그릇을 금방 비우게 하지요. 명란젓은 관리부실로 약간 신선도가 떨어진 게 아쉽지만 고추장에 파를 썰어 넣고 끓였더니 별로 맛의 차이는 없는 것 같았소.

엊그제던가. 시장에서 쇠고기와 콩나물, 두부를 사다가 부글부글 찌개를 끓여 오늘 아침까지 맛있게 먹었다오. 당신이 보내준 마늘과 고춧가루로는 배추김치도 담아 볼 심산이오. 도대체 중국 음식은 너무 기름지고 향미가 독특해서 비위에 맞지 않는구려.

홍콩대학은 전체 4학기 중 첫 학기가 12월 16일에 끝날 예정이고, 두 번째 학기는 1월 3일에 시작되오. 그동안의 학교성적은 평균 90점 이상으로 우수했다오. 앞으로도 최선을 다할 각오이오.

그래, 겨울방학 중에 아이들과 더불어 이곳 홍콩을 방문하는 일은 어떻게 결정을 봤소? 우리 입장에서 항공료 1백만 원을 부담한다는 것은 어려운 일임에 틀림없겠지요. 그러나 한 편으로는 아이들의 기를 살리고, 더 넓은 세상에 대한 견문을 넓혀 준다는 측면에서 매우 가치 있는 부담이 될 수도 있으리라 생각되오. 집을 관리하는 문제만 해결되면 아이들과 함께 다녀갔으면 하는 바람이오. 지난 주 아이들이 보낸 편지를 보니 세헌은 이제 어른이 다 됐습디다. 어찌 그리 글도 잘 쓰고 생각하는 것도 기특한지. 정말 대견스럽소. 쌍둥이 윤정·윤주가 정성들여 쓴 편지도 잘 읽었다오. 더욱 집 생각이 간절해지는 느낌이었다오. 우리 비록 천리만리에 떨어져 있다 해도 슬기와 노력을 다해 어려움을 극복해 나갑시다.

건강하기를 빌겠소. 또 소식 전하리다. 안녕히!

1983년 11월 19일 홍콩에서 세헌 아빠가

1983년 11월

세월아, 더 빨리 흘러다오

- 홍콩에서의 제2신 -

세헌 엄마,

밤이 깊어가오. 홍콩은 지금 11시 45분이오. 서울은 12시 45분이겠지요.

오늘 형수님 생신은 잘 치러 드렸는지 궁금하오. 아현동의 큰 누님과 신촌의 작은 누님, 그리고 조카 성혁 엄마도 다녀갔으리라 믿소. 공교롭게도 내일이 내 생일이라 이곳의 나보다는 세헌 엄마 당신이 더 섭섭하게 여길 것 같구려. 그러나 홍콩대학교 대학원의 급우들이 어찌 알고 함께 점심식사를 하기로 했으니 너무 서운해 하지는 마시오.

홍콩에 온지도 벌써 다섯 달이 가까워 오는 것 같소. 짧지 않은 이 기간, 과연 나는 뜻있고 보람찬 생활을 보냈는지? 그러나, 사랑하는 가족과 멀리 떨어져 진 고생 마른 고생을 하는 것만큼 성과가 뚜렷치 않으니 부끄럽기만 하오. 앞으로는 더욱 분발하여 당신의 기대에 어긋나지 않도록 노력하겠소.

세헌의 중학교 진학 준비하느라 수고가 많았을 것으로 아오. 터진 보일러 수리하랴, 집 안팎의 제반 잡사 챙기랴 눈코 뜰 새 없이 바쁘겠구려. 그저 내가 할 말은 미안하고 감사하다는 것 밖에 없으니 안타깝소.

세헌의 등록금은 일단 납기 안에 제출하고 영수증을 내가 근무했던 부서의 김기준(金基俊) 씨에게 제출해 주기 바라오. 나도 회사에 편지를 내겠소.

공해배기가스를 내뿜던 무허가 공장은 이전을 했는지? 아직 그대로 있거든 전에 내가 일러둔 대로 서대문구청이나 환경청의 대기관리과에 신고하여 해결토록 하는 게 좋을 듯싶소.

사위가 적막한 밤을 지키며 이 글을 쓰자니 세헌, 윤정·윤주 들이 더욱 보고 싶소. 지난해 말 당신이 녀석들을 데리고 홍콩에 왔을 때 참 우리는 행복했었지요. 10평 공간의 비좁은 아파트라 운신하기도 불편했지만, 우린 모두 고대광실에서 영화를 누리듯 정신적 풍요와 기쁨을 만끽했으니까요. 홀로 방 안 구석에 놓인 피아노를 보노라면 '소녀의 기도'와 '엘리제를 위하여'를 신명나 게 치던 쌍둥이 윤정·윤주의 모습이 눈에 선하다오.

참, 윤주의 피부병은 좋아지고 있는지 모르겠소. 세헌이도 잔 등에 종기가 났다던데 지금은 괜찮은지? 다른 어느 것 보다도 건강이 으뜸이라는 걸 잊지 말고 각별히 유념해 주기 바라오.

아이들이 못 견디게 보고 싶고 집안 걱정이 들 때, 나는 가끔 이런 바람을 갖지요. "그래, 세월아. 멈추지 말고 어서어서 흘러다오. 그래야 그리운 우리 식구들을 빨리 만날 수 있지 않겠느냐"고 말이오.

어쨌든 떨어져 있는 동안 서로 슬기를 모아 복된 가정을 만들어 갑시다. 그럼, 오늘은 이만 쓰겠소. 안녕히!

1984년 2월 16일 홍콩에서 세헌 아빠가

1984년 2월

왜 중학교엔 교복이 있는지 아니?

- 홍콩에서의 제3신 -

세헌아,

지금 홍콩시간으로는 밤 8시 25분이다. 서울은 이곳보다 한 시간이 빠르니 9시 25분이겠지. 건강히 잘 있을 줄 안다.

중학생활이 힘들다고 엄마에게 투정을 부렸다며? 하기야 중학교는 초등학교와 딴 판이지. 배워야할 과목도 많이 늘어나고, 학교 규율도 더욱 엄격할 테니 왜 힘들지 않겠니? 어디 그 뿐이겠느냐? 숙제의 양도 많아지고, 방과 후에는 피아노도 익혀야 하니 네가 부렸던 투정에 충분히 이해가 간다.

그러나 생각해 보렴. 네가 언제나 코흘리개 초등학교 학생으로 머물러 있을 수는 없지 않겠니? 또, 힘들고 어려운 생활이 너 혼자만의 것은 아니지 않겠느냐? 초등학교에는 없던 교복이 왜 중학교에는 있는가에 대해 의문을 가져본 적이 있는지 모르겠구나. 교복은 신분과 지위의 상징이란다. 다시 말해 엄마 품에서 칭얼대는 어린이가 아니라, 제 일을 제가 알아서 해내는 학생이란 뜻이지. 유치원에도 교복 같은 게 있다고? 맞는 말이다. 그러나 뜻하는 바는 조금 다르지. 유치원의 유니폼은 해당 어린이를 더 적극적으로 보호하기 위해서지만, 중고등학교의 교복은 학생으로서 지켜야 할 규칙을 엄격히 지켜야한다는 의미가 있단다. 아빠 말에 이해가 가는지 모르겠구나. 어쨌든 아빠가 알고 있는 세헌은 매우 똑똑한 사람이므로 어떤 어려움도 슬기롭게 잘 이겨낼 것으로 믿고 있다.

참, 깜빡 잊을 뻔 했구나. 지난 번 영어시험에 100점 맞은 것을 축하한다. 영어는 국제사회에서 가장 널리 쓰이는 언어이므로 잘 익혀두기 바란다. 물론 다른 과목이라고 소홀히 해서는 안 되겠지. 아빠는 세헌이가 공부도 잘 하려니와 몸도 튼튼한 사람이 되기를 바란다.

엄마는 네가 집안일도 열심히 돕고 있다고 말씀하시더라. 정말 장하다. 엄마에게는 너의 작은 도움이 큰 힘으로 느껴지실 것이다. 특히 쌍둥이 동생들을 잘 보살펴주어라.

보고 싶구나. 세헌아. 생일은 전과 같이 양력으로 지내겠지? 3월 26일에 맞추어 생일 축하카드를 보내마. 너의 건강을 빌면서 오늘은 이만 쓰마.

1984년 3월 12일 밤 홍콩에서 아빠가

너희들이 있으므로

1983년 KBS에 재직시절 나는 '성곡언론문화재단'이 주관하는 해외 유학생 선발시험에 합격해 홍콩의 홍콩대학교로 유학을 떠났다. 그때 맏이 세헌은 열두 살로 초등학교 6학년이었고. 그 밑의 쌍둥이자매 윤정·윤주는 아홉 살로 3학년이었다. 한창 개구쟁이 짓들을 할 나이여서 서울 같으면 때로 야단도 쳤을 테지만, 나는 이 녀석들이 너무 보고 싶어 견딜 수 없었다.

아이들은 방학에 맞추어 그해 겨울 아내와 함께 40일 간 홍콩에 머물다 갔다. 한 사람이 쓰기에도 부족한 공간에서 다섯 식구가 복작거리다보니 불편함이 말이 아니었다. 그래도 지금 생각자면 그때가 내 평생 가장 행복한 때가 아니었나 싶다. 온 식구가 모여 기쁨과 즐거움을 같이 누렸으니까. 장성한 아이들이 뿔뿔이 헤어진 지금은 더욱 진하게 옛날이 그립게 느껴진다.

어쨌든 식구들이 다시 서울로 돌아가자, 나는 틈만 나면 편지와 엽서를 집으로 띄웠다. 특히 쌍둥이 딸들에게는 주로 그림엽서로 소식을 전했다. 편지도 좋지만 아직 어린 나이가 아닌가. 홍콩 현지의 풍광을 담은 그림엽서를 보내는 것이 더 바람직하다고 생각했기 때문이다. 그 가운데 몇 개를 골라 여기에 전재한다.

착한 딸 윤정·윤주에게,

오늘은 무엇을 하며 지냈는지. 아빠는 멀리 떨어져 있어도 마음만은 언제나 너희들 곁에 있단다. 엄마 말씀 잘 듣고 오빠와도 사이좋게 지내기 바란다. 갖고 싶다는 하모니카와 예쁜 구두는 꼭 사주마.

피아노 학원은 잘 다니는지. 너희들이 건강해야 아빠도 안심하고 공부를 잘 할 수 있단다.

자주 소식 전하자. 안녕!

1983년 11월 2일. 홍콩에서 아빠가

보고 싶은 윤정·윤주에게,

너희들이 홍콩을 다녀간 지도 벌써 아흐레나 되었구나. 웃고 떠들며 법석대던 그 때에 비해 아빠 혼자 지키는 방은 마치 운동장만큼 넓어 쓸쓸하구나. 그래, 추운 날씨에 어떻게들 지내냐. 학교 성적표는 잘 받았는지 궁금하다. 이제 3학년이 되었으니 엄마 말씀 잘 듣고, 공부도 더 열심히 해야겠지.

오빠는 내일 졸업식을 갖겠구나. 우등상 타는 모습을 아빠가 봤더라면 참 좋았을 텐데…. 아빠 대신 너희들이 오빠를 많이 많이 축하해 주거라.

아직은 차가운 날씨다. 감기에 조심해라. 또 소식 보내마.

1984년 2월 19일 밤. 홍콩에서 아빠가

그리운 윤정·윤주야,

어린이날이 며칠 안 남았구나. 씩씩하고 건강하게, 참되고 아름답게 자라다오. 아빠가 보고 싶을 때는 너희들이 받은 엽서를 보거라.

무엇보다 엄마 말씀을 잘 듣기 바란다. 그래야 훌륭하고 착한 어린이지.

보고 싶은 윤정·윤주야,

아빠가 있는 홍콩과 너희들이 사는 서울은 아주 멀리 떨어져 있단다. 그러나 아빠는 그렇게 느끼지 않는다. 너희들이 있기 때문이지. 자주 연락하자.

모두 건강히 잘 있어라.

1984년 4월 27일, 홍콩에서 아빠가

사랑하는 윤정·윤주에게,

오늘이 바로 '어린이 날'이로구나.

재미있고 즐겁게 보냈는지? 비록 아빠는 너희들에게 선물 하나 사주지 못하고 이렇게 멀리 떨어져 있지만, 이 세상 다른 어느 아빠 못지않게 너희들의 건강과 행복을 빌면서 이 엽서를 보낸다.

그래, 엄마가 선물은 무얼 사주시던? 맛있는 음식도 먹었는지?

너희들의 피아노 솜씨가 대단하다는데 듣고 볼 수 없으니 안타깝구나. 윤주 피부는 좋아졌는지. 찻길 조심하고, 위험한 곳은 절대 가지 않도록 주의하기 바란다. 또 쓰마. 너희들의 건강을 빌겠다.

1984년 5월 5일. 홍콩에서 아빠가

장한 딸 윤정·윤주에게,

너희 모두가 책 읽기를 좋아한다며? 그래, 오늘은 무슨 책을 얼마나 읽었는지. 너희들 책 읽는 소리를 가까이서 들을 수 있다면 얼마나 좋을까.

피아노는 많이 배웠는지. 너희들 둘이 함께 연주했던 '은파'는 참 좋았지.

공부든 피아노든 잘 모르는 것이 있으면 엄마와 오빠에게 물어서 확실히 알도록 하여라.

너희들이 갖고 싶다는 크레파스와 인형은 꼭 사가마. 더위에 몸조심하기 바란다. 물론 찻길 건널 때도 주의해야지. 또 엽서 보내마.

1984년 7월 19일, 홍콩에서 아빠가

보고 싶은 윤정·윤주에게,

건강한 몸으로 잘들 있었는지. 아빠가 서울로 돌아갈 날도 채 한 달이 못 남은 것 같구나. 그래서 그런가? 예쁜 너희들이 더욱 보고 싶다. 공부를 잘 한다는 애기는 엄마를 통해 잘 알고 있지. 앞으로도 어려운 일은 서로 돕고 이끌어주면서 열심히 공부하고 사이좋게 지내기 바란다.

아빠는 중국어 실력이 많이 늘었단다. 읽기, 쓰기는 물론이고 말하는 데에도 큰 불편함이 없을 정도지. 서울에 가면 중국인 앞에서 실력을 보여 주마.

그동안 갖고 싶은 물건이 있거든 무어든지 얘기해다오. 아빠의 능력이 닿는 대로 준비해 가겠다.

그럼 서울에서 만날 때까지 아무쪼록 건강에 조심하기 바란다.

1984년 9월 5일. 홍콩에서 아빠가

제 7 부

석모도(席毛島) 가는 길

역사적 비극의 현장을 중계 방송하다

- 1974년 8월 15일 육영수 여사의 피격사망사건 -

어째서 그런 일이 일어날 수 있는가. 너무 엄청나서 표현조차 할 수 없는 일이 왜, 어떻게, 그 자리에서 발생할 수 있었는지. 식장에서 총을 난사한 흉악범의 정체는 무엇일까. 무슨 목적으로 그 같은 범행을 저질렀을까.

누구보다 철저히 보호되어야 될 분들이었다. 그런데 그 앞에서 흉탄이 활개를 치다니 이게 도대체 가당키나 한 일인가. 경계 · 보호를 책임지는 사람들은 무얼 하고 있었나. 아니 다른 무엇보다 식장에서 쓰러져 경호원들에 업혀나간 그 분은 지금 괜찮은가. 너무 놀란 나머지 잠시 혼절한 것일까. 아니면 범인이 쏜 흉탄에 맞은 것일까?

근무지인 방송국으로 되돌아오는 중계차 속에서 나는 여러

가지 생각으로 머리가 혼란스럽고 가슴이 답답해 오는 걸 느꼈다. 경천동지(驚天動地)할만 한 불상사가 발생했다는 사실만 확인했을 할 뿐 무엇 하나 분명한 게 없었기 때문이다.

1974년 8월 15일 오전 10시. 나는 서울 장충동의 국립극장 안에 있었다. 제29회 광복절경축기념행사를 방송으로 중계하기 위해서였다. 중계석은 건물 2층에 마련되어 있었다. 물론 이날의 기념식은 TV와 라디오 매체 모두가 중계 방송했다. 그러나 내가 재직 중인 동아방송(DBS)은 라디오만의 전파매체여서 따로 라디오만을 위해 마련한 2층의 중계용 부스(booth)를 사용하게 된 것이다.

정각 10시. 시보 사인이 울리면서 스튜디오의 아나운서가 소개 멘트를 전한다. "지금부터 제29회 광복절기념식 실황을 장충체육관으로부터 중계 방송해드리겠습니다. 현장 나오세요."

마이크를 넘겨받자 나는 기념식이 열리는 위치, 현장 분위기, 참석자들에 대한 소개, 광복절이 갖는 역사적 의의 등을 담담히, 그러나 진지한 톤으로 방송했다. 의식 중계를 할 때마다 으레 엮어나가게 마련인 일종의 관행이었다.

아직 식은 열리지 않고 있었다. 식이 없다고 입 다물고 있을 수는 없잖은가. 특별히 29회 광복절을 맞는 우리의 각오를 강조해 나갔다.

10시 6분 쯤 됐는가. "지금 박정희 대통령 내외분께서 입장하고 계십니다"라는 장내 방송과 함께 박 대통령과 육 여사가 무대 오른 쪽에서 모습을 드러냈다. 참석자들이 모두 기립해서 박수로 맞이한다. 청회색 싱글 차림인 박 대통령은 오른손을 들어 답례하고, 오렌지빛깔의 한복을 곱게 차려입은 육 여사는 얼굴 가득히 웃음을 띠고 참석자들에게 목례한다. 무대 위엔 활짝 핀 무궁화를 감싸 안듯 쌍봉(雙鳳)이 아로새겨진 병풍을 뒤로 대통령 내외석이 마련돼 있었다. 객석에서 바라봐 왼쪽 의자는 박 대통령, 오른 쪽은 영부인 육 여사의 것이었다. 대통령 내외석을 중심으로 바로 왼쪽에는 정일권(丁一權) 국회의장, 안춘생(安 椿生) 광복회회장, 그 뒤에는 박종규(朴鐘圭) 경호실장이, 오른 쪽에는 민복기(閔復基) 대법원장, 양택식(梁鐸植) 서울시장, 그 뒤에는 김정렴(金正濂) 비서실장이 자리를 잡았다.

10시 13분. 국민의례에 이어 박 대통령이 연설대에 다가서서 예의 카랑카랑한 음성으로 차분히 경축사를 낭독하기 시작한다. 그로부터 10여분이 지났을까. 기합을 넣듯 "얏!"하는 목소리가 나는가 싶더니 검은 싱글의 한 남자가 "탕!" 총을 쏘며 무대를 향해 뛰어나가는 것이 아닌가? 잠시 후 "탕!"하는 총소리가 또 들렸다. 무대 앞쪽 합창단이 있던 자리는 비명으로 아우성이었다. 몇 번인가, 총소리가 더 울렸던 것 같다. 무대에서는 박 대통령이 축사를 하다말고 연설더 아래로 몸을 낮추고 있었다. 앉아 있던 육 여사는 고개를 왼 쪽으로 떨군 채였다. 무대 위의 주요 인사들도 몸을 숙이거나 엎드리는 등 혼란한 모습이었다. 권총을 빼든 박종규 경호실장은 무대 앞 가운데로 나가 응사(應射)하는 자세였다. 상황을 보니 엄청난 일이 벌어지고 있음을 직감할 수 있었다. 대통령의 축사가 끊기고 전혀

예기치 않은 상황이 현장에서 터졌으니 나도 가만히 있을 수
없었다. 긴박하게 돌아가는 상황을 청취자들에게 알려야 할 텐
데 무슨 말을 어디서 시작해야 할지 몰랐다. 너무 돌발적인 사
태인데다, 모든 상황이 극히 짧은 시간에 동시다발로 일어난
탓이리라. 그리고 우선 내 몸이 부들부들 떨려서 주체할 수 없
었다. 가슴은 놀라움으로 가득 찼고, 머리는 혼미상태였다.

그럴 밖에 없잖은가. 박 대통령이 통치하던 1970년대가 어
떤 시대이던가. 1972년 10월의 유신체제로 국민들은 눈이 있
어도 보지 못하며, 귀가 있어도 듣지 못했고, 입이 있어도 말
하지 못하는 동토(凍土)의 시기였다. 그렇지만 지금 이곳 광복
절 기념식장에서 벌어지고 있는 뜻밖의 상황은 반드시, 그리고
서둘러 청취자들에게 알려야 되겠다는 생각이 들었다.

나는 아직도 두근거리는 가슴을 진정시켜가며 마이크를 잡
았다.

청취자 여러분께 알려 드립니다. 박 대통령께서 경축사를 낭독
하는 중에 정체불명의 남자가 대통령을 향해 권총을 발사했습니다.
박대통령은 프로텍터 뒤로 피신했습니다만, 육영수 여사는 옆으로
쓰러져 있습니다. 총에 맞았는지 여부는 알 수 없습니다.

이 짧은 방송을 하고 있는데도 현장의 상황은 계속 변하고
있었다. 4~5명의 경호원들은 연설대를 감싸듯 서 있고, 로열
박스에 있던 육 여사는 다른 경호원들에 의해 연단 밖으로 이
동되어 눈에 띄지 않았다. 무대 앞 통로에선 5~6명의 경호원

들이 누군가의 팔다리를 들어 옮기고 있었다. 범인이 제압당한 것일까? 이런 모습들도 한꺼번에 일어난 상황이라 선후를 가릴 수 없었다.

10시 25분. 식장 안이 어수선한 가운데 박 대통령이 다시 연설대에 모습을 드러냈다. 첫 마디는 "계속해서 말씀 드리겠습니다."였다. 장내에서는 박수갈채가 터져 나왔다. 방금 전 피격을 당했고, 육 여사의 안위가 궁금할 텐데도 박 대통령은 침착한 자세로 경축사를 읽어나갔다. 음성에도 별다른 변화를 느끼지 못했다.

10시 33분. 박 대통령은 기념사를 끝내고 로열박스에 앉았다. 이어 합창단의 광복절 노래와 폐회선언을 끝으로 제29회 8·15 경축 기념행사는 막을 내렸다. 동시에 마이크도 끊어졌다. 그런데 아직도 생생히 기억에 남는 장면이 하나 있다. 양택식 서울시장과 경호원 한 명이 뒤따르는 가운데 연단을 빠져나가던 박 대통령이 허리를 굽혀 무언가를 줍는 것이었다. 바로 고무신 한 짝이었다. 육 여사가 연단 밖으로 나가는 와중에 떨어뜨린 고무신 한 짝을 챙기는 박 대통령의 모습은 무소불위의 권력을 지닌 집정자가 아니라, 영락없는 하나의 범부(凡夫) 그대로였다. 그나저나 육 여사의 소식이 궁금했다. 제발 아무 일이 없기를 빌었다.

그리고 곰곰 생각자니 내가 방송했던 의식 중계가 아주 찜찜하고 불만스러웠다. 아무리 예상치 못한 상황이 벌어졌기로서니 그 정도 밖에 표현할 수 없었을까. 또 연설대를 '프로텍터'로 말한 것은 뭐냐? 물론 연설대가 '방어'역할을 한 것은 사실이지만, 바른 표현은 아니었다. 듣고 전달받는 입장에서 좀 더 구체적이며 체계적으로 상황을 전하지 못한 데 대한 자책감이 드는 걸 어쩌지 못했다. 하기야 다른 라디오 방송사는 당시의 실황에 대해 입도 한 번 뻥끗하지 못했다던가?

어느 날짜인지는 모른다. ≪동아일보≫의 사설은 뉴스의 속보성을 강조하면서 내 중계방송을 칭찬해 준 적이 있기는 하다. 그래도 나 자신은 제대로 해내지 못한 방송이 안타깝고 속상했다.

어쨌든, 광복절 저녁 나는 아주 충격적인 비보를 들어야 했다. 육 여사가 운명했다는 소식이었다. 머리에 총상을 입은 육 여사는 서울대부속병원으로 입원하여 5시간 40분간의 수술을 받았으나 끝내 타계하고 말았다는 것이다. 어디 이럴 수가 있는가. 언제나 봄바람 같이 자애롭고 자상했던 육 여사였다. 한복차림의 우아한 자태에 환한 미소를 띤 여사를 지켜봤던 지가 몇 시간 전이지 않은가. 그런데 운명(殞命)이라니 도대체 될법한 일인가.

범인 문세광(文世光)은 일본에서 출생하여 성장한 재일교포 2세이며 평소 마오쩌둥(毛澤東)과 김일성(金日成)을 숭배했고, 반정부활동을 해왔다고 수사본부는 밝혔다. 또 그 이후에도 수사본부는 범인 문(文)이 북한 공작지도원과 조총련으로부터 '대통령을 암살하여 혁명봉기의 기폭제로 삼아야 한다'는 사주를 받았다 고 발표했다. 공산주의 사상, 반 정부활동 그리고 혁명의 음모와 지도자 암살 계획. 육 여사는 이렇게 추악하고 살벌한 정치현실 속에서 희생된 것이다.

웃고/ 뛰놀자/ 그리고/ 하늘을 보며/ 생각하고/ 푸른/ 내일
의 꿈을/ 키우자

1974년 9월 7일 부산어린이회관의 개관식에 앞서 육 여사가 썼던 친필의 내용이다. 결국 이것이 육 여사의 유서가 되고만 셈이다.

육 여사의 일생 49년은 불행한 민족의 운명 속에서 평안한 날이 없었다. 하지만 그러한 가운데서도 여사는 사랑과 봉사의 삶을 살아왔다. 외롭고 쓸쓸한 노인, 브모 없는 고아들, 지체장애아나 정신박약아들 또는 재해로 고생하는 이재민들을 돕고 위로하는 일로 나날을 보냈던 여사였다. 무엇보다 육 여사는 '청와대의 야당'으로 통했다. 여론을 굴절 없이 청와대에 전함으로써 국정을 바르게 이끄는 역할을 했기 때문이다.

육 여사가 타계한 지 40년이 가까워 오는 지금에도 뒷말은 무성하다. 일테면 '범인 문세광의 단독범행이 아니다'라든가, '제3의 인물이나 경호원의 총에 육 여사가 사망했다'는 등의 미확인 주장들이 그것이다.

언젠가 역사는 1974년 8·15 광복절 기념식장에서 있은 피격사건의 진실을 더욱 명확히 밝혀낼 것이다. 그러나 시인 박목월(朴木月)이 추모 조가에서 밝혔듯 '겨레를 사랑으로 감싸주던 그 총명, 그 음성, 그 온화한 모습'은 언제 어디 가서 만날 수 있을까보냐?

2009년 9월

지금도 눈은 내리는데

– 작고한 동아방송 아나운서들 –

1

동아방송(DBS)을 모르는 사람들이 많다. 동아방송을 알지 못하는데 하물며 광화문 네거리 모서리에 서 있던 방송국 건물을 기억할 사람들이 어디 흔하랴. 하긴 그럴 만도 하겠다. 마지막 고별방송을 마치고 폐국된 해가 1980년이었으니 벌써 29년이란 세월이 흐르지 않았는가. 그러니 동아방송의 전파도, 옛 동아일보 사옥 6층 위에 우뚝 서 있던 방송안테나도 기억해 내지 못할 사람이 많다는 게 어쩌면 당연한 일인지도 모른다.

그러나 DBS 동아방송은 이 나라 청취자들에게 꿈과 희망을 심어주면서, 우리 방송사에 뚜렷한 족적을 남긴 전파매체였다.

특히 뉴스 부문에서 출중했던 이 방송을 50대 이상의 라디오 시청자들은 잘 기억해내리라 믿는다.

동아방송은 1963년 4월 25일 호출부호 HLKJ, 출력 10kw로 개국했다. 당시는 민간 상업방송의 출현이 대단히 활발하여 1959년의 부산문화방송에 이어 1961년에는 문화방송이 출범했고, 1962년에는 기독교방송이 체신부에 상업방송 허가를 신청함으로써 본격적인 민간방송으로 체질을 바꾸기도 했다. 또한 1963년에는 동아방송이, 1964년에는 라디오서울이 개국하는 등 민간방송의 전성시대를 맞았다.

동아일보사를 모체로 발족한 최초의 전파매체답게 동아방송은 개국 첫날 새벽 5시 30분의 뉴스에서 밤 12시의 마감뉴스에 이르기까지 18시간 30분 간의 종일방송을 차질 없이 수행해냄으로써 청취자들의 뜨거운 호응을 받아냈다. 이후에도 동아방송은 프로그램 전반에 걸쳐 차별성을 보이며 다른 방송국을 압도해 나갔다. 특히 뉴스와 시사관련 프로그램에서는 단연 군계일학(群鷄一鶴)의 존재였다.

개국에서 폐국까지 동아방송의 아나운서실을 거쳤던 아나운서는 모두 88명. 남자가 33명이고 여자가 55명이었다. 개국을 위해 당시 KBS로부터 스카우트된 기존 아나운서 10명을 제외하면 1기에서 16기까지 모두 78명의 아나운서가 '동아'에서 배출된 셈이다. 물론 이 중에는 특채로 선발된 인원이 포함돼 있다. 전출·퇴직을 하거나 프로그램의 증가로 아나운서의 절대 숫자가 부족할 경우, 부득이 경력자를 선발해서 현업에 투

입시켜야 했던 것이다. 흔히 이들을 '특기(特期)'라고 불렀다. 특채는 네 차례였고, 해당 인원은 모두 10명으로 3명이 남성이고 7명이 여성이었다.

동아방송 출신으로 현재 소재가 파악된 사람은 50명 정도. 그 중에도 주소지가 확인되어 연락이 가능한 사람은 35명 내외이다. '무소식이 희소식'이라는 말도 있듯 비록 소식은 끊겼어도 모두 건강하리라 믿지만, 최근에는 반드시 그렇지만도 않기에 놀라움이 크고 가슴이 아프다. 느닷없이 동료 아나운서들의 부음을 들어서이다.

88명 동아방송의 아나운서 중에 제일 먼저 작고한 사람은 이화영(李和榮) 선배였다. 1963년에 1기생으로 입사하여 1966년에 퇴직한 분이다. 나는 이 분과 함께 근무한 적은 없다. 내가 입사한 해는 1968년이었으니까…. 그러나 이 선배는 퇴직 후에도 방송국을 자주 방문한데다, 가끔은 술자리에 어울리기도 하여 알만큼은 아는 사이였다. 이 선배가 회사를 그만둔 뒷애기를 생각하면 지금도 쓴웃음이 나온다.

2

1966년 4월 어느 날 저녁. 이 선배는 숙직 근무를 하게 됐더란다. 아나운서의 숙직 근무란 일반 회사와는 전혀 다르다. 방송이 끝나는 시간까지 매 시간 생방송으로 뉴스를 전달해야 하고 국명고지(局名告知) 같은 콜사인을 하는 등 방송행위를 해야 한다. 보통 두 사람이 한 조가 되어 근무하도록 되어 있다.

이날 이 선배에게 배당된 주요 프로그램은 10시의 생방송 뉴스. 그런데 술이 말썽이었다. 오랜만에 찾아온 옛 친구에게 저녁식사를 대접한 것 까지는 좋았다. 그런데, 하지만 입술만 축인다면서 술 한 잔을 꿀꺽한 것이다. 본래 애주가였던 그였다. 찌르르 가슴에 퍼지는 술 맛을 느끼면서 한 잔만 더, 한 잔만 더 한 것이 아예 빈 병을 만들고 말았다. 그러다 보니 시간도 어느새 뉴스를 해야 할 10시에 다가와 있는 게 아닌가. 해서 허둥지둥 아나운서실로 들어섰다는 것이다. 잔뜩 술 냄새를 풍기면서….

이 모습을 보자 숙직조로 함께 근무하던 분이 깜짝 놀라 말한다. '뉴스는 내가 할 테니 좀 쉬라'고. 그러나 술 취한 사람들의 고집이 으레 그렇잖은가. 이 선배는 만류를 뿌리치고 원고를 챙겨 스튜디오로 들어가 버리고 만 것이다.

그런데 하필 뉴스의 첫 꼭지가 '콸라룸푸르에서 AFP 합동통신'으로 시작되는 외신이었다던가. 가뜩이나 발음하기 어려운 어휘를 취한 상태에서 전하다보니 엉망으로 될 밖에. 게다가 이미 읽은 문장을 되풀이 읽는 등 죽을 쑤었던 모양이다. 결국 이게 빌미가 되어 이 선배는 방송국에서 명예롭지 않은 퇴직을 하고 말았다.

그 후 서울의 어느 고등학교에서 국어교사로 근무한다는 얘기를 들었는데 부음을 듣게 된 것이다. 1997년이었다. 사망원인은 과음 탓이라고도 하고, 다른 지병이 있었다는 얘기도 있어 확실치는 않다. 어쨌든 그의 사망소식은 동아방송의 아나운서들에게 놀라움과 애통함을 안겨주었다. 특히 술을 좋아하는 아나운서들에게는 어떤 경각심까지 주었을 것 같다.

③

김덕렴(金德濂) 아나운서가 사망했다는 애기를 들은 것은 2004년 봄이다. 나는 2003년 말 뇌경색으로 한 달 보름가량 병원 신세를 졌었는데, 퇴원해 얼마 있다가 이 뜻밖의 소식을 들은 것이다.

김 아나운서는 동아방송 아나운서실의 1년 후배로 서울대를 나온 엘리트였다. 미남인데다 날렵한 몸놀림 그대로 아주 부지런했다. 음성이 맑고 깨끗하지 않은 대신, 방송에 대한 열성은 누구 못지않게 강했던 사람이다. 행동거지는 조신했고 책임감과 성실성도 남달랐다. 무엇보다 그에게서는 인간 냄새가 물씬 풍겨났다. 같잖고 희떠운 데가 전혀 없었고, 항상 다감하고 다정했다. 동료 아나운서인 맹경순(孟京順)이 그를 좋아해 결혼을 하게 된 이유도 이런 데 마음이 쏠린 때문은 아니었을까. 12남매 대가족 형제 중의 일원답게 예모가 바른 그는 나에게 항상 '황 선배님'이라 존칭해 불렀다. 입사 차이가 겨우 1년 밖에 되지 않는데도….

그랬던 그가 폐암으로 이승을 뜨다니, 도대체 될법한 노릇인가. 물론 그는 애연가였다. 그렇다고 하루에 두 서너 갑을 태울 정도로 줄담배는 아니었던 것으로 기억된다. 어쨌든 처음 그의 부음을 듣고서는 너무 충격이 커서 그저 망연할 따름이었다.

김 아나운서는 1970년대 말에 방송사를 떠난 사람이다. 그 후 사업에 뛰어들었다는 소식이 있었지만, 자주 만나지 못한 터라 건강이나 가정 사정 또는 사업상황이 어땠는지는 몰랐다. 단지 어디서 무엇을 하건 진실하고 정직하게 살 것이라고 믿을 뿐이었다. 그런 김 아나운서가 이런 변고를 당하다니 가당치 않은 노릇이 아니고 무엇인가. 신은 그에게 무슨 억하심정이 있어 폐암의 고통을 주고 마침내는 우리와의 영결을 강요한 것일까.

팝송 쥬템무를 좋아하던 그였다. 그리고 웃음소리가 소탈하던 그의 얼굴이 떠오른다, 참! 김 아나운서는 대학에서의 전공과가 특이했다. '천문기상학과'였던가? 아니, '기상천문학과'였는지도 모르겠다. 어쨌든 그가 훌쩍 떠난 걸 보면 인간의 길흉화복은 '천문(天文)'과는 무관한 것인가 보다.

4

이규영(李圭榮) 선배님의 부음을 접한 사실은 더욱 기가 막힌다. 지난 3월 24일 동아방송 출신 아나운서들의 모임을 지하철 3호선 안국역 부근의 한 음식점에서 가질 때만 해도 그 분은 아주 건강하셨다. 평상시에도 선비같이 조용하시던 선배님은 그날따라 모임의 화제에 관심을 갖고 몇 말씀을 거들기까지 하셨다. 특히 그날 ≪저녁놀 푸른 꿈≫이란 내 졸저가 잠시 화제에 올랐을 때였다. 반대편 쪽에 앉아 계시던 선배님은 '그 부분은 나도 읽었다'는 뜻으로 말씀 대신 손을 번쩍 들어주시던 기억이 새롭다.

그리고 며칠 후였다. 선배님께서 폐렴으로 강남 S의료원 중

환자실에 입원하셨다는 소식을 들었다. "그럴 수도 있는가?" 반신반의하면서 댁에 전화를 걸어봤다. '잘못 된 소식'이기를 바랐으나 참말이었다. '중환자실이라 면회가 제한되고, 본인의 의식도 불분명하다. 일반 병동으로 옮기면 다시 연락하겠다'고 부인이 말씀하신다. 그러니 함부로 병문안을 갈 수도 없었다.

4월 하순에 다시 댁으로 전화를 드렸다. 엊그제 일반 병동으로 옮겼고 환자의 상태도 좋아졌다는 부인의 설명이었다. 이번엔 거절치 않고 병실 호수까지 알려주신다. 병세가 호전되셨다니 이 얼마나 대행한 일인가. 동아방송 아나운서 모임의 회장인 우제근(禹濟根) 선배에게 이 희소식을 전하고 함께 만나 문병을 가기로 했다.

4월 23일. 찾아간 병실에는 이 선배님 혼자 침대에 누워 계셨다. 수척한 얼굴에 몸은 야윌 대로 야위었고, 바지춤을 반쯤 걷어 올린 환자복 안에는 피골이 상접된 다리가 부지깽이 같이 놓여 있었다. 측은하고 딱한 마음이 들었다. 단 한 달 사이에 사람이 어쩌면 저리 바뀔 수 있는가.

선배님은 찾아간 우리를 대뜸 알아보시는 눈치였다. 그러나 말씀은 전혀 못하셨다. 보호자가 한 사람도 없기에 여쭈어봤다.

"사모님께서는 어디 가셨어요?"

선배님은 '식사하러 갔다'는 대답을 손짓으로 만 표현하실 뿐이었다.

그리고는 우리들에게도 '어서 가보라'는 뜻으로 연신 손짓하신다. 환자의 요구를 받아들이는 게 옳겠다 싶어 이내 병실을 나오고 말았다. 그리고 혼자 생각했다. "저렇게 좋아지셨으니, 퇴원도 곧 하시겠네."

문병오기를 잘 한 것 같았다.

"아무렴, 더 사셔야지. 이제 겨우 75세이신데."

하지만 결국 그날의 만남이 이 세상 마지막이었음을 누가 알았겠나. 선배님께서 5월 18일에 돌아가셨다는 문자메시지를 그 다음날에 받은 것이다. 허망하기 짝이 없었다. 의식도 되찾은 데다 음식을 공급하는 튜브도 뗀 상태여서 곧 완쾌하실 줄 알았는데 작고라니, 이 무슨 날벼락 같은 얘기인가. 선배님께서 사망했다는 사실이 전혀 믿어지지 않았다.

이규영 선배님은 동아방송이 개국하면서 제일 처음 KBS에서 스카우트되어 오신 다섯 명 중의 한 분이다. 자상한 성품에다 음성이 맑고 투명했다. 담배를 못 태우는 대신 술은 조금 하셨다.

내가 6기생으로 동아방송에 입사할 당시에는 차장 직으로 부서의 살림을 온통 맡아서 관리하셨던 분이다. 이것저것 참견하고 잔소리할 일이 많을 터임에도 나는 이 선배님이 벌컥 화를 낸다거나 짜증을 부리는 모습을 본 바 없다. 언제나 조용조용하고 자분자분하셨을 뿐이다.

혹시 내가 방송을 제대로 못했을 때도 그분은 야단을 치는 대신 에둘러 말씀하시는 것이었다.

"황유성씨, 요즘 건강은 어때? 운동도 자주 해?"

그러면 나는 그 말씀의 뜻을 알아채고 '열심히 방송하겠다'는 다짐을 스스로에게 하는 것이었다.

이규영 선배님은 인터뷰 프로그램에 독보적인 존재이셨다. 아마 이것은 그 분의 빈틈없고 꼼꼼한 성품에서 비롯된 것인지도 모르겠다. 그래 그런지 뉴스나 스포츠 중계는 하지 않으셨다. 본인 자신도 이들 프로그램은 적성에 맞지 않는다고 판단하신 듯하다.

특히 선배님은 초창기부터 기획 제작된 '어떻게 생각하십니까'의 진행을 맡아 많은 청취자들로부터 뜨거운 호응을 받으셨다. 이 프로그램의 포맷(format)은 쉽게 말해 삶의 제반사에서 일어나는 고충과 애로를 상담해 주는 것으로 선배님의 자상하고 배려 깊은 성격과 딱 맞아떨어졌다고나 할까. 이 밖에도 주요한 인터뷰 프로그램은 으레 이 선배님의 몫이었다.

또 선배님은 노래솜씨도 뛰어나셨다. 특히 연말에 '아나운서 온 퍼레이드' 같은 프로그램에서는 '청실홍실'이라든가 '눈이 내리는데'를 즐겨 부르셨다.

눈이 내리는데
산에도 들에도 내리는데
모두가 세상이 새하얀데
나는 걸었네. 님과 둘이서
밤새도록 하염없이. 하염없이.
아~ 아~ 아~ 아~
지금도 눈은 내리는데
산에도 들에도 내리는데
모두가 세상이 새하얀데

미성(美聲)에 음정과 박자가 정확하고 분위기조차 걸 맞는 이 선배님의 노래는 언제나 듣는 이들을 압도하게 마련이었다. 이제 그 방송, 그 노래를 어디 가서 들을 수 있을까?

5

동아방송의 아나운서로 근무하다가 작고한 분에는 노순옥(盧順玉) 아나운서가 있다. 5기생으로 1967년에 입사했다. 다음해에 입사한 나보다는 1기가 빠른 입장이나, 내가 12월 2일에 근무를 시작할 무렵 이 분은 9월에 이미 방송국을 떠난 뒤였다. 따라서 얼굴도 모르는 입장에서 이 분이 작고했다는 얘기를 들은 것이다. 방송사 재직기간이 미처 1년도 안 되는 터라 이 분의 방송 여담을 기억하고 있는 사람도 없다. 작고한 동아방송의 여성 아나운서로는 첫 기록이 될 노 아나운서는 그래서 방송 그 자체보다, 저명한 영문학자인 노희엽(盧熙燁) 교수의 따님으로 더 널리 기억되는 것 같다.

이화영 선배나 김덕렴 후배, 그리고 엊그제 운명하신 이규영 선배님은 동아방송(DBS)의 발전을 위해 뚜렷한 족적을 남긴 분들이었다.

보고픈 사람, 그리운 사람들을 떠나보내고 나서도 하릴 없이 명복이나 빌 뿐인 내 무력함이 실로 안타까울 뿐이다.

2009년 6월

석모도(席毛島) 가는 길

잠자리에서 일어나던 말에 하늘부터 쳐다봤다. 잿빛구름이 가득했다. 비가 올 것 같았다. 우산을 가져갈까? 한참을 망설이다가 그냥 가기로 하고 집을 나섰다. 몸도 성치 않은데 우산을 들고 다니기가 꽤 고역일 것 같아서였다. 오늘 비가 올 것이라는 기상대 예보가 제발 빗나가 주기를 바라면서….

아침 6시 30분. 조반은 빵 한 조각, 우유 한 컵으로 때웠다. 그럭저럭 요기는 한 셈이다.

지하철 2호선 교대역 10번 출구 근처에는 벌써 많은 친구들이 와 있었다. 버스가 두 대 씩이나 와 있는 것으로 보니 참석할 인원이 꽤 되는 모양이다. 버스 앞머리 유리창 구석에는 '강화 석모도행'이라는 글씨가 붙어 있다.

고대 법대 61학번의 동기 교우회는 해마다 두 차례 정기총회를 갖는다. 하나가 12월의 송년회이고, 다른 하나는 5월의 야유회이다. 한 달이 늦기는 했지만 오늘 모임은 그런 연유로 갖게 된 것이다.

내 경우 강화 석모도(席毛島)방문이 초행은 아니다. 15~6년 전이던가. 석모도 바로 옆 교동도에 유명한 해수 온천욕장이 있다 해서 적어도 한 달에 한 번은 강화도를 방문했었다. 팔자 좋게 온천욕을 즐겼다는 애기가 아니다. 당시 피부병으로 고생하는 딸을 위해 운전기사 노릇을 해야 했고, 그런 연유로 강화도를 자주 찾다보니 바로 이웃해 있는 석모도도 찾아가게 된 것이다.

차창 밖으로 보이는 강화 길은 예전하고 사뭇 달랐다. 길도 새로 뚫리고 주변의 건물들도 새로 들어서서 어디가 어딘지 가늠할 수 없었다. 군데군데 이정표가 없었다면 과연 내가 강화로 가는지가 의심스러울 정도였다.

그래도 여행은 여행인가 보다. 바깥 풍경이 달라졌다 해서 길 떠난 이의 홀가분한 마음이 행여 달라질까. 일상에서 탈출해 있다는 점이 머리를 개운하게 하고 찌든 마음의 때를 씻어 낸다. 여행은 혼자 외톨이로 떠나는 것이 제 격이라는 말이 있기는 하다. 하지만, 어울리는 벗들과 함께 왁자지껄 떼지어 다니는 맛도 괜찮지 않겠는가. 버스 안에는 웃음소리가 여기저기서 요란하다. 이미 버스 한 쪽 구석에서는 술판이 벌어졌는지 권커니 잣거니 하며 떠들썩하다.

강화도에 들어서서 처음 방문한 곳은 강화평화전망대였다.

강화군 철산리 제적봉(制赤峰)에 자리 잡은 이 전망대는 지하 1층에 지상 4층의 날아갈 듯 상큼하게 지어진 현대식 건물이었다. 부지면적 3천여 평, 연면적은 7백 평 쯤으로 2008년 7월에 완공되었다 한다. 3층에 있는 조망실에 오르니 정면의 개풍군을 비롯해서 왼쪽의 황해남도 배천군과 오른쪽의 개성시가 한 눈에 들어온다. 저쪽에 우람히 버티고 있는 산은 송악산(498m). 전망대로부터는 고작 20km의 거리에 있다. 가장 가까운 북녘 땅의 거리는 1.8km. 그야말로 부르면 대답할 수 있는 지호지간(指呼之間)에 있는 것이다.

강화도와 김포시 그리고 저쪽 북한 땅 사이를 흐르는 것은 조강(祖江)이다. 조강은 한강과 임진강 그리고 예성까지를 보듬어 안고 서해로 빠져나간다는 안내인의 설명이다. 내 나라 내 땅 내 겨레를 지척에 두고 왜 우리는 하 많은 세월을 분노와 고통 속에 지내왔던가. 또 얼마를 더 기다려야 남과 북이 통일되는 숙원을 이루어낼 수 있을까. 가슴이 답답하고 머리가 산란해지는데 안내인이 한 지점을 막대로 가리키며 묻는다.

"여기가 어딘지 아세요?"

강화도의 북동과 김포시의 서북단 비무장지대에 떠 있는 이 작은 섬은 모형지도에 '유도'라고 적혀있었다. 좌중의 한 사람이 반문하듯 대답한다.

"유도 아닙니까?"

그러자 안내인은 유도(留島)가 어떤 곳인가를 스스로 설명해 나간다.

1996년 7월 27일. 경계근무 중이던 초병의 망원경에 황소 두 마리가 잡혔지요. 장소는 유도였습니다. 그러나 며칠 뒤 소는 원인도 모르게 한 마리로 바뀐 거예요. 군 당국은 이들 소가 집중호우로 북에서 떠내려 오다가 한 마리는 유실된 것으로 판단했죠. 하지만 유도는 비무장지대 아닙니까. 누구도 손쓰기 어려운 상황이었죠. 송아지는 굶주림과 추위로 연일 메말라 가고⋯. 그냥 놔두면 죽을 판이었습니다. 어쩔 수 없이 김포시와 군 당국은 다음 해 1월 17일 군사작전을 방불케 하는 송아지 구출 작전을 폈죠. 그리고 마침내 15년 생 황소를 구출해 내는데 성공했습니다. 이른바 '평화의 소'가 탄생되는 순간이었던 겁니다.

그 당시는 이 뉴스가 나라 안팎에서 큰 화제가 됐었다. 그런데 뉴스라는 속성이 늘 그렇지 않은가. '평화의 소'도 얼마 가지 않아 사람들의 기억에서 사라져 갔다. 이 소가 다시 뉴스로 부각된 것은 올 기축(己丑)년 소해를 맞고서였다.

'평화통일의 소, 40 마리의 대가족으로 번성'이라는 제하의 뉴스가 그것이다. 아닌 게 아니라 놀라운 소식이었다. 그런데 '평화통일의 소'는 또 무언가. '평화의 소'가 이름을 바꿨는가? 그 내력은 이렇다. 유도에서 구출된 '평화의 소'는 1998년 제주의 '통일염원의 소'와 짝을 이룬 뒤 그 해 말 수송아지를 낳는다. 이름을 '평화통일의 소'라 짓고 일련 번호 1을 부여한다. 이후 7년 동안 2호~7호를 낳은 것이 번성하여 40마리의 대가족을 이루게 되었다는 것이다.

‘평화의 소’는 국토 분단의 아픔을 겪고 있는 우리들 입장을 대변하는 상징물로 봐도 좋을 것이다. 남북으로 나뉜 미물도 저렇게 만나 새 세상을 이루고 있는데 우리는 지금까지 왜 이 모양인가? 정말 통일의 실체는 어디서 머무적대기에 우리 앞에 그 모습을 나타내지 않는지.

이러구러 시간은 어느새 12시를 넘고 있었다. 미리 예약해 둔 꽃게탕 집으로 다 함께 몰려갔다. 살 오른 알배기 꽃게탕을 안주로 소주 한 잔을 들이키는 맛이라니…. 강화평화전망대에서 젖었던 울적한 감상이 일순 날아가는 것 같다. 모처럼 단체 손님을 맞은 식당 주인은 밴댕이회무침까지 공짜로 내놓으며 선심을 쓴다. 맛있는 식사. 향기로운 술. 그리고 친구들과의 정담이 어느 때보다 잘 어울린다고 느껴졌다. 강화의 온화한 풍광도 한 몫을 했겠지.

이어서 일행은 외포리 포구로 이동했다. 석모도로 가기 위해서였다. 카페리가 30분의 인터벌을 두고 외포리와 석모도 사이를 운항한단다. 부지런한 몇몇 친구는 벌써 근처 매점에서 새우깡을 사서 준비하느라 바쁘다. 날개를 퍼덕이며 쫓아오는 갈매기들에게 먹이를 주기 위해서다. 두 대의 버스를 실은 배가 ‘부웅~’ 기적을 울리는가 싶더니 배 밑의 스크루가 급히 돌아간다. 그리고 배는 천천히 움직이기 시작한다. 6월의 바닷바람이 쾌적하다. 멀리 고만고만한 산들이 병풍처럼 둘러쳐 있는 모습이 그림인양 아름답다. 그 사이 갈매기들은 어디서 몰려왔을까. 던져주는 새우깡을 낚아채기에 아우성이다. 대담한 어떤 녀석은 손에 쥐고 있는 것을 채가기까지 한다. 녀석들의 난 장판을 보면 이수익의 시 '나쁜 피'가 생각난다.

> 강화 석모도로 떠나는
> 외포리 선착장 카페리 고물에는
> 수많은 갈매기들의 윤무가 한창이다.
> (중략)
> 인간의 식품 맛에 길든 이 바닷새들은
> 바다에서 찾던 그들의 먹이를 잊고
> 노란 부리로 날쌔게 새우깡을 낚아채며
> 활강하고 도 상승한다, 아기 울음을 끼룩거리면서.
> 바다 위로,
> 비루한 생의 곡예가 한창이다.

'비루한 생'이란 어떤 삶일까. 자립하고 자존(自尊)하는 삶이 아니라, 의타적이며 자멸(自蔑)하는 삶일 것이다. 바다 속의 먹이를 포기한 채 새우깡을 찾는 갈매기가 어디 석도모 뱃길 에만 있을까. 하지만, 이곳에서의 느낌이 두드러진 것은 그 옛 날 강화도가 지녔던 치욕의 역사와 무관치 않을 것 같다.

외포리에서 카페리로 건너온 버스는 일행을 보문사 입구의 주차장에 쏟아놓는다. 지금부터 다음 행선지로 떠나기 전 까지 는 자유시간이다. 보문사를 방문할 수도 있고, 남아서 휴식을 취할 수도 있다. 나는 전자의 그룹에 섞여들었다. 전에 이미 와 봤다고는 하나, 오래 전의 일이고 역사탐방이라는 것은 같 은 장소라도 다시 가보면 다른 느낌을 받기 때문이다.

'보문사낙가산(普門寺洛伽山)'이란 현액이 달린 일주문을 지나 사찰을 향해 걷기를 몇 발자국, 전에 없이 길이 더욱 가파른 느낌이었다. 가뜩이나 불편한 다리에 호흡조차 가빠왔다. 그러나 기왕에 마음먹은 일. 포기해서는 안 되지 않겠나. 다시 몇 걸음을 조심조심 옮기고 있는데 뒤따라오던 친구들이 극구 말린다.

"위험하니 그만 올라가게나."

고집을 부릴 일이 아니라고 판단했다. 내 의지를 결행하는 것은 얼마든지 좋다고 하자. 그러나 고집 끝에 넘어져 다치기라도 한다면 다른 친구들에게 얼마나 누(陋)가 될 것인가. 자칫하면 오늘 모두의 나들이를 엉망으로 만들지도 모른다. 하여, 개운치 못한 마음으로 발걸음을 되돌릴 밖에 없었다.

일주문 밖 좌우에 늘어선 식당에는 많은 친구들이 모여 부침개를 안주로 술을 들고 있었다. 나 또한 그들에게 이끌리어 인삼막걸리를 두어 잔 들이켰다. 아리하니 취기가 오른다. 그래도 보문사를 방문하지 못한 아쉬움은 앙금같이 머리에 남아 쉬이 가셔지지 않았다.

보문사는 남해의 보리암, 속초 낙산사의 홍련암과 더불어 우리나라 3대 관음도량의 하나이다. 서기 635년 신라 선덕여왕 때 창건된 고찰이다. 나한불상 22구가 보존된 석실과 높이 6.9미터의 마애석불좌상으로 널리 알려져 있기도 하다. 기념물 제17호로 지정돼 있는 향나무와 민속자료 제1호인 맷돌도 여전히 잘 있는지.

　　보문사 입구의 길가 좌판에서 한 친구가 마른 새우 한 됫박을 사더니 나에게 건네준다. 새우 맛을 보니 짐짐한 게 별로이다. 때깔도 그저 희끄무레하고 살집도 없다. 그러나 맛과 빛깔이 무슨 대수이랴. 고마운 것은 우정이 아니겠는가. 고들빼기 한 단을 사서 친구의 비닐봉지 안에 찔러주었다.

　　석모도를 떠나 다시 외포리에 도착한 시간이 오후 5시쯤인가. 새벽의 잿빛하늘과는 달리 오늘은 하루 종일 쾌청했다. 아침 최저기온 17도, 낮 최고는 21도. 어쩌면 날씨도 이리 안성맞춤이었는지. 순두부찌개, 냉면, 된장찌개 등을 취향대로 택해 저녁식사를 했다. 낮의 꽃게탕 못지않게 맛과 분위기를 즐겼음은 술 탓만은 아닐 듯싶다. 1961년부터 다져온 우정이 있고, 오늘 하루의 나들이가 건강했기 때문일 것이다. 너 나 할 것 없이 일흔 줄에 접어든 고령들. 이 우정 이 건강이 언제나 변치 않았으면 한다.

2009년 6월

만년필, '파커'와 '몽블랑'

요즘엔 만년필을 사용하는 사람을 거의 찾아보기 어렵다. 값싸고 편리한 볼펜이 있는데 누가 굳이 만년필을 사용하려 하겠나. 핸드폰이 대중화 되면서 시계가 자취를 감춘 것과 비슷한 현상이라 할 것이다. 얼마 전만 해도 팔뚝에 찬 시계나 양복 안주머니 또는 핸드백 속의 한 자루 만년필은 생활인의 필수 휴대품이었다. 이 용품이 귀하고 고급스러운 것인지, 아니면 흔해서 저급한지에 따라 한 개인의 빈부나 사회적 위상까지 짚어볼 수 있던 때가 있었다. 그랬던 시계와 만년필이 지금은 어떤가? 쉽고 빠르며, 간결하고 편리함을 추구하는 현대인의 취향에 따라 홀대를 받고 있는 입장이다. 그러기에 사람이든 물품이든 문명의 시속(時俗)을 거스르기란 쉽지 않은 듯하다.

내가 시계를 차고 만년필을 사용한 것은 중학교 1학년 때였다.

이 무렵의 만년필은 흔히 꼬리 부분 1센티를 왼 쪽으로 틀어 쭉 빼낸 뒤 펌프질로 잉크를 채우던 방식이었다. 어떤 때는 잉크가 너무 많이 흘러 필기장을 망쳐놓는 수도 있었고, 뚜껑을 열라치면 잉크가 흥건히 젖어 있어 손과 옷을 더럽히기 일쑤였다. 그래서 집에서는 으레 관리하기가 불편한 만년필 대신 펜촉에 잉크를 묻혀 쓰고는 했다.

펌프식 만년필은 그 후 고무튜브를 달아 쇠붙이 통을 씌우고 그 쇠붙이의 복판을 눌러 잉크를 채우는 방식으로 개선되기는 했다. 그래도 품질이 낮은 것은 여전히 말썽을 일으키는 바람에 고역을 치렀다. 특히 여름철에 흰색 상의의 교복을 입게 될 경우가 그랬다. 배어든 잉크로 여기저기 얼룩빼기를 만들었으니까.

그 당시에는 볼펜도 없었다. 모나미 153이라는 볼펜이 선을 보인 때는 내가 고등학교를 졸업한지 3년이 지난 1963년이었던 것으로 기억한다.

어쨌든 필기구로 적잖은 고생을 하던 끝에 말로만 듣던 파커만년필을 갖게 된 것은 내가 1965년 2월 대학을 졸업할 때였다. 서울 숭인동에 살고 있던 진외가 쪽의 형수가 졸업을 축하한다며 만년필을 선물한 것이다. 뜻밖의 귀한 선물에 사의를 표하자 형수의 말이 걸작이었다. "더 많이 공부하시라는 뜻이니 귀찮은 물건이 될지도 몰라요."

은색 크롬 뚜껑에 자루는 옅은 회색. 촉을 14K로 만든 탓인지 필기할 때의 감촉이 그렇게 부드럽고 매끈할 수 없었다. 한

해 동안 애지중지하며 사용해 오다가 실수로 그만 책상 위에서 떨어뜨리고 말았다. 그것도 펜촉부터 떨어진 상태로…. 얼른 집어 촉부터 살펴봤다. 흉물스럽게 일그러져 있었다. 자세히 살펴보니 자루도 갈라진 상태였다. 지금과 같이 애프터서비스가 일반화된 것도 아니고, 애석하지만 더 이상 쓸 수 없다는 판단을 내렸다.

조선 순조 때 유씨부인(兪氏夫人)은 오랫동안 아끼고 사랑하던 바늘이 부러지자 이를 의인화(擬人化)하여 제문까지 지으면서 아픈 마음을 달래고 있음을 본다.

> … 오호통재라. 아깝고 불쌍하다. 너를 얻어 손 가운데 지닌 지 우금(于今) 이십칠 년이라. 어이 인정이 그렇지 아니하리오. 슬프다. 눈물을 잠깐 거두고 심신을 잠깐 진정하여, 너의 행장과 나의 회포를 총총히 적어 영결하노라.

물론 나는 못 쓰게 된 만년필을 위해 제문까지 짓지는 않았다. 다만 애용하던 만년필이 생각나 다른 '파커'를 사들이기는 했다. 그러나 디자인이 바뀐 탓인지 제일 처음 쓰던 때의 모양과 빛깔이 아니어서 정도 가지 않고, 예전의 파커 만년필에 대한 아쉬움만 앙금인 양 남을 뿐이었다.

몽블랑 만년필과 인연을 맺은 것은 1980년대 초였다. 고향 친구 가운데 고바우라는 별명을 가진 박근식(朴根植)이 있었다. 작은 잡화점을 운영하며 살기도 괜찮다 싶었는데 어느 날 갑자기 미국으로 이민을 간 것이다.

고향을 찾을 때마다 만나 회포를 나누던 친구가 떠나고 없으니 허전하고 쓸쓸하기가 이를 데 없었다. 그런데 2~3년 뒤였던가? 친구의 자당(慈堂)께서 예고 없이 서울 우리 집을 찾아오셨다. 그러면서 '근식이가 전하는 선물'이라면서 삼소나이트 서류가방과 조니워커 술 한 병을 건네시는 것이었다. 가방 안에는 몽블랑 만년필이 들어 있었다.

몽블랑 제품이 명품이라는 얘기는 갋이 들었다. 오래 전부터 사고 싶었지만 가격이 워낙 비싸 엄두를 내지 못했다. 또 파커 만년필이 몇 자루나 있는데 허영을 부릴 게 뭐 있느냐는 식으로 스스로를 자제해 왔다. 그런데 그 명품을 선물로 받게 된 것이다.

몽블랑 만년필의 특징은 무엇보다 뚜껑 끝에 새겨진 육각형의 흰 별이라 하겠다. 이 별은 두 말할 것도 없이 눈 덮인 몽블랑 산의 봉우리를 상징한다. 몽블랑 산은 해발 4,810미터로 유럽에서는 가장 높은 산. 흥미로운 것은 이 '4810'이라는 숫자가 당당히 펜촉에도 상감무늬로 새겨져 있다는 점이다. 마치나 유럽 최고봉인 몽블랑과 같이 만년필로서는 최고의 명품이란 점을 강조하듯이…. 아닌 게 아니라 몽블랑은 150여 회에 걸칠 만큼 복잡하고 정교한 공정을 거쳐 소비자의 손에 쥐어지는 것으로 알려져 있다. 으뜸가는 제품을 만들어 내겠다는 장인정신이 엿보인다.

필기할 때의 감촉은 어떤가? 몽블랑 만년필을 써본 사람들은 유연하고 신축성 있는 필기 감촉을 '예술'이라고 까지 표현한다. 지나친 선입감이 버무려진 과장일 수도 있다. 그러나 영국의 엘리자베스 여왕, 케네디 전 미국 대통령, 고르바초프 전 러시아 대통령 등 절대 권력자나 막강한 영향력을 구사한 인물, 내로라하는 CEO들이 선호했던 애장품인 것만은 사실이다. 지금이라고 다른 것은 없다. 중요한 역사적 사실을 기록하는 현장에는 이 만년필이 따라다니니까.

친구로부터 몽블랑 브랜드의 만년필을 받고서도 나는 아직 한 번도 이것을 사용한 바는 없다. 왜 그랬을까?

첫째, 그야말로 역사적 사실에 서명할 것이라면 모르되 잡문이나 끌쩍이면서 이 펜을 사용하기가 아까워서였다.

둘째, 만년필의 자루가 다소 가늘어 여성용 같이 보이므로 내가 원하는 것과 교환했으면 하는 바람 때문이었다. 남이 정성을 다해 선물한 것을 다른 물건으로 바꾼다는 게 큰 결례라는 것을 모르는 바는 아니다. 그렇다고 찜찜한 마음을 지닌 채 잠시도 아니고 계속 사용한다는 것은 더 못할 일이 아니겠는가. 그러나 바쁜 일상과 게으름이 겹쳐 즉각 이를 시행할 수 없었다.

셋째, 5년 전부터는 뇌경색으로 오른 쪽 손을 예전 같이 사용하기가 어렵게 된 것이 또 다른 이유이다. 상태가 다소 호전된 지금도 만년필보다는 볼펜을 쓰는 것이 편하다. 볼펜은 펜의 방향과 무관하게, 또 굳이 힘을 가하지 않아도 쓸 수 있어서이다. 따라서 명품 브랜드 몽블랑은 오랜 동안 문갑 서랍에 갇힌 채 햇빛구경을 못해 봤다.

그런데 이런 사정을 잘 아는 아들 세헌(世憲)이 몇 달 전 해외출장을 마치고 귀국하면서 몽블랑 볼펜을 사온 것이다. '뇌경색의 경우 손이든 발이든 자꾸 쓰지 않을 경우 근육이 굳어질 수 있으니 작업치료 삼아 쓰라'면서…. 말하자면 몽블랑이라는 최상품의 필기구를 사용하고 싶어서라도 오른 손을 쓸 것이라는 제 나름의 판단을 했던 것 같다.

이런 얘기들이 어찌어찌 미국에서 성악을 공부하는 쌍둥이 큰 딸 윤정(允禎)의 귀에까지 흘러 들어간 모양이다.

이 달 초였던가? '몽블랑 만년필을 사서 소포로 부쳤으니 2주 후면 받아보실 것'이라는 요지의 전화를 받은 것이다. 딸이 알려 준 만년필의 종류를 보니 여간 고가품이 아니었다. 공부하랴 아르바이트하랴 제 살림 꾸려 나가기도 바쁠 텐데 이런 귀중품을 받게 되니 오히려 마음이 짠해 왔다. 그리고 전화 말미에 딸이 했던 말 한 마디가 투병 중인 아비를 헷갈리게 만들었다.

아빠의 글씨는 역시 만년필로 쓰신 것이 더 멋지고 어울려요. 오빠가 선물한 볼펜으로 글씨가 익숙해지시면 제가 보낸 만년필을 사용하세요. 만년필로 아빠가 쓰신 편지를 기다릴게요.

아프기 전 아비가 썼던 글씨에 대한 칭찬만은 아닌 것 같았다. 그럼, 건강 회복을 바라는 격려였을까? 아니면 그 모두를 합친 것이었는지?

그러나 요즘엔 글로벌 경제위기로 내남없이 소비를 줄이고 검약한 생활을 하고 있는 입장이다. 미국과 같은 부자 나라에서 조차 고가의 명품 소비를 자제하느라 '럭셔리 셰임(luxury shame)'이라는 말까지 생겨났다지 않는가? 상황이 이런 판에 몽블랑 만년필을 선뜻 꺼내 쓰기가 조금은 난처해진다. 하기야 난치병 치료를 위해서라도 자주 펜을 사용해야 하는 입장이고, 겉치장이나 겉멋을 위해 스스로 만년필을 산 것도 아니니 명품 브랜드라 해서 시비 걸 사람은 없을 테지만….

2008년 12월

류리창(琉璃廠)과 인사동

중국 베이징의 류리창(琉璃廠)을 처음 방문한 것은 1989년 3월이었다.

당시 나는 KBS의 보도본부 스포츠국에서 88 서울올림픽의 뒤처리와 국제스포츠 관련 업무를 맡고 있었다. 그런데 1990년 중국이 아시안게임을 개최하게 되면서 방송권을 협의하고 방송여건을 알아볼 목적으로 개최지인 북경을 방문할 일이 생기게 된 것이다. 출장기간은 3월 22일부터 31일까지. 9박 10일의 일정이긴 했으나 관광은 전혀 엄두를 낼 수 없었다. 그도 그럴 것이 국교가 없는 상황이라 일본 도쿄를 거쳐 입국하는 바람에 하루는 거저 날려야 했고, 입국을 해서도 업무는 팽이 돌아가듯 바빴다. 베이징아시안게임의 주관방송사인 CCTV와의 방송협의, 조직위원회와의 방송권협상, 그리고 주경기장을 비롯한 각 경기장의 준비상황을 체크하는 일로 정신이 없었다. 그러니 관광은 아예 포기할밖에…. 하루의 바쁜 일과가 끝나면 묵고 있는 호텔에서 우싱(五星)이나 칭다오(靑島)맥주로 피로를 푸는 것이 고작이었다. 그러던 어느 날이었다. '내일은 휴식을 갖고 몇 군데 관광이나 하는 것이 어떻겠느냐'는 제의가 조직위로부터 온 것이다. 차편과 안내인은 제공해 주겠단다. 마다할 까닭이 없었다. 그래서 모처럼 홀가분한 기분으로 관광 길에 오르게 된 것이다.

조직위가 마련한 일정에는 자금성과 만리장성이 있는가 하면 천단과 명십삼릉(明十三陵)도 있었다. 그런데 이름이 아주 특이한 관광지가 눈에 띄었다. '류리창'이 바로 그것이었다. 류리창? 류리(琉璃)는 한글로 읽거나 그 뜻도 유리이니 유리공장을 뜻하는 것일까? 이에 안내인이 설명한다.

> 본래는 하이왕춘(海王村)이라는 작은 마을이었으나 13세기 위안차오(元朝) 때 유리같이 반들반들한 기와를 구우면서 류리창이라는 이름을 얻게 되었지요. 그 후 밍차오(明朝)에 많은 궁전을 지으면서 크게 번창하다가 지금은 골동품이나 서화, 지·필·묵 등을 파는 문화거리로 맥을 잇고 있습니다.

위안차오(1206~1368년)에 생긴 것이라면 류리창의 역사는 대충 따져도 700~800년을 헤아리는 셈이다. 베이징 서남쪽 쉬앤우취(宣武區)에 있는 류리창 방문은 오후 늦게야 이루어졌다. 류리창은 난신화지에(南新華街)를 중심으로 동과 서로 나누어져 있었다. 전체의 길이는 750미터. 길 좌우에는 도자기나 그림, 글씨를 비롯해 붓, 벼루, 먹, 도장, 인형 등을 파는 가게들이 어깨를 겯듯 줄줄이 늘어서 있었다. 이들은 보통 200년 이상의 역사를 지니고 있단다. 그 가운데도 널리 알려진 상점이 룽바오자이(榮寶齋)라 했다. 청나라 강희 11년(1672)에 창건되었다 하니 337년의 연륜을 쌓아온 셈이다. 얼핏 봐도 고색이 창연한 중국식 2층 건물이었다.

류리창에는 진품이 아닌 복제품도 적지 않았다. 특히 골동품이 그랬다. 복제기술이 하도 뛰어나서 전문가가 아니면 진짜 가짜를 가려내기가 쉽지 않을 듯싶었다. 예컨대 시안(西安)의 진시왕릉에서 볼 수 있을 토우(土偶)는 마치나 능 안에 있는 것을 방금 꺼내서 옮겨온 것 같이 크기나 모양새가 똑같았다.

나는 이곳에서 기념 삼아 옥으로 만든 포도송이 하나를 샀다. 얼마 전 홍콩의 중국백화점에서 봤던 물건보다는 제품이 다소 조악해 보였다. 또 값도 그리 헐한 것 같지 않았다.

그 후 나는 중국 베이징을 방문할 때마다 습관적으로 류리창을 찾아 옛 문화의 정취를 느끼곤 했다. 견물생심이랄까. 류리창에서 파는 그림 몇 점도 구입하게 되었다. 물론 고화는 아니다. 그 중의 하나는 올망졸망 넝쿨에 달린 황색장미를 무지개의 둥근 구도로 그린 그림인데 인사등에서 표구한 채 집에 보관돼 있다. 언제 잡동사니 살림이 정리되면 적당한 자리를 잡아 걸어둘 생각이다.

류리창은 인사동과 매우 흡사하다. 우선 전통 문화거리라는 점이 그러하다. 또 한 나라를 대표하는 문화거리가 수도 한 복판에 자리 잡고 있다는 데서도 공통점을 찾을 수 있다. 그 뿐만이 아니다. 이들 문화거리의 생성 역사가 장구하다는 점이다. 류리창은 줄잡아 700년, 인사동은 조선 초기의 도화원(圖畵院)이 모태였으므로 거의 600년의 연륜을 쌓아왔다고 볼 수 있다. 두 문화거리의 길이도 엇비슷하다. 류리창은 동서 750미터의 길이인데 인사동은 남북의 길이가 700미터이다.

그리고 무엇보다도 유사한 점은 다 같이 도자기, 서화, 문방사우 등 고풍스러운 물건을 주로 다루고 있다는 점일 것이다. 그래서 이들 거리는 자국민들에게는 전통문화에 대한 자긍심을 갖게 하고, 외국인들에게는 이문화(異文化)에 대한 호기심과 매력을 불러일으키고 있다. 류리창과 인사동에 많은 외국인들이 붐벼 관광의 명소로 한 몫을 하는 것도 그런 이유 때문일 것이다.

그런데 유감스럽게도 요즘의 인사동은 본래의 모습을 점차 잃어가는 느낌이어서 안타깝다. 종로 2가에서부터 안국동 4거리에 이르는 인사동 길을 한 번 걸어봐라. 내 말이 전혀 거짓이 아님을 알 것이다.

한과가 팔려야 할 자리에 호떡 장사가 있는 것도 그러려니와 춘천 옥 반지나 구리·은반지가 놓여 있을 좌판에는 중국의 옥 반지나 티베트에서 들여온 장신구가 지나가는 객을 끌어들이고 있다. 도예점도 상황은 비슷하다. 비록 골동은 아니더라도 우리나라 가마에서 구워낸 것을 파는 것이 상식일 텐데, 진열된 것은 중국 것 우리 것이 마구 뒤섞여 있다. 아예 중국산 벼루나 붓 또는 그림만을 파는 가게도 있을 정도이다.

주변의 음식점은 어떤가. 전통문화거리답게 한식만 파는 것이 아니다. 일본식, 중국식 음식도 버젓이 팔리고 있다.

류리창을 처음 방문했던 1989년 이후에도 나는 서너 차례나 그곳을 방문했지만 그 거리에 한식집이나 피자집이 생겼다는 얘기를 아직은 듣지 못했다. 바로 인접해 있는 뒷골목 후통(胡同)에도 남의 나라 음식은 없었다.

인사동은 전통문화거리이다. 어찌 보면 얼이 담긴 우리 자신의 얼굴일 수도 있다. 이 거리를 잡탕 식 퓨전(fusion) 거리로 만든다면 우리의 참모습을 스스로 포기하는 것과 무엇이 다르겠는가?

2009년 2월

다시 짚어본 역사의 맥

바쁜 하루였다. 한두 곳이라면 모르겠다. 그런데 자그마치 여섯 군데의 사적지를 탐방한 것이다. 화석정, 전곡리선사유적지, 당포성, 숭의전, 경순왕릉, 그리고 호로고로성 등···. 그러니 어찌 바쁘지 않았겠나. 하지만 방문지역이 전국 사면팔방에 산재해 있지 않아 다행이었다. 행선지가 대개 가는 길 오는 길에 있다는 건 무엇보다 발품을 덜게 했다. 또 시간을 아끼는데도 도움이 되었다.

7월 6일 아침 일곱 시. 25명의 남녀 탐방객들을 태운 대형버스는 영등포 구로복지회관 앞을 출발하여 잠시 후 자유로로 접어들었다. 차 안에 있는 사람들은 모두가 7~80대의 노인네들뿐. 젊은이라고는 운전기사와 '역사탐방'을 지도하는 교사뿐이었다. 나와 같이 60대 끝마무리에 있는 사람들이 없는 건 아니었지만 행색으로 봐서는 다른 노이들과 별 차이가 없어 보였다. 본래 나는 복지관의 회원은 아니다. 다만 이곳에 등록하여 매일 체력을 다지고 있는 친구의 권에 따라 역사탐방 나들이에 합류하게 된 것이다.

확 트인 자유로는 넓고 시원했다. 차창 밖의 도로변 야산은 온통 녹음으로 울창하다. 그러고 보니 내일이 벌써 소서(小暑). 여름은 바야흐로 절정을 향해 치닫고 있었다. 바깥나들이 준비에 잠이라도 설친 때문일까. 노인들은 대부분 졸거나 잠들어 있었다. 창밖의 새로운 풍경도, 시원스럽게 우거진 녹음도 그들에게는 아무 상관이 없는 듯했다. 지난날에 즐겼을 소풍이나 원족 때도 저들은 이런 모습이었을까. 저토톤 덤덤히 잠만을 청했을까. 아닐 것이다. 설렌 마음은 말할 것 없고 들뜬 즐거움으로 차 안은 왁자지걸했겠지. 흩뜨린 자세로 졷에 취해 있는 주름투성이 얼굴엔 저마다 세월의 고단함이 잔뜩 묻어 있는 듯 했다.

1

오랜만에 찾은 화석정은 입구부터가 달랐다. 전에는 입간판 하나 없이 어느 음식점 간판 밑에 낙서하듯 '화석정'이라 표기함으로써 보는 이를 얼마나 부끄럽게 하고 분통을 터뜨리게 했던가. 그런데 이번에 보니 아담한 입간판이 세워지고, 맨흙이던 길은 아스팔트로 변해 있었다.

임진강이 한 눈에 굽어보이는 언덕위에 세워진 작은 정자 화석정(花石亭). 건물 양 쪽의 느티나무가 우람하다. 그리고 500년

수령(樹齡)이 결코 예사로운 정자가 아님을 말해주는 듯하다.
유형문화재 제61호로 등재되어 있는 화석정의 행정상 위치는
경기도 파주시 파평면 율곡리. 조선 중기의 위대한 사상가이자
경세가(經世家)인 율곡 이이(栗谷 李珥)의 본향이다. 알다시피
율곡은 어머니 신사임당의 친정인 강릉 오죽헌에서 출생한 분이
다. 그때가 1536년. 율곡은 여섯 살 때 파주로 올라오고 열세
살이 되면서 진사초시(進士初試)에 합격한다. 이후 율곡은 29세
까지 9번의 과거에 응시하여 그때마다 장원급제함으로써 구도
장원공(九度壯元公)이라는 별칭을 얻는다. 따라서 율곡은 외가
인 강릉에서 나기는 했지만 한양과 파주를 함께 내왕하며 지낸
것 같다. 그의 호를 본향인 율곡리에서 그대로 따와 쓴 점이라든
가, 여덟 살 때 화석정에 올라지었다는 오언율시를 보면 그의
애향심이 얼마나 깊었는가를 짐작케 한다.

林亭秋已晚(임정추이만) 騷客意無窮(소객의무궁)
遠水連天碧(원수연천벽) 霜風向日紅(상풍향일홍)
山吐孤輪月(산토고륜월) 江含萬里風(강함만리풍)
塞鴻何處去(색홍하처거) 聲斷暮雲中(성단모운중)
숲 속 정자에 가을 깊으니 / 나그네의 회포는 달랠 길 없네
멀리 강물은 하늘 맞닿아 푸르고 / 서리 맞은 단풍은 해를
받아 붉구나
산은 둥근 달 토해내고 / 강은 만리 밖 바람 머금었네
변방의 기러기는 어디로 가는가 / 저무는 구름 속에 소리
끊겨라

이러한 시를 코흘리개 여덟 살의 어린 소년이 지었다고는 믿어지지 않지만, 과거마다 장원을 차지했고 이 나라를 대표할 만한 거유(巨儒)였음을 고려하면 수긍이 안 가는 것도 아니다.

화석정에는 이런 일화가 전해지고 있다.

1592년 임진왜란이 일어났을 때의 일이다. 선조는 난을 피해 의주로 몽진(蒙塵) 길에 오른다. 밤은 칠흑같이 어둡고 비는 장대같이 내리고 있다. 천신만고 끝에 도착한 곳이 임진강. 그러나 어느 곳으로 건너야 할지 종잡을 수가 없다. 이때, 이항복이 화석정에 불을 지른다. 주위가 훤해지면서 선조 일행은 무사히 뱃길을 찾고 강을 건널 수 있었단다. 그런데 억수로 내리는 빗속에서 화석정이 불에 탈 수 있던 것은, 이런 사태를 오래 전에 예견하고 율곡이 기둥과 마룻바닥을 기름걸레로 닦게 한 때문이라는 것이다.

1582년 병조판서에 오른 율곡은 이듬해 양군민(養軍民), 비전마(備戰馬) 등 6개 항목의 국방강화 안을 건의한다. 그러나 붕당에 여념이 없던 조정이 이를 귀 기울여 듣지 않자 '10만양병론'을 제기하기에 이른다. 그때 그의 말을 경청했던들 9년 뒤 선조가 도성을 버리고 의주로 피난 가는 일은 없었을 것이다.

400여 년 전 옛날 일을 생각자니 정자의 기둥과 마룻바닥이 새삼 귀물인 듯 느껴진다. 허나 지금의 화석정은 율곡이 가끔 찾아와 머리를 식히고 제자들과 함께 시와 학문을 논하던 정자는 아니다. 1443년 율곡의 고조부 이명신(李明晨)이 지은 본래의 화석정은 임진왜란과 6·25전란을 거치면서 소실과 복

원을 거듭하다가 1966년 새로 지은 것이다. 花石亭(화석정)이
라는 편액의 글씨는 당시의 대통령 박정희의 친필이다.

　화석정을 떠나며 느낀 것이 두 가지 있었다. 하나는 율곡이
라는 사람의 가늠할 수 없는 우국충정이고, 다른 하나는 예전
과 다를 바 없이 치고 때리며 싸움박질 하는 오늘의 추악한 정
치행태였다.

2

　이제 관광버스는 율곡리를 벗어나 전곡리를 향해 달린다. 우
리나라의 대표적인 선사유적지를 방문하기 위해서다. 37번 국
도를 타고 문산과 적성을 지나다보면 잔디밭이 깔끔하게 손질
된 평탄 대지가 나타난다. 이곳이 바로 전곡리(全谷里)선사유
적지이다. 한탄강 가까이에 있다.

　넓은 잔디밭에 들어서니 여기저기 짚으로 만든 삼각형 움막
집들이 눈에 띈다. 관광객을 인솔하던 복지원의 역사탐방 강사
가 일행을 멈추게 한다. 그리고 길가에 우뚝 서있는 흰색 돌을
가리키며 말한다. “이게 바로 전곡리에서 출토된 구석기 주먹
도끼의 모형물입니다.” 이어서 언제, 누가, 어떻게 발굴했으며,
고고학적 의의는 어떤 것인지를 설명한다.

　이 선사유적지는 동두천에 주둔하고 있던 미 공군 병사 보
웬(G. Bowen)이 우연히 채집한 넉 점의 석기를 계기로 전 세
계에 알려지게 됐다는 것이다. 미국 인디애나대학에서 고고학
을 전공한 그는 1978년 4월 한탄강유원지에서 주먹도끼 3점과

긁개 1점을 발견하고, 관련 자료를 프랑스의 저명한 구석기 전문가인 보르드 교수에게 알린다. 보르드 교수는 당시 서울대학교의 고고학 전문가 김원룡 교수를 찾아가도록 권한다. 보웬으로부터 전달받은 것들이 아슐리안(Acheulean)형 석기임을 확인한 김 교수는 즉각 조사단을 구성하여 전곡리 일대에 대한 지표조사를 하게 된 것이다.

전곡리선사유적지는 1979년부터 지금까지 모두 18번에 걸쳐 발굴조사가 이루어졌다. 그 결과 찾아낸 구석기시대 유물들은 5,000여점. 이 가운데 가장 주목을 받은 것이 주먹도끼이다. 주먹도끼란 타원형 또는 약간 길쭉한 모양의 돌을 양쪽으로 가공하여 끝이나 측면에 날을 세운 도구이다. 전기 구석기시대를 대표할만한 유물로 존재가치가 높다. 프랑스의 생따슐(St. Acheul)에서 발견된 주먹도끼도 이 형태와 흡사하다. 이 석기를 이용해서 구석기인들은 사냥이나 도살행위 또는 나무·가죽·뼈를 가공할 수 있었다. 말하자면 다목적 도구로 당시의 입장에서는 죄 첨단기구였던 것이다.

전곡리에서 주먹도끼가 발견되기 전까지는 세계의 저명한 구석기 연구자들조차 동아시아 지역에는 주먹도끼가 존재하지 않는 것으로 알았다. 특히 미국의 모비우스(H. L. Mobius) 교수는 고인류 단계에서부터 동아시아 지역은 서구지역에 비해 문화적으로 후진상태에 있다는 가설을 제시할 정도였다. 때문에 전곡리에서 주먹도끼가 발견됐다는 사실은 모비우스의 가설을 뒤엎는 계기가 됐을 뿐 아니라, 동아시아의 구석기문화를 새로운 관점으로 보는 계기가 된 것이다.

선사유적관에는 주먹도끼 외에 이곳 전곡리에서 출토된 가로날도끼, 뾰족 끝 찍개, 찍개, 긁개, 밀개, 뚫개 등 여러 형태의 석기들이 전시되어 흥미와 관심을 자아냈다.

토층전시관에서는 1981년 4차 발굴 당시의 토층(土層)을 직접 눈으로 살펴볼 수 있었다. 각 토층마다 흰색 줄을 띠워 유적지가 이루어진 연대를 가늠하게 했다. 이 전곡리선사유적지는 흙의 종류나 빛깔, 또는 두께 등으로 판단컨대 30만 전에 이루어졌다는 것이다.

이어서 일행들은 이 세계적인 선사유적지 발굴에 커다란 공을 세우고 작고한 김원룡 교수의 추모비를 참관했다. 그는 임종하기 전 자신의 유골을 이곳에 뿌려달라고 말했다는 것이다. 전곡리선사유적지 발굴에 대한 집념과 애착이 얼마나 깊었으면 그런 유언을 남겼을까.

고고학(考古學)이란 인류가 남긴 일체의 유적과 유물을 통해서 인류의 역사·문화·생활방식 등을 연구하며 해석하고 복원하는 학문이다. 그러기에 고고학은 단지 과거의 유물에 대한 심미적 평가에 만족하지 않는다. 지난날의 물질을 통해 사람들의 생활이 어떻게 변화했는가를 밝힐 수 있기 때문이다.

과거의 방식이 오늘 어떤 모습으로 바뀌었는가를 비교 분석하는 일은 필시 내일의 방식을 연구하는 계기를 마련할 것이다. 이런 면에서 고고학은 미래학과 무관하지 않다는 생각이다. 전곡리선사유적지를 아끼고 사랑했던 김 교수의 명복을 빈다.

　　　　　　　　　　　　3

　역사탐방의 오전 일정에는 사적 제468호인 당포성(堂浦城)
이 하나 더 포함돼 있었다. 연천 고구려의 3대 성 가운데 하나
인 이 성은 임진강과 한탄강 북쪽의 삼각형 현무암대지 위에
만들어진 것으로 모양새가 매우 독특하다.
　본래 임진강과 한탄강 유역은 강원도 평강부근에서 폭발한
화산의 용암이 흘러내리면서 식어 만들어진 용암지대이다.
용암은 침식을 받게 되면 수직의 기둥들이 떨어져나가 높이
15~20m 이상의 주상절리를 이룬다. 따라서 이런 강을 건너
가기란 쉬운 일이 아니었다. 말하자면 천연 요새를 형성하게
되는 것이다. 그러나 수심이 낮은 여울목의 경우는 사정이 다
르다. 따라서 당포성을 비롯한 고구려 3성은 이런 취약점에 대
비하기 위한 군사적 조치였다.
　대형버스가 근접하기 어려운 탓에 성은 먼발치에서만 봤다.
　성의 전체 둘레는 450m. 동쪽 성벽은 높이가 6m로 임진강
과 그 주변을 살펴보기에 적합하다. 오늘 오후에 방문하기로
되어 있는 호로고루성과 더불어 남한지역의 고구려 성 연구에
매우 중요한 자료로 평가되고 있다.
　어느새 시각은 12시를 넘고 있었다. 아침 7시, 복지관을 출
발한 버스 안에서 김밥 한 줄과 백설기 떡 한 덩어리를 제공받
기는 했다. 그러나 대부분의 노인네들은 어설피 손을 댔을 뿐
이었다. 김밥은 딱딱하고 떡도 푸슬푸슬해서 입맛을 당기게 하

지 못했기 때문이다. 그러니 이 시간까지 얼마나 출출하게들 느꼈겠나. 그래서인가. 두부된장찌개를 반찬으로 너나 할 것 없이 밥 한 그릇을 말끔히 비웠다. 다음 방문지로 예정되어 있는 숭의전 입구의 한 식당에서였다.

4

숭의전(崇義殿)은 전에도 두 차례 방문한 적이 있다. 바로 이웃해 있는 삼화교 부근에 대학 동기인 김병길(金秉吉) 교우가 살고 있어서이다. 친구는 오래 전부터 넓은 농장을 경영해왔다. 농장 안에는 수 백 마리의 칠면조도 있어, 방문할 때마다 칠면조 요리를 대접받곤 했던 기억이 난다.

연천군 미산면 아미리 7번지에 위치한 숭의전은 도로에서 언덕길을 걸어 3~4분이면 닿을 수 있다. 돌담으로 둘러쳐진 숭의전은 4동의 부속건물을 다 합쳐도 그리 넓지 않다. 아담하고 아늑한 인상을 준다. 조선시대 전조(前朝)인 고려시대의 왕과 공신들의 위패를 모시고 제사를 받들던 곳이다.

원래 이곳은 고려 태조 왕건(王建)의 원찰인 앙암사(仰巖寺)가 있던 자리라 한다. 그 후 1397년 고려 태조의 위패를 모시는 사당이 건립되었고, 1399년 정종 1년에 고려 태조를 비롯해서 충렬왕, 공민왕 등 여덟 분 왕의 위패를 봉안했다는 것이다. 그 후 세종 7년(1425년)에는 태조 등 4왕만 모시도록 제한했고, 1451년(문종 1년)에 이르러 서희, 강감찬, 정몽주 등 고려조의 충신 16위를 배향하도록 했다는 것이 연천군이 발행한 안내책자의 요지이다.

숭의전은 1605년(선조 38년)부터 개수와 중수를 거듭하다가 6·25전란 시에 불타버리고 말았다, 1971년에 이르러 역사적 가치를 인정받아 사적 223호에 올랐으며, 다음해 복원하여 오늘에 이르고 있다. 숭의전 왼쪽의 야트막한 언덕에 오르면 임진강이 한 눈에 내려다보인다. 예쁘장한 정자 하나를 세우면 딱 어울릴 것 같은 이 봉우리가 잠두봉(蠶頭峰)이다. 누에머리를 닮아서 붙여진 이름이다. 1789년(정조 13년)에 숭의전을 개수한 뒤 그 고을의 군수가 지었다는 7언 절구 한 대목이 생각난다.

> 江山豈識興亡恨(강산개식흥망한) / 강산이 어찌 흥망의 한
> 을 알리요
> 依舊蠶頭出碧流(의구잠두출벽류) / 옛 잠두봉은 푸른 물
> 위에 떠있네

고려조의 4왕, 8왕은 지금 모두 어디로 갔을까. 그리고 피땀 흘려 왕조의 안위를 걱정하던 16위의 충신들은 지금 어디에서 휴식을 취하고 있는지. 혹시 모르겠구나. 흐르는 임진강, 그리고 숭의전 곁의 늙은 소나무들은 알 수 있는지를….

감상이 우울하면 여행을 잡치게 마련이다. 게다가 다음 방문지가 하필이면 신라 경순왕릉일 건 또 뭔가?

5

경순왕(敬順王)은 제56대 신라의 마지막 왕이었다. 927년

경애왕이 후백제 견훤의 습격을 받아 사망하자 왕위에 오른 분이다. 당시에는 나라가 후백제, 고려, 신라로 분열된 데다, 각 지방 호족들의 할거로 통치기능이 마비되어 있었다. 특히 후백제의 침입은 날로 더하고, 운주(運州 : 지금의 홍성) 일대의 30여 군현이 고려에 무릎을 꿇는 등 국세가 약화됨으로써 나라를 지탱하기 어려운 형편이었다.

이에 경순왕은 고려 왕건에게 나라를 물려주고 만다. 왕의 결정에 반대는 없었을까? 물론 있었다. 큰 아들 마의태자(麻衣太子)를 비롯해서 많은 신하들이 반대했다. 그러나 경순왕은 '무고한 백성들이 더 이상 괴롭힘을 당해서는 안 된다'며 뜻을 굽히지 않았다. 이에 마의태자는 금강산에 들어가고 막내아들 범공은 화엄사에 들어가 스님이 된다.

신라왕조 992년의 사직(社稷)을 넘겨준 경순왕의 심경이 어떠했을까. 삼국사기는 "경순왕이 고려 왕건에게 나라를 넘긴 것은 결과적으로 잘한 일이다. 그때 만약 고려에 항거했다면 그 화가 백성들에게까지 미쳤을 것이다."라고 평가한다.

언젠가 이곳 능에서 머지않은 경의선의 도라산역(都羅山驛)을 방문한 적이 있다. 역 앞에는 이런 내용의 입간판이 세워져 있었다.

　　　…경순왕은 도라산에 자주 올라 천년 왕국 신라를 그리워
　　하며 눈물을 흘리곤 했다.…

왜 아니었겠나. 그래도 경순왕은 정승공(政丞公)에 봉해지는 한편, 경주를 식읍(食邑)으로 받기도 했다. 어디 그뿐인가. 왕건의 큰 딸 낙랑공주와 결혼하여 5남 2녀를 두었고 97세에 영면했으니, 한 개인으로서는 복록을 누린 셈이 아닐는지.

경순왕릉은 신라의 여러 왕릉 중 유일하게 경기도 안에 존재하고 있다.

계림문헌록(鷄林文獻錄)을 보면 고려 경종 3년에 경순왕이 세상을 떠나자 신라 유민 수 만 명이 시신을 상여에 모시고 경주로 가려고 했다 한다. 그러나 많은 백성들이 개성을 떠나 텅 빈 도성을 본 조정이 '왕의 시신은 도성 백리 밖을 나서서는 안 된다'며 막는 바람에 이곳에 모시게 됐다는 것이다. 임진왜란과 6·25전란을 거치면서 오랫동안 실전돼 오던 능은 1973년 국가사적 244호로 지정되어 오늘에 이르고 있다.

경순왕릉은 이조의 여러 능에 비해 단출한 모습이다. 홍살문이나 정자각도 보이지 않았다. 비(碑)는 작고 석물 역시 보잘 것 없다. 비각에는 신도비로 추정되는 대리석재가 있었지만, 마모상태가 심해 내 눈으로는 단 한 자의 글씨도 판독할 수 없었다. 비문을 지어낸 사람, 비문을 돌에 새긴 사람은 내용을 알 수 있을까. 또 안다 한들 어쩔 것인가. 새삼 영욕의 덧없음이 느껴진다. 무심한 구름 몇 조각이 능 위 여름하늘을 지나간다.

6

오늘의 마지막 일정은 호로고루성(瓠蘆古壘城)의 답사였다.

사적 468호인 이 성은 오전에 답사한 당포성과 마찬가지로 삼
각형 모양의 강안 평지성(江岸平地城)이다. 가는 날이 장날이
라던가. 버스가 진입하는 도로를 포클레인이 '우르릉' 소리를
내며 정비하고 있었다. 당포성과 매한가지로 이만큼 떨어져서
구경할 수밖에 없었다. 그러니 성의 내용은 강사의 설명과 소
개 전단에 의존해야 했다. 호로고루의 남쪽과 북쪽은 동서방향
으로 길게 뻗은 15m 높이의 자연 절벽이다. 이를 성으로 활용
한 것이다. 다만 진입이 가능한 동쪽 방향에는 길이 90m, 높
이 10m가 되는 돌을 토대로 그 위에 흙을 쌓은 형태이다. 고
구려의 남진이 시작되는 5세기 중반부터 신라와 백제의 연합
군에 밀려 한강지역을 빼앗기게 되는 551년 까지 고구려군의
주요한 거점지역이었다. 국경방어사령부가 이곳에 있었다는
애기도 있다.

호로고루의 어원에 대해서는 두 가지 설이 있다. 하나는 이
부근의 지형이 표주박이나 조롱박 같이 생겨서 그렇게 불렀다
는 것이다. 다른 하나는 고을을 뜻하는 홀(忽)과 성을 뜻하는
고루(古壘)가 합쳐서 호로고루가 되었다는 주장이다. 언어학
적 면에서는 후자가 더 설득력이 있어 보인다.

호로고루성을 끝으로 오늘의 역사탐방은 끝났다. 주로 연천
지역의 사적을 살펴본 것에 지나지 않았지만 의미 있는 여행
이었다. 특히 역사의 현장 여섯 군데를 들러보면서 내 머리와
가슴에 뚜렷이 남는 것이 하나 있다. 그것은 생존을 위한 인간
들의 끊임없는 투쟁이었다. 돌도끼를 만들어 짐승을 잡아야 했

던 구석기인들의 무대도 그렇고, 고려의 개국을 위해 생애를 걸었던 왕건의 숭의전, 천년 사직을 버리고 남의 땅에 묻혀야 했던 경순왕의 능, 신라와 백제의 침동을 막기 위해 쌓았던 당 포성과 호로고루성들…. 이 모든 게 즉기 살기의 전쟁이 원인 이자 그 흔적이 아니던가. 인간은, 아니 살아있는 것들은 그같 이 싸우지 않으면 안 되는 존재일까.

해가 지는 하늘 위를 이름 모르는 새 한 마리가 날아간다. 왜, 어디로 저 새는 날아갈까. 그가 가는 곳도 다름 아닌 싸움 터일까?

2009년 7월

‘자네’라는 호칭을 들으면

호칭은 부르는 이와 듣는 이 사이의 사회적 관계를 가늠케 하는 언어도구 가운데 가장 대표적인 존재이다. 국어사전은 ‘호칭(呼稱)’을 ‘이름 지어 부름’ 또는 ‘불러 일컬음’으로 간단히 뜻풀이 하고 있다.

호칭을 통해서 사회적 관계는 절로 파악된다. 또 이러한 사회적 관계는 대화의 내용에도 크게 영향을 미친다. 이른바 호칭의 사회적 기능이다.

그런데 여기서 간과할 수 없는 것이 하나 있다. 어떤 호칭을 사용해야 바람직한 사회적 관계를 이룰 수 있는가 하는 점이다. 그도 그럴 것이 사용하는 호칭이 어떤지에 따라 대화자 사이의 관계가 돈독해질 수도 있고, 반대로 소원해질 수도 있겠기 때문이다.

한 연구논문은 우리나라의 호칭어가 다른 나라보다 매우 복잡하여 여러 유형이 있다는 점을 밝히고 있다. 그 양태가 어떤지를 한 번 살펴보기로 하자.

첫째, 성(姓)과 이름에서 비롯되는 호칭이다. 홍길동이, 홍길동 씨, 홍길동 군하는 식이다. 때로는 성을 빼고 이름에 호격 조사를 붙이기도 한다.

둘째, 직함을 이용한 호칭이다. 홍길동 부장님, 홍 부장님, 홍 부장 등이 여기에 속한다.

셋째, 친족어가 호칭으로 사용되는 경우이다. 아버지, 아버님, 또는 아빠가 그것이다. 친족이 아닌데도 마치나 친족인 양 사용하는 경우도 있다. 학교 후배가 선배에게 형 또는 언니라고 부르는 경우이다.

넷째, 2인칭 대명사가 호칭으로 쓰인다. 너, 군(君), 자네, 자기, 당신, 그대, 임자라는 것이 있는가 하면 이녁, 어르신 등 상대방의 위상에 따라 부르는 방법이 전혀 달라진다.

다섯째, 통칭적인 직함이나 친족어가 호칭이 되는 경우이다. 전자의 예가 선생님, 사모님, 사장님이라면, 할아버지, 할머니, 아저씨, 아주머니, 아가씨 등은 후자의 예이다.

여섯째, 본명 대신에 호(號)나 별명 조는 출신 지역에 따라서 호칭하기도 한다. 시인 김정식(金廷湜)을 소월(素月)로, 항일 민족지도자인 안창호(安昌浩)를 도산(島山)이라 부른다거나 상대의 별명을 따서 주먹코나 뽀빠이로 호칭하는 경우이다. 또 어디서 태어나 자랐는가에 따라 마산 댁, 춘천 댁으로 부르는 것이 여기에 해당된다.

그런가 하면 '나'를 표현하는 데에도 나, 저, 오(吾), 아(我), 여(余), 짐(朕), 신, 본인, 소인, 불초, 둔마(鈍馬), 졸자(拙者) 등 자그마치 36종의 다른 표현 방법이 있다고 이규태는 그의 저서 《한국인의 의식구조》에서 밝히고 있다.

그러나 지금 말하려는 것은 우리나라 호칭의 다양성과 복잡성이 아니다. 부적절하게 쓰임으로써 인간관계를 소원하게 하고, 그 소원함이 한 개인이나 공동사회에도 나쁜 영향을 주고 있다는 점을 말하고 싶은 것이다. 특히 '자네'라는 호칭이 그렇다.

'자네?' 그 말이 어떻기에? 앞에서 예를 들었듯 2인칭 호칭에는 여러 가지가 있다. 그런데 왜 하필 '자네'를 시비꺼리로 삼으려 하는가? 이유가 있다.

본래가 '자네'란 나이든 어른이 가까운 젊은이를 대접해 부르거나, 친한 벗끼리 높여 부르는 것으로 이해되어 있다. 그러나 실상은 조금 다르다. 아니, 조금이 아니라 많이 다르다. 우리나라는 서양과 같이 횡적 평등사회가 아니다. 종적 서열사회이다. 사회적인 가치기준이 다른 것이다.

네 것 내 것이 따로 없는 절친한 사이가 아님이 분명한데 '자네'라는 호칭을 들었다고 가정해 보자. 듣는 이는 상대방 친구가 자기를 깔보거나 얕잡아본 것으로 느낄 게 틀림없다. 상대방 친구의 사회적 신분이 높으면 높을수록 그 느낌은 증폭될 것이다. 그러므로 친구 사이의 '자네'라는 호칭은 매우 조심스럽게 사용할 필요가 있다. 알뜰하고 도타운 우의에서 느끼는 유쾌함보다는 아니꼽고 시건방진 하대(下待)에서 받는 불쾌감만 느낄 것이므로….

올 2월 전남 광주의 한 구청에서 있었던 일이다. 7급 이하 공무원에 대한 호칭을 어떻게 부르는 것이 좋겠는가를 공모한 결과 '주무관'이라 부르기로 결정을 보았다는 것이다. 7급 이하의 공무원들은 실제로 각 과의 실무를 담당하고 있음에도 직위가 없는 사람이 대부분이어서 상급자는 툭하면 '어이!'. '자네' 등으로 불러왔다는 것이다. 그러 이렇게 애매한 호칭을 없애자는 취지에서 이런 결정이 내려진 모양이다.

'자네'라는 호칭을 직장의 상사로부터 들을 때는 그래도 괜찮다. 그러나 친구로부터 들을 때는 영 딴 판이다. 특히 친밀하지 않거나, 시쳇말로 출세깨나 했다고 거들먹대는 친구에게서 들을 때는 당연히 기분이 잡쳐지고 만다. 이런 상황에서 우정이 샘솟고 우의가 탄탄해질 수 있겠는가? 그러니 반응은 뻔하다.

"짜~식, 엇다 대고 자네야! 내가 네 졸개라도 된다던?"

더구나 상대 친구의 호칭에 맞받아 감히 '자네'라고 말하기가 불가한 입장에 있을 때, 뒤틀린 심사는 당연히 부풀어지지 않겠는가. 하기야 우리나라의 남부 어느 지역에서는 얼마 전까지만 해도 동생은 형과 누나에게, 또 조카는 삼촌이나 이모·고모에게 '자네'라고 불렀다는 얘기가 있기는 하다. 허나 이것은 특정 지역의 특수한 예이며, 그나마 거의가 사라진 현상일 뿐이다.

말이란 뭐라 표현키 어려운 뉘앙스를 지니고 있다. 친구도 친구 나름이 아닌가. 난데없이 '자네'라는 말을 들은 사람은 하대(下待) 취급을 받았다고 불쾌감을 느낄 수도 있음을 유념할 필요가 있는 것이다. 앞에서 말한 지방 구청의 '주무관' 실시 배경을 곰곰 생각하면 이해가 빠르다.

어쨌든 '자네'라는 호칭은 매우 미묘한 존재인 것 같다. 사용에 신중을 기해야 한다.

2009년 4월

'보인' 창간호를 만들 무렵

1

6년 전 쯤의 일이다. 가까운 친구 몇이서 송년모임을 가졌었다. 마침 장소가 광화문 언저리이고 낮 시간이라 모임이 끝나면 옛 보인상고(輔仁商高)를 찾아봐야겠다는 생각이 문득 드는 것이었다. 1977년 12월 서울 송파구 오금동으로 교사가 이전했다는 것은 알고 있다. 그러나 6년 동안 다니며 청운의 꿈을 키워왔던 내수동의 옛 학교가 어떻게 변했는지를 직접 눈으로 확인하고 싶었다. 또 모르지 않는가. '보인중학교', '보인상업고등학교'라는 명패는 떨어져 나갔을지라도 단아했던 2층 교사는 남아있을지도 모른다는 생각이 들기도 했다.

그러나 이러한 꿈과 기대는 초장부터 깨지고 말았다. 광화문

네거리에서 서대문 방향, 옆길로 들어서서 몇 걸음 걷지도 못했는데 길을 잃고 만 것이다. 길이 여러 갈래로 뚫린 데다 대형 건물들이 우쭉우쭉 들어선 바람에 대체 어디가 어딘지 가늠할 수 없었던 것이다. 그래도 그렇지 이 정도로 모를 수 있단 말인가?

상업은행 광화문지점과 금강제화 골목길을 6~7분 걸어 왼쪽 좁은 길로 접어들면, 백여 미터 앞 왼 편에 교사가 있었던 것이 내 기억의 전부였다. 그 빤한 길을 칠흑 야밤도 아닌 벌건 대낮에 못 찾아 헤매는 꼴이 기가 막혔다. 그래도 "꼭 찾아내고야 말겠다"는 뜻을 접어버린 것은, 이날따라 중요한 약속이 잇따라 있어 서둘러 그곳을 떠나야 했기 때문이다.

그날 저녁 낮에 겪었던 일이 하도 개운치 않아 친구에게 전화를 걸었다.

나도 비슷한 경험을 했다네. 학교? 벌써 헐렸지. 오피스 타운이 들어선 것으로 알고 있네.

사실 모교 보인은 1908년 6월 담헌(澹軒) 이종석 선생이 재단법인 보인학원을 설립한 이래 양적·질적으로 비약적인 발전을 거듭해 왔다. 1933년에는 보인상업전수학교로 실업학원으로서의 터전을 이룩했고, 1941년에는 보인상업고등학교, 1999년에는 세계화 국제화에 발맞추어 보인정보산업고등학교로 비약 발전했는가 하면 2000년에는 남녀공학으로 학문의 지평을 넓혀나갔다. 2007년에 '보인'은 인문계 보인고등학교로 바뀌어 오늘에 이르고 있는 것이다.

모교가 날로 발전하는 것과는 전혀 다른 의미에서, 1954년부터 6년 간 보인의 생도였던 나에게 흔적조차 알 수 없는 옛 교사(校舍)란 크나큰 충격이었다. 아니, 상실이었다.

6·25전란이 났을 때 나는 경기도 파주초등학교의 3년생이었다. 피난지인 충남 서산과 예산에서 4, 5학년을 마치고 다시 고향으로 되돌아왔을 때 학교는 불타버린 채 없었다. 나를 맞이한 것은 본래의 위치에서도 4~5킬로미터 떨어진 곳에 허름하게 세워진 천막교사였다. 책상도, 의자도 없이 사과궤짝을 놓고 공부했다. 이런 악조건 속에 보인의 중학생이 되었으니 나로서는 신바람이 날 수밖에 없었고, 덩달아 열심히 아주 열심히 학습에 매진했다.

지금도 생각난다. 그 당시 보인에는 '어머니 사랑'이라는 것이 있었다. 필드하키에서 사용하는 스틱을 선생님들은 그렇게 불렀다. 따라서 공부에 게으름을 피우거나 말썽을 부리는 학우들에게 선생님들은 툭하면 "어머니 사랑 한 번 맛볼래?"하며 스틱으로 체벌을 가하시곤 했다. '이건 선생인 내가 때리는 것이 아니라, 너의 장래를 염려하시는 어머니가 내리시는 사랑의 매'라면서…. 특히 체육을 담당하셨던 김낙현 선생님께서 이 '어머니 사랑'을 자주 활용하셨던 것 같다. 나도 한두 차례 그 사랑의 매를 맞은 바 있다. 그러나 어머니가 안 계신 지금, 어머니의 정을 느낄 수만 있다면 실컷 그 매를 맞고 싶은 심정이다.

돌이켜 보면 당시 보인에는 훌륭한 선생님이 많이 계셨다. 그 중 몇 분을 소개하고 싶은 것은 그분들의 학덕이 내 인생관과 사회관에 상당한 영향을 끼쳤기 때문일 것이다.

2

전지언(全志彦) 선생님도 그런 가운데 한 분이시다. 국사와 세계사를 가르치신 선생님은 자그마한 키에 곱상한 외모를 지니셨고, 한 쪽 손으로는 항상 호두알만한 크기의 씨앗 두 개를 굴리셨던 분이다. 눈매가 날카롭고 행동거지가 딱 부러져 학우들에게는 늘 카리스마 같은 존재로 인식되기도 했다. 선생님은 박람강기(博覽强記)하실 뿐 아니라 달변이셨다. 그 분의 강의를 듣고 있노라면 마치나 내가 그 역사의 현장에 있는 느낌이었다. 알렉산더 대왕의 동방원정이나 칭기즈칸의 유럽원정에 대한 설명이 그러했으며, 양귀비(楊貴妃)에 놀아난 당(唐) 현종(玄宗)의 정치 행각과 몰락, 임진왜란에서 보인 이순신(李舜臣)의 활약상 등 역사를 쥐락펴락했던 사람들의 애기와 사건이 흥미진진하게 펼쳐지는 것이었다. 오죽하면 내가 네덜란드로 방송연수를 떠났을 때 선생님의 명 강의를 잊지 못하고 바로 이웃나라 벨기에에 있는 워털루를 찾아 유럽 최대의 전투라는 나폴레옹과 웰링턴 장군의 전장(戰場)을 답사했을까?

선생님께서 학습을 독려하셨던 방법도 특이했다. 커다란 그라프용지에 개개인의 성명을 적으신 다음에 지망 대학교의 이름을 표기하고 중간고사나 학기말 시험성적을 막대그림표로 그려 넣는 식이었다. 그러니 자신의 성적은 물론, 다른 학우의 성적까지 한 눈에 보 수 있어 저절로 경쟁의식이 불붙지 않을 수 없었다. 선생님께서 의도했던 점도 바로 이런 것이었을까 싶다. 선생님이 고3 담임을 맡으신 이후 우수 대학의 진학률이 가장 높았던 점도 이러한 학습지도방법이 주효했음을 반증한다 하겠다.

이예화(李禮和) 선생님은 현대문과 고문(古文)을 가르치신 분이다. 헌칠한 키에 미남형인데다 에그조틱한 풍모여서 얼핏 유럽의 배우를 연상케 했다. 선생님은 내가 펴낸 에세이 ≪저녁놀 푸른 꿈≫에서 밝힌 대로 '좋은 문장을 암기하는 것이야말로 최상의 학습방법이다'라는 점을 늘 강조하신 분이었다. 선생님께서 내주신 숙제 가운데 정철의 '사미인곡'을 암송하는 것이 있었다. 암송을 마친 나에게 "지금부터 넌 나가 놀아도 좋다"라는 기상천외의 포상을 내려주신 분이다. 몇 십 년이 지난 지금에도 '사미인곡' 절반 정도는 암송이 가능한데, 이는 선생님의 그러한 학습 지도방법 때문이 아닌가 싶다.

선생님께서는 바쁜 교편생활 중에서도 ≪임진전란사(壬辰戰亂史)≫와 ≪한국한방의대계(韓國韓方醫大系)≫ 등을 일역하신 외에 ≪미래의 유산≫, ≪아리사의 일기≫, ≪리틀 로맨스≫ 등 베스트셀러들을 국문으로 번역해 내시는 열정을 보이셨다. 한 때는 정치에도 적잖은 관심을 두셨다는 소문을 들은 바 있다.

또 한 분 내 기억에 각인되어 있는 분이 음악을 담당하신 변성엽 선생님이다. 이 분이 보인에서 얼다동안 봉직하셨는지는 정확히 모른다. 내가 고등학교를 졸업할 때는 이미 전근하신

지 한참 뒤였다. 선생님은 늘 온화한 얼굴에 잔잔한 미소를 지으셨다. 이 분이 바로 그 유명한 바리톤 성악가이신 변성엽이라는 사실을 나중에 알게 되었다.

이태 전인가. 어느 일간신문을 보니 '언어장애 딛고 성악가 변성엽 집사, 76세 혼신의 공연'이라는 제하의 선생님 관련기사를 접했다. 무엇보다 세월이 이만큼 흐른 지금에도 건재하시다니 여간 반갑지 않았다. 2000년에 고희를 기념하는 독창회를 여셨다는 것도 그 기사를 통해서 알았다. 선생님의 근황을 신문이라는 매체를 통해서야 알 뿐이었으니 그저 부끄럽고 죄송스럽기 그지없다.

③

보인에서의 학창생활을 회고하면서 가장 두드러지게 머리에 남는 것이 하나 있다. 바로 신문 창간호를 내 손으로 만들었다는 점이다. 내가 보인상고의 16회 졸업 예정자인데도 학교에는 그때까지 교내신문이 없었다. 선생님들이나 학교의 재단 측은 그 나름대로 이유가 있을 테지만, 학생들은 난리였다. 우여곡절 끝에 여러 가지 문제가 해결되면서 마침내 신문 창간호 작업에 들어갔다. 지도교사로는 국어의 이예화 선생님, 그리고 편집은 필자를 비롯해서 조종무(趙鍾武), 황윤형(黃允亨) 3인이 담당하기로 했다. 물론 세 사람 모두가 인쇄물의 간행에 대해서는 그야말로 문외한들이었다. 어디부터 무얼 어떻게 시작해야 하는지 난감할 수밖에 없었다.

우선 신문의 제호부터 짓기로 했다. 궁리 끝에 결정한 것이 '보인'이었다. 서예에 능하신 윤기태(尹起泰) 선생님께 부탁을 드렸다. 선생님은 단아하면서도 힘찬 글씨체로 '보인' 두 글자를 가로로 써 주셨다. 제호를 받고 보니 신문은 벌써 반 이상 만들어진 기분이었다.

원고모집이 끝날 무렵에는 인쇄소 선정에 들어갔다. 고르고 고른 것이 당시 서대문 로터리 근처에 있던 동아출판사였다. 학교에서 가까운 거리인데다 규모가 크고, 무엇보다 인쇄가 선명했기 때문이었다.

당시는 글자 하나하나를 채자(採字)하여 판을 짠 뒤 지형(紙型)을 떠서 다시 연판(鉛版)으로 만들어 인쇄하는 것이 전통적인 방법이었다. 손이 많이 들어 여러 가지 오류도 많았고, 인쇄 자체도 선명하지 못했다. 편집도 마찬가지였다. 자동이 아니어서 지면을 짜기가 쉽지 않았다. 신출내기들이라 더 애로가 많았음은 물론이다. 우리는 할당된 지면에 원고를 맞추느라 일일이 자수(字數)를 세는 등 부산을 떨기도 했다.

신문을 제작하느라 때로는 수업에 빠지는 경우도 있었다. 그런데도 아무도 불만을 갖지 않은 것은 신문 창간호의 발행이라는 자부심과 긍지가 높았던 까닭이었을 것이다. 출판사에 가는 날이면 으레 작업이 끝날 무렵, 지도 선생님께서 나타나시어 자장면을 사주시곤 했다. 지금도 가끔 당시의 중국음식점 일품향(一品香)이 생각난다. 요즘은 자장면이 대수롭지 않은 음식으로 격이 낮아졌지만 그때만 해도 웬만한 사람은 먹기 어려운 특식이었다. 신문편집에 열중했던 이면에는 자장면을 맛있게 먹을 수 있다는 점도 한 몫 했는지 모를 일이다.

편집에 손을 댄지 한 달 만이던가. 드디어 '보인' 역사 최초의 교내신문이 탄생했다. 타블로이드판 4면의 소품이었지만 보인 식구들에겐 크나큰 기쁨이요, 자랑이었다. 나도 '창간호'에 '고독'이란 제목을 붙여 시 한 편을 실었다. 내 깐에는 꽤 고심해서 쓴 작품이었지만 제목만 기억에 남을 뿐 내용은 감감하다.

교내신문 '보인'을 발간한 얼마 후, 우리는 교지(校誌) 발행에 착수했다. 몇 쪽 짜리 신문을 만드는데도 버거움을 느꼈던 우리가 교지까지 만들어낸 것은 그동안 인쇄물에 대한 노하우가 늘어 자신감을 가질 수 있었던 때문이다. 신문은 창간호 이후 두 세 차례 속간을 내다가 졸업을 맞았다.

신문을 함께 만들었던 세 사람은 우연히 같은 대학 고려대학교에 진학(조종무 : 정치외교학과, 황윤형 : 경제과, 황유성 : 법학과)하여 끈끈한 우정을 다져나갔다. 이 가운데 필자와 조종무가 동아방송과 조선일보라는 언론계에서 근무할 수 있었던 것은 아마도 위에서 말했듯 인쇄물 제작이라는 재학 중의 활동이 크게 작용하지 않았을까 하는 생각이다. 조종무 군은 현재도 뉴욕에서 언론인으로 활약 중이다.

금융계에 진출한 실적도 역대 졸업생 가운데 16회가 가장 뛰어나지 않았나 생각된다. 고작 2개 반 122명의 졸업자에 불과했음에도 7명(유정현, 윤배, 권오균, 박덕원, 이철웅, 윤여원,

이재승)이나 시중 은행에 합격되어 기염을 토했다.

그런가 하면 재학 중 트럼펫을 잘 불어 일찌감치 음악에서 대성하리라 믿었던 곽승상(郭昇相 : 곽승)은 우리가 익히 아는 대로 국내외에서 탁월한 지휘자로 명성을 날려 왔고, 현재는 그가 수학했던 경희대 음대에서 석좌교수로 봉직 중이다.

한의학계에서 두각을 보이다가 얼마 전에 작고한 김학인(金學仁) 박사, 공직자로 국리민복을 위해 헌신 봉사했던 차영호(車英鎬) 전 청와대 경호실 차장, 하영수(河榮秀 : 전 강화도 군수도 필자와 같은 16회 동기였다.

④

以文會友(이문회우)
以友輔仁(이우보인)

논어의 안연(顔淵) 편에 나오는 말로, 학문으로 벗을 모으고, 벗으로써 스스로를 어질게 한다는 뜻이다. '보인'이라는 교명도 여기에서 비롯하고 있다. 세월은 살(矢)과 같이 흘러 필자도 어느새 망칠(望七)의 나이를 넘보고 있다. 날이 갈수록 옛 친구들이 그리워진다.

'보인'은 1905년의 소위 '을사보호조약'으로 한국의 모든 권익이 탈취 당한 절망적 상황에서 민족의 정기를 북돋아 권토중래(捲土重來)하자는 이념으로 설립된 학교였다. 따라서 '보인'은 단지 육영사업의 일환이라는 시각에서가 아닌, 국권의 회복과 민족을 지켜나가겠다는 충의(忠義)에서 설립된 학원이었던 것이다. "민족혼을 견지하여 자립인이 되자"는 옛 교훈과 "나날이 의를 위해 힘 닦는 보인"이라는 교가의 끝 구절이 '보인'의 교육이념을 잘 대변한다.

한 세기 100년은 짧지 않은 세월이다. 그러나 장구한 역사가 반드시 자랑스러운 것만도 아니라는 점도 알아둘 필요가 있으리라 본다. 훌륭한 전통은 빠짐없이 받아들이되 바람직하지 못하거나 터부(taboo)로 여길 것은 과감히 내던져, 실로 누구에게나 칭송 받을 수 있는 학교로 만들어 가야 할 것이다.

나는 '보인' 출신임을 자랑스럽게 여긴다. 이러한 느낌이 더욱 진하고 강렬하게 가슴 깊이 새겨지도록 '보인'이 날로 발전하기를 기원한다.

2008년 12월 12일

출판기념회 단상

처음엔 여러 가지로 망설였다. 그도 그럴 것이 저술에 관해 내로라하는 저명인사들조차 출판기념행사는 거르기가 일쑤라는 것이 첫째 이유였다. 그런데 불쑥 책을 냈다며 '출판기념회' 행사를 갖겠다니 하도 같잖아 '푼수' 스리나 듣지 않을까 걱정이 된 것이다. 둘째, 요즘은 글로벌 경제난으로 많은 사람들이 어렵사리 살림을 꾸려가고 있지 않은가. 디렇듯 불황의 한파가 휘몰아치고 있는 판에 덜컥 초대장을 띄운다면 보내는 나나 받는 상대방도 달가운 기분이 아닐 것이라는 생각이 드는 것이었다.

사실 출판기념회라는 것이 그렇다. 결혼식이나 장례식 같은 경우는 특별한 일이 없는 한 으레 참여해야 하는 것이 우리의 일상 관행으로 되어 있다. 또 이러한 애경사는 어차피 품앗이하는 입장이 아니던가. 그러나 출판기념회는 조금 다르다. 초대장을 사이에 두고 양 쪽 모두를 난처하게 만들기가 십상이다. 대부분의 사람들에게는 생소한 일이기 때문이다.

상황이 이러하므로 나는 이 일을 어떻게 처리하는 것이 현명한 것인지를 고민하지 않을 수 없었다. 그러나 종국에는 행사를 벌이는 쪽으로 가닥을 잡았다.

기회란 자주 오지 않는다. 이번에 놓칠 경우 내 나머지 삶에서 출판기념회를 가지기란 좀처럼 쉬울 것 같지 않았다. 이번이 적기(適期)라고 판단 것은 첫째, 병이 완치는 안됐다 해도 건재하다는 사실을 주위에 알리고 싶었고, 둘째, 신고(辛苦)를 겪어가면서 한꺼번에 책을 두 권이나 만든 입장에 이까짓 뇌경색 쯤 이겨내지 못하랴'하는 최면을 스스로에게 걸기 위해서였다.

어쨌든 일단 결정을 굳히자 모든 일은 바쁘게 돌아갔다. 장소와 시간, 초청장의 작성, 발송 대상의 선정, 현수막 제작, 하객에 대한 음식 제공 등 갖춰야 할 일이 한두 가지가 아니었다. 참, 축하나 격려의 말씀을 해 주실 분, 사회를 담당할 적임자, 기념회 전반을 진행하고 뒤처리를 챙겨야 할 사람 등 비록 규모는 작아도 형식과 구색은 다 갖춰야 했다. 정작 염려했던 것은 당일 하객들에게 선물한 책이었으나, 두 권 모두 10월 말이면 출간이 가능하다하여 그나마 걱정을 덜 수 있었다.

우선 장소부터 알아봤다. 그러나 며칠 동안 발품을 팔았어도 마땅한 곳이 없었다. 호텔은 비싸기도 하려니와 나에겐 과람하여 애당초 물색 대상에 넣지도 않았다. 웨딩홀? 그것도 좀 격에 어울릴 것 같지 않았다. 속으로 끌탕을 하는 판인 데 모교인 고려대학교 교우회에서 교우회관에 장소를 마련해 주겠다는 것이었다. 이렇게 감사할 수 있는가. 특히 회관 아래층에는 식당까지 딸려 있어 당일 하객들에게 식사를 대접하는 문제도 동시에 해결할 수 있었다.

초청장은 어떻게 쓸까? 사무적인 딱딱함이나 밋밋함이 없도록 감칠맛 있게 쓸 수는 없을까? 호소력 있고 감동적인 내용이라면 더욱 좋을 텐데…. 그래 이렇게 써보자.

언어가 삶의 바탕이던 자에게 뇌경색이라는 난치병은 죽음의 선고에 다름 아니었습니다. 산다는 것의 허망함과 좌절을 온 몸으로 느꼈습니다.

그러나 이제는 아닙니다. 외다리 수영선수 뒤 투아와 외팔 탁구선수 파르티카의 투혼과 인간승리를 베이징올림픽에서 목격했기 때문입니다.

그들과 같이 뜨거운 마음, 그들에 못지않은 땀과 눈물로 두 권의 책을 엮어냈습니다. 많이 격려해 주시기 바랍니다.

내내 건강하시고 모든 일이 뜻대로 이루어지실 것을 기원하겠습니다.

감사합니다.

그러나 이 문안은 인쇄까지 마쳤지만 폐기해 버렸다. 가로 17, 세로 11 cm의 단면 초대장에 긴 글을 담자니 글씨가 너무 깨알같이 보이는데다, 내용도 무슨 자선단체의 호소문 모양 처량기가 넘쳤기 때문이었다. 그래 다음과 같이 바꿔 썼다.

높푸른 하늘, 바람이 싱그러운 결실과 수확의 가을입니다.
가내 두루 평안하신지오? 그동안 학업과 직장, 그리고 일상생
활에서 느낀 바를 책으로 엮어냈습니다. 미흡한 점이 적지 않
겠지만 많이 격려해 주시기 바랍니다.
내내 건강하십시오. 감사합니다.
1. ≪초창기 한국방송의 특성≫
2. ≪저녁놀 푸른 꿈≫(에세이집)

위의 것보다는 초대장으로서의 형식이나 내용면에서 좀 나
은 듯싶게 여겨져 그대로 사용하기로 했다. 날짜는 11월 11일
로 정하려다 평일이어서 7일 금요일 오후 5시로 바꿨다.

축사와 격려사를 맡아 줄 분도 수월히 결정되었다. 축사는 이번
학술서적 발간과 관련해서 지도와 편달을 해 주신 전 한국외대의
정진석 교수님과 에세이집 발간에 격려와 용기를 북돋아 주신 전영우
교수님을 모시기로 했다. 격려사는 대법관을 지낸 동기 교우 유지담
변호사와 5선의 김충조 의원에게 부탁했다. 참, 사회자는 한국일보
기자로 오랫동안 봉직했던 백승열 교우에게 청하기로 했다.

현수막은 각종 인쇄소가 밀집해 있는 서울 을지로에서 만들
었다. 당일 찾은 현수막은 디자인이나 인쇄 모두 만족했다.

초청 대상은 되도록 줄이고 줄여 규모를 슬림화 했다.

이렇게 제반사가 착착 진행될 무렵 예기치 않은 일이 발생했다.
전영우 교수께서 부득이한 일로 당일 참석이 불가능하다는 연락
을 주신 것이다. 서둘러 다른 분을 물색해야 했다. 내가 근무했던
옛 동아방송(DBS)의 기자출신이시면서 KBS의 부사장을 역임
하셨고, 현재 세종 사이버대 총장으로 계신 최동호 선배님께 말씀

드려 쾌히 응낙을 받아냈다. 다행이었다. 그런데 한 주일이 지나서였던가? 최 총장님도 인천에 중요한 행사가 있어 참석이 어렵다는 전화를 주신 것이다. 행사 날짜는 다가오는데 난감하지 않을 수 없었다. 아예 축사를 한 분 만으로 할까? 그럴 경우 행사의 짜임이 너무 허술하지 않을는지? 그러나 행사 날짜는 다가오고 도리 없이 전자를 택했다. 행사에 따른 축사나 격려사가 많은 것도 하객들에게 누가 된다는 판단이 들었기 때문이다.

드디어 행사일인 11월 7일. 기념식장 안팎은 각계에서 보낸 축하의 화환과 화분으로 경축 일색이었다. 그 중에는 멀리 미국 켄터키 주에 거주하는 박맹웅(朴猛雄) 교우의 것도 있었다. 장내를 가득 메운 하객들. 그리고 그분들의 격려와 성원으로 줄곧 콧날이 시큰한 가운데 출판기념회는 성황리에 대미를 장식했다. 이날 답사를 하면서 내가 울먹일 수밖에 없었던 것은 건강을 제대로 지키지 못해 부끄러운 모습을 보인데 대한 자책과 후회, 두 권의 책을 발간하기까지 겪었던 어려움, 그리고 나에게 변치 않는 성원과 격려를 보내준 하객들에 대한 무한한 감사가 뒤범벅된 데서 비롯된 감정의 표출이었을 것이다.

출판기념회를 가진 2008년 11월 7일 저녁은 에세이 제목 그대로 ≪저녁놀 푸른 꿈≫ 한 가닥이 내 삶 속에서 실현된 날로 오랫동안 기억될 것이다. 그리고 앞으로 더욱 노력해서 좋은 책을 만들어야 되겠다는 다짐을 갖게 했다. 이날 밤, 내 가슴 속에서는 폭죽이 연거푸 터졌다. 불꽃도 찬연하게.

2008년 11월

홍콩유학 중에 만난 고려대 교우들

1

오늘 홍콩에서 온 친구와 점심을 같이 했다. 청진동 해장국이 먹고 싶다기에 자주 들르던 단골집 청진옥을 가려는 참인데 이사했단다. 청진동 일대가 재개발되면서 벌써 작년 8월에 자리를 옮겼다는 것이다. 종로타운에 새로 세워진 르메이르 빌딩이던가. 후미진 1층 구석자리에 청진옥은 칸막이 유리창을 달고 이전해 있었다. 1937년에 문을 열어 숱한 추억과 낭만을 수많은 식객들 가슴에 심어준 명소가 사라져버린 아쉬움을 느끼면서 동그랑땡 한 접시와 해장국, 그리고 막걸리 대신 소주를 주문했다. 왠지 오늘은 이래저래 술이 먹힐 것 같았다.

홍콩에서 온 친구는 같은 고려대학 출신인 박세원(朴世遠).

전공한 과(科)는 달라도 입학 동기이다. 1983년 홍콩대학교에 유학하고 있을 때 자주 만났던 사이였다. 그럴 수밖에 없는 것이 그는 내가 살던 코리아센터에 사무실을 얻어 신화기업공사라는 간판을 걸고 오퍼상을 하고 있었기 때문이다. 특히 그 친구의 부인 임정자 씨는 홍콩대학교 대학원의 1년 선배여서 친밀감이 더했다.

친구 내외는 가끔 나를 집에 초대하여 맛있는 식사와 술을 내오곤 했다. 고되고 쓸쓸한 유학생활을 어루만져 주기 위함이었으리라. 지금도 기억에 생생하다. 언젠가 초대받아 댁을 방문하니 곰국냄새가 집 안에 진동하는 것이었다. "혼자 자취하면서 부실한 식사를 할 것이 마음에 걸려 엊저녁부터 곰국을 앉혀 놨다"는 것이다. 세상에 '내 건강을 걱정하고 보살펴 주는 사람' 이상 고마운 일이 어디 있겠는가. 그날 나는 연신 "후루룩 쩝쩝"대며 배가 터져나갈 만큼 곰국을 먹었다.

유학을 마치고 귀국한 지 얼마 뒤 친구의 부인 '임 선배'는 아이들을 데리고 우리 집을 방문했었다. 홍콩에서 신세졌던 것을 생각하면 꽤나 신경을 써서 후한 접대를 하는 게 마땅할 터였다. 헌데, 집 근처 식당에서 함께 점심을 대접했던 것만 어슴푸레 기억된다.

친구는 사업차 서울에 올 때마다 나를 만나 홍콩소식을 전해주곤 했다. 한동안 연락이 뜸하더니 오늘 얼굴을 맞대게 된 것이다.

기왕 홍콩의 교우 애기가 나왔으니 오늘은 유학 중일 때 만났던 몇몇 교우들을 중심으로 옛날을 회상해볼까 한다.

당시 고대 출신들은 30여명. 완전히 이민해 온 교우도 있었지만, 한국에서 근무하다가 홍콩으로 발령받은 경우가 대부분이었다. 향수(鄕愁) 탓이었을까. 교우들은 모임을 자주 가졌다. 특히 연말 송년회 같은 행사 때는 더 했다. 극성스런 모임으로 호남향우회, 해병대, 그리고 고대교우회가 있다는 우스개 소리가 있다. 대체로 맞는 듯하다. 홍콩교우회도 예외는 아니었다.

1983년 말에도 교우 전체의 송년행사가 베풀어졌다. 코리아센터 19층 '한국의 집'에서의 커플미팅으로 50여명의 참석자들이 함께 모여 먹고 마시고, 웃고 떠들며 요란을 피웠다.

그런데 식순이 좀 이상했다. 학교 선후배들이 가족들을 참석시킨 가운데 분위기를 띄우며 송년회를 가진 것은 좋았다. 그런데 폐회에 앞서 교가나 교호 제창도 없이 헤어지려 하지 않는가? 서울에서 가졌던 송년회 순서와는 딴 판이었다. 술도 얼큰한 김에 나는 손을 번쩍 들고 "긴급 제의!"를 외치며 교가와 교호를 제창하자고 제의했다. 모두가 찬성이었다. 그래서 선창을 내가 맡고 '북악산 기슭에 우뚝 솟은 집을 보라'로 시작하는 교가와 '입실렌티체이홉 카시코시코시코, 칼마시케시케시 고려대학! 칼마시케시케시 고려대학!'이라는 교호를 목이 터지도록 제창했다. 이국 하늘 밑에서 부르는 교가와 교호는 코끝을 찡하게 만들었다. 나중에 들은 얘기지만 홍콩에서 가진 송년회에서 교가와 교호를 부른 것은 그때가 처음이란다.

코너트 로드(Connaught Rd.)의 코리아센터에는 한국 영사관을 비롯해서 대한무역진흥공사(KOTRA), 교민회, 한국외환은행(KEB) 등 공공기관이 자리를 잡고 있었다. KOTRA의 이두원(李斗遠 : 경영학과 57회) 홍콩지점장과 KEB의 전옥배(田玉培) 홍콩지점장이 모두 고대 출신이었다. 특히 법학과 후배인 전(田) 지점장의 부인 우지은(禹知垠) 씨는 동아방송(DBS) 아나운서실의 후배인지라 더욱 교분이 각별했다. 전 지점장의 빙모께서 홍콩에 오셨을 때, 그 댁 식구들 틈에 끼어 페리보트를 타고 라마 섬(南丫島)을 방문한 기억이 새롭다.

③

1984년 3월이던가. 당시 고려대학교의 김준엽(金俊燁) 총장께서 부인과 함께 홍콩을 방문하셨다. 고려대 교우회의 해외 운영상황을 살피고, 모교의 발전기금을 확보하기 위해 미국과 유럽 등 몇 나라를 순회하시는 첫 기착지로 홍콩을 찾으셨단다.

그날 저녁 20여명 교우들은 한 음식점에 모여 김 총장님으로부터 고대의 발전계획에 대한 설명을 들었다. 자신감 넘치는 매머드 구상을 들으면서 가슴이 부풀고 어깨가 으쓱해 옴을 느꼈다. 이튿날 총장님은 10여명 교우와 함께 오션파크만 들러보시고 바삐 다음 방문지로 떠나셨다. 교우들은 시내관광 계획까지 잡아두었는데도…. 강직하신 성품의 일단을 보는 것 같았다. 절대 권력이 시퍼랬던 군사정권 시절, 경찰이 학생들을 체포하려 하자 "제자들을 잡아가려면 나부터 잡아가라"고 말씀하시던 김 총장이 아니시던가. 결국 총장직을 사퇴하자 "총장사퇴 반대"라는 이색 데모를 일으키게 했고, 국무총리로 모시겠다는 제의도 번번이 거절했던 그분은 이 시대가 존경해 마지않던 참 스승임에 틀림없었다. 문득 김준엽 총장님이 하셨던 말씀이 생각난다.

현실에 살지 말고 역사에 살아라. 정의와 선과 진리는 반드시 승리한다.

홍콩 유학 중 만났던 교우들 가운데 가장 출세한 사람을 꼽으라면 GS 대표이사인 허창수(許昌秀 : 경영학과 65회) 회장이 될 것이다. 허 회장은 내가 홍콩에 도착한 그 다음해에 첫 대면을 가졌다. 당시의 직함은 LG상사의 홍콩지사 이사. 귀공자 타입이었다. LG건설 명예회장의 장남으로 우쭐댈 수도 있으련만 그런 티는 보이지 않았던 것 같다. 그는 내가 귀국할 무렵인 1984년 9월 일본 도쿄로 근무지를 옮겼다. 선후배 터울이 7년이나 되어서일까. 실상 그와 만날 기회는 그리 많지 않았다. 귀국 후 10년 만에 그와 딱 한 번 전화통화를 한 적이 있다. 그러나 세월에 때가 묻고 상황이 바뀌면 고대생이라는 끈끈한 유대도 달라지는 모양이다. 별 볼일 없던 내가, 스스럼없이 가슴을 터놓고 애기하기엔 그가 너무 커 있었다.

홍콩 얘기를 하면서 동기 교우에 관한 추억담을 빠뜨릴 수 없을 것 같다. 같은 법대 출신의 송정섭(宋正燮)과 차영준(車英俊) 동기 교우가 그들이다.

송정섭 교우는 1972년 최초로 61학번의 동기 교우회가 결성된 뒤 4대째인 회장단에서 간사 직을 함께 맡으며 더욱 가깝게 지낸 친구였다. 지금의 회장단은 부회장만 해도 20명이 넘을 만큼 조직이 방대해졌지만, 당시는 회장 밑에 간사 다섯이 전부였다. 송 교우는 자상하고 원만한 인품 그대로 회원들 간의 친목을 높이는 데 진력함으로써 동기 교우회를 더욱 발전시켜 나갔다. 그의 헌신적인 노력으로 교우들은 교우회 관련 행사에 더 높은 관심을 갖게 되었고, 덩달아 참석률도 부쩍 높아졌다. 송 교우가 바로 이듬해에 제5대 회장으로 취임한 것은 이러한 그의 능력과 활약의 결과였던 것으로 판단된다.

1984년 봄이었던가. 그 송 교우가 홍콩을 방문한 것이다. 그가 근무하고 있는 해외항공의 홍콩 카운터 파트너가 벌이는 무슨 축하행사를 치하하기 위해서란다. 전화 끝에 송 교우는 "혼자 몸이니 이리 와서 함께 지내는 게 어떻겠느냐"고 제의한다. 마다할 이유가 없었다. 그가 유숙하는 호텔은 카이탁(啓德)공항 부근의 Holiday Inn. 그래서 그날부터 비좁고 불편한 플래트(flat)에서 나와 난데없는 호텔생활을 며칠 하게 되었다.

다음날 친구는 마카오를 가보고 싶단다. 홍콩에서 마카오까지의 거리는 페리보트로 1시간의 거리다. 나는 이미 전에 가봤던 곳이므로 관광이 될 만한 곳을 친구에게 소개하는 데는 아무 문제가 없었다. 중국 동남부의 주장(珠江)을 건너 마카오의 페리선착장에서 인력거를 흥정할 때였다. 중국어로 얘기하니 상대는 전혀 알아듣지를 못한다. 그는 표준어인 만다린을 모르는 광둥(廣東) 사람이었다. 이번에는 영어를 사용해 봤다. 더더욱 모르겠다고 손사래를 친다. 그때였다. 송 교우가 일본어로 얘기하니 반색을 하며 대꾸한다. 인력거꾼은 젊었을 때 일본인 회사에 다닌 적이 있다고 했던가. 어쨌든 말이 통해 다행이었지만 내심 친구의 일본어 구사실력에 흠칫 놀랐다. 하기야 친구는 대학 졸업 후 처음 얻은 직장이 일본항공사(JAL)였으니 일본어 사용이 수월했을지 모른다. 그러나 지금까지 여러 번 일본어에 도전했다가 실패한 이력이 있는 나로서는 수치였다. 그해 말 귀국하여 일본어에 다시 도전한답시고 부지런히 학원을 들락거린 것은 아마도 송 교우로부터 받은 자극 때문일 듯싶다.

애기가 잠시 엉뚱한 데로 튄 것 같다. 마카오에서 성 바오로 성당 등 몇 군데를 살펴본 우리는 친구의 바람대로 도박장을 찾아갔다. 마카오는 동양의 라스베이거스로 알려진 도박의 명소가 아닌가. 평시 포커를 즐기던 친구가 관심을 가질만한 곳이었을 게다. 나는 마카오 최초의 도박장소로 알려진 리스보아(Lisboa) 카지노로 그를 안내했다. 흐린 조명 밑에는 일확천금을 노리는 사람들이 블랙잭이나 룰렛게임을 즐기고 있었다. 친구는 미화 200불을 파친코용 칩으로 바꾸어 반을 나에게 준다.
두 대의 슬롯머신에서 대박이 터졌다면 얼마나 좋았을까. 그런
데 둘이 즐겼던 시간은 고작 20분이나 됐을까. 금방 그 돈을
날리고 말았다. 하기야 천만 불의 횡재를 맞았다 해도 문제일
것이다. 왜냐하면 공부하러 온 유학생과 중요업무로 출장 중에
있는 회사원이 도박으로 돈을 땄다는 사실이 신문 방송에 알
려질 터이므로….

마카오를 다녀온 그날 저녁. 나는 모처럼의 장거리여행에 피
곤하여 일찌감치 침대 속으로 기어들어 갔다. 그런데 친구는
호텔 방에서 혼자 무언가를 연신 중얼거리고 있는 게 아닌가.
가만히 들어보니 첫 머리가 '레이디스 앤 젠틀맨'이었다. 내일
있을 축하행사의 축사를 연습하고 있는 게 틀림없었다. 빈틈없
이 매사를 처리하는 친구의 주도면밀함과 성실성을 눈으로 거
듭 확인 할 수 있었다.

송 교우가 홍콩에 온지 4일째. 내일이면 그도 이곳을 떠날
것이다. 우리는 홍콩 번화가인 침사추이(尖沙咀)로 시내관광
을 나갔다. 화려한 물건이 가득 진열된 곳을 지나면서도 아이
쇼핑만 할 뿐, 친구가 산 것은 겨우 싸구려 리모트컨트롤러 하
나였다. 그런데 그때 이상한 일이 벌어졌다. 값을 치룬 친구가
지갑을 뒤적이더니 미화 1000달러를 나에게 주는 것이 아닌
가. 당시의 환율은 1000 대 1. 적은 돈이 아니었다. 유학생인
내게 성곡언론문화재단이 매월 송금한 액수와 같은 금액이었
다. 친구의 돌출행동에 어안이 벙벙해 있는 나에게 그가 말한

다. "그냥 주는 게 아냐. 서울에 오거든 갚아요."

갚는다고 어디 받을 친구인가. 나는 끝내 그 돈을 받지 않았다. 그것은 섣부른 자존심에서가 아니라 타고난 외고집 때문이었을 것이다. 하도 완강히 거절하는 통에 오히려 멋쩍어진 것은 친구였다. 술이나 한 잔 하러 가잔다.

번화가 뒤 쪽의 허름한 술집으로 들어갔다. "난 이런 곳이 마음에 들어. 해외에 나가면 일부러 찾아다닐 정도라니까. 사람들이 사는 참모습을 볼 수 있잖아?" 친구의 말은 사실이다. 사람도 마찬가지이지만 도시도 앞태보다는 뒤태가 어떤가에 따라 진정한 평가가 가능하니까.

안주로 새우가 먹고 싶다기에 중국어로 주문을 했다. 잠시 후 먹음직스러운 찐 보리새우가 나오는 걸 보고 이번엔 친구가 놀란다. "중국어 실력이 대단하군!" 새우 덕분에 마카오에서 느꼈던 열등감을 조금은 푼 셈이었다.

친구와 헤어지면서 나는 한국에서 인기 높은 마오타이(茅台)술 한 병을 그에게 선물했다. 시답잖은 선물을 받으며 착하게 웃던 송 교우의 모습이 선하다. 귀국한 그에게서 전화가 걸려 왔다.

덕분에 홍콩과 마카오 구경 잘 했네. 선물로 준 마오타이
술은 친구들과 기분 좋게 마셨다네. 귀국하면 꼭 연락하게나.

그랬던 때가 엊그제 같은 데 무슨 놈의 세월은 벌써 25년이

나 흘렀을까.

송 교우는 2003년 10월 슬로바키아에서 개최된 시베리아대륙 횡단철도 (TRS)운영협의회에서 부의장에 선출되어 활약한 바 있다. 아울러 그 해 3월에는 한국국제복합운송협회의 회장으로 피선되어 능률적이고 효과적인 국제 화물운송에 기여한 경력을 갖고 있다. 지금 송 교우의 직책은 해외항공의 회장이다. 나이 70에 현직에서 근무한다는 게 어디 쉬운 일인가. 근면과 노력, 그리고 정직과 성실이 오늘의 그를 만들지 않았겠는가. 그는 분명 내 친구의 아이콘(icon)임에 틀림없다.

5

차영준 교우는 내 유학생활이 후반 막바지에 이를 무렵 홍콩에 왔다. 대학졸업 후 은행에 들어갔다가 해태상사로 적(籍)을 옮기더니, 그 회사의 동남아본부장이라는 타이틀을 달고 해외출장을 오게 된 것이다. 근무기간이 1년이라 하던가? 이 친구도 동기 교우회의 4대 회장단에서 같이 일한 터라 여간 반갑지 않았다.

사는 곳은 홍콩 섬의 케인로드(Cane Rd.). 홍콩대학교의 동문을 나서면 본햄로드(Bonham Rd.)가 나오는데, 여기서 좀 더 가면 찾을 수 있는 위치였다. 외롭고 쓸쓸한 유학생활 탓이었을까. 나는 가끔 그의 숙소며 사무실을 찾아 점심식사도 대접 받았고, 이 얘기 저 얘기로 향수를 달랬다. 차 교우 역시 혼자 홍콩에 와 있는 입장이어서 서울 생각에 가족의 그리움이 깊으련만 겉으로는 멀쩡하고 당당했다. 하기야 키가 9척이나 되는 장신이고 무장(武將)다운 풍채를 지닌 사람이 향수니 홈식(homesick)이니 하는 말이 어울리기나 했겠는가.

언젠가 저녁식사를 함께하고 빅토리아 파크로 산책을 나갔을 때다. 어둠이 내린 공원 그라운드 위에는 남녀 젊은이들로 가득 차 있었다. 주로 쌍쌍인 것이 연인들임에 틀림없어 보였다. 그들은 서로 포옹하고 키스하며 사랑놀이에 빠져 있었다. 같은 동양이라도 국제적인 도시는 역시 다르구나 하는 생각이었다. 그런데 갑자기 차 교우가 엉뚱한 얘기를 하는 것이었다. "여기 잠깐 있어. 조깅 좀 하고 올게."

내 대답은 듣기도 전에 벌써 저만큼 달려간다. 그래서 미리 조깅화도 챙겨 신은 모양인가? 아무리 그렇기로서니 그 체격으로 트랙을 돌면 사랑에 도취해 있는 젊은이들에게 방해가 되지 않겠나?

평시에도 아니꼽고 못된 짓을 조금도 용서치 않는 게 친구의 올곧은 성미였다. 어찌 보면 그때의 돌출 조깅도 때와 장소를 가리지 않는 젊은이들의 애정행태를 나무라기 위한 무언의 징계였는지 모른다.

홍콩유학을 마치고 귀국한 뒤에도 차 교우는 10개월가량 더 체류하다가 한국에 돌아왔다. 그 후 직장에서 승승장구하여 해태제과 사장과 해태음료 사장을 지내는 등 전문 CEO로서의 능력을 한껏 발휘했다. 모교인 고려대학교가 그를 '영진교우'로 선정한 것도 그의 역량을 높이 평가한 때문일 것이다.

오늘은 2009년 3월 22일. 춘분(春分)이 엊그제였고 살구꽃
이 피어 있지만, 아침저녁으로는 냉기가 여전하다. 그러나 세
월은 살(矢)같이 빠른 것. 홍콩유학을 다녀온 지도 어느새 25
년이란 세월이 흘렀구나. 혀에도 녹이 스는 걸까. 잘 한다고
칭찬받던 중국어도 이제는 혀가 제대로 돌지 않는다. 건강을
다치고 나서는 더하다.

이 세상 모두가 변하는 게 천리(天理)이니 홍콩이나 마카오
도 많이 달라졌겠지. 그러나 말이다. 이 세상 모든 게 다 바뀐
다 해도 제발 우정만큼은 변하지 않았으면 좋겠다. 이 풍진 세
상에 우정까지 변하고 망가져버린다면 내 남은 삶이 얼마나
허망하랴!

2009년 9월

황유성(黃裕性)

- 경기 파주 출생
- 고려대학교 법대 법학과 졸업
- 네덜란드 RNTC 국제방송학교 수료
- 홍콩대학교 대학원 수료(중국어)
- 연세대학교 행정대학원 졸업(행정학 석사)
- 한국외국어대학교 대학원 신문방송학과 졸업(정치학 박사)

◈

- 동아방송(DBS) 아나운서
- KBS 보도본부, 올림픽방송본부, 편성실, 위성방송 준비국, 국제방송 부주간
- 라디오정보센터 제작위원
- 한국외국어대학교, 국민대학교 강사(언론학 및 방송학)
- ≪수필춘추≫의 추천을 받아 수필작가로 문단에 데뷔

◈

- ≪초창기 한국방송의 특성≫, 법문사, 2008
- ≪저녁놀 푸른 꿈≫, 학고방, 2008
- "직접위성방송의 도입과 조기 정착화 방안 연구"
- "미 군정기의 언론 및 방송정책에 대한 고찰"
- "9·11 테러사태에 관한 시청자들의 인식 유형 연구" 등 논문 다수

◈

- 제4회 한국방송대상 장려상(1971)
- 내무부장관 공로상(1978)
- 문화공보부장관 공로상(1980)
- 연세대 행정대학원 우수논문상(1994)

석모도(席毛島) 가는 길

1판 1쇄 인쇄 2009년 11월 10일
1판 1쇄 발행 2009년 11월 20일

지은이 ┃ 황 유 성
펴낸이 ┃ 김 미 화
펴낸곳 ┃ 인터북스

주   소 ┃ 서울시 은평구 대조동 221-4 우편번호 122-844
전   화 ┃ (02)356-9903
팩   스 ┃ (02)386-8308
전자우편 ┃ interbooks@chol.com
등록번호 ┃ 제311-2008-000040호

ISBN 978-89-94138-00-8 03040

값 : 15,000원

※파본은 교환해 드립니다.